安全生产新做法与新经验丛书

企业强化班组安全建设新做法与新经验

“安全生产新做法与新经验丛书”编委会　编

中国劳动社会保障出版社

图书在版编目（CIP）数据

企业强化班组安全建设新做法与新经验/“安全生产新做法与新经验丛书”编委会编. —北京：中国劳动社会保障出版社，2012
（安全生产新做法与新经验丛书）
ISBN 978-7-5167-0040-2

Ⅰ.①企… Ⅱ.①安… Ⅲ.①班组管理-安全管理 Ⅳ.①F406.6

中国版本图书馆 CIP 数据核字（2012）第 261083 号

中国劳动社会保障出版社出版发行
（北京市惠新东街 1 号 邮政编码：100029）
出 版 人：张梦欣
*
北京金明盛印刷有限公司印刷装订 新华书店经销
880 毫米×1230 毫米 32 开本 8.875 印张 218 千字
2013 年 1 月第 1 版 2013 年 1 月第 1 次印刷

定价：22.00 元

读者服务部电话：（010）64929211/64921644/84643933
发行部电话：（010）64961894
出版社网址：http://www.class.com.cn

编　委　会

主　　编： 郑希文

副 主 编： 张力娜

编写人员： 张力娜　张立军　张　平　张　滇　张开文
张金保　王建平　李　康　赵钰波　赵霁春
刘丽华　袁　晖　袁东旭　袁济东　曹　军
曹永坤　舒江华　闫　炜　陈国恩　高海燕
林　文　谭　英　乔文传　吴志娟　杨晓淞
杨　敏　司建中　李金国　孙　群　尹之山
徐晋青　丁　盛　秦　芳　于晓薇　郑　煜
郑文芸　曾启勇　侯静霞　冯寿亭　冯荣兰

内容提要

加强班组安全建设是强化企业安全基础管理的重要组成部分。班组是企业的“细胞”，是企业安全生产的基础，国家的安全生产法律法规、规程标准，以及企业的各项相关规章制度的贯彻落实，企业先进适用安全技术的推广应用，企业的安全管理措施等工作，最后都要落实到班组，体现在现场。班组是否安全，直接关系到企业的安全与否，因此，强化班组安全建设，是企业安全管理的一项重要工作。

近几年来，国家安全生产监督管理总局（以下简称国家安监总局）、中华全国总工会等中央有关部门，一直十分重视企业强化班组安全建设工作。2009 年 3 月，中华全国总工会、国家煤矿安全监察局联合下发《关于加强煤矿班组安全生产建设的指导意见》（总工发［2009］15 号），提出加强煤矿班组安全生产建设，要求加强组织领导，企业要制定煤矿班组建设的总体规划、目标和措施，明确组织实施部门及职责，把各项组织活动开展到班组，不断加强班组建设。2009 年 10 月，国家安监总局、国家煤矿安全监察局、国务院国资委、中华全国总工会、共青团中央联合下发《关于学习推广“白国周班组管理法”进一步加强煤矿班组建设的通知》，要求学习推广“白国周班组管理法”，加强班组建设，提升班组的安全管理水平，把煤矿安全生产落实到班组。相关文件指的虽然是煤矿企业，实际上对于冶金、有色金属、化工、机械制造等行业企业来讲，同样具有指导意义，这些企业同样需要加强班组的安全建设工作。

本书依据新的政策规定、新的管理思路、新的管理方法，以“创建和谐班组、高效班组、安全班组”为主题，比较详细地介绍了相关政策法规的规定，介绍了煤矿、冶金、有色金属、化工、电力、机械制造等各类企业在强化班组安全建设中的具体做法与经验，具有实用价值和参考借鉴价值。同时，还介绍了一些探讨企业强化班组安全建设的文章，通过这些文章，可以更加深入地了解班组安全管理、安全建设要点。本书也是适合于管理人员和班组人员阅读的读物，有利于指导企业强化班组安全建设工作。

前　　言

近几年，在科学发展观思想指导下，党和国家采取了一系列重大措施加强安全生产工作。这些重大政策干预措施对促进安全生产形势稳定好转发挥了重要作用，并且表现出强劲和持久的后续推动力。在连续多年工伤事故死亡人数持续下降后，国家政策干预并没有出现减弱趋势，反而更为增强，安全生产法律法规体系、安全生产政策体系逐步完善，政府安全生产监管工作更为加强。

对于许多企业来讲，在安全生产管理工作中都取得了一定的成绩，同时也遇到许多新情况、新问题，亟待有新的方式方法予以解决。例如，一些企业随着青年工人的大量增加，人员流动性很大，安全生产的严格管理与人员的自由流动形成突出矛盾；再如，一些企业安全生产管理方式日益固定化，缺乏应有的变化和新鲜感，造成人员安全意识的麻木与淡薄，也造成管理者与被管理者矛盾冲突增多，致使安全管理走下坡路。企业安全生产管理工作的实质，是职工广泛参与的自我教育、自我改进的活动，离开了广大职工的积极参与，安全生产管理工作就很难取得实质性的效果。因此，在企业安全生产管理上，需要不断地根据新情况、新问题，学习借鉴其他企业的实用做法、新鲜经验，采取有针对性的措施，从而缓和管理者与被管理者之间的矛盾，不断提高职工对安全生产的认识，促进本企业安全管理水平的提高。

这套丛书，在对大量不同类型企业调研的基础上，从企业的实际情况和实际需要出发，确定相应的选题和内容，主要的读者对象是企业安全生产管理人员和班组职工。

本套丛书共有10本：

1.《企业开展安全生产标准化建设新做法与新经验》

2.《企业推进安全文化建设新做法与新经验》

3.《企业强化班组安全建设新做法与新经验》

4.《企业落实职业危害防治责任新做法与新经验》

5.《企业加强安全生产管理工作新做法与新经验》

6.《企业应急救援与应急处置管理新做法与新经验》

7.《企业开展事故隐患排查工作新做法与新经验》

8.《企业开展宣传教育工作新做法与新经验》

9.《企业生产班组自主安全管理新做法与新经验》

10.《企业培养遵章守纪优秀员工新做法与新经验》

每本书都分为三个部分，即相关政策法规要点、企业做法与经验、相关问题解答与探讨。在相关政策法规要点中，对相关政策法规的要点进行提示；在企业做法与经验中，对企业做法与经验进行评述，即对相关做法与经验的适用范围、内在价值、未来改进之处等进行分析，以利于其他企业能够更好地参考借鉴。

本套丛书主要围绕近几年来国家新近颁布实施的安全生产方面的相关法律法规、国家安全生产监督管理总局制定并实施的相关部门规章、企业安全管理人员和班组职工的迫切需要，系统全面地介绍先进企业的新做法、新经验，为企业及班组提供可以参考借鉴的知识，供不同企业直接运用，以利推进实际工作。

编　者

2012年10月

目　录

一、企业强化班组安全建设相关政策法规要点

对于企业来讲，强化班组建设是提升企业凝聚力和竞争力、实现企业现代化管理和自我发展壮大的客观要求。班组是员工从事劳动、创造财富的直接场所，员工在企业中的作用首先在班组中体现出来。因此，只有班组建设的水平提高了，班组每个成员的积极性、主动性、创造性才能充分调动起来，企业才能充满生机和活力，企业的凝聚力和竞争力才能得到加强。与此同时，班组的安全建设搞好了，企业的安全管理水平才能提高，企业的基础才能够稳固，企业也才能够顺利发展。对此，国家相关部门制定并发布一系列规章政策，积极促进企业强化班组安全建设工作，不论是煤矿企业、冶金企业、有色企业，还是其他各行业企业，都需要认真学习，结合本企业的实际情况贯彻落实。

1.《关于认真学习和贯彻落实张德江副总理在全国煤矿班组安全建设推进会上重要讲话的通知》相关要点

2011 年 1 月 7 日，国家安全生产监督管理总局（以下简称国家安监总局）、国家煤矿安监局联合下发《关于认真学习和贯彻落实张德江副总理在全国煤矿班组安全建设推进会上重要讲话的通知》（安监总煤行［2011］3 号）。全国煤矿班组安全建设推进会于 2010 年 12 月 26 日在北京人民大会堂召开，中共中央政治局委员、国务院副总理张德江同志出席会议并发表重要讲话。为认真学习好、宣传好、落实好张德江副总理重要讲话精神，现就有关事项通知如下：

(1) 加大学习宣传力度，进一步增强抓好班组安全建设的紧迫感、责任感和使命感

张德江副总理的重要讲话，充分体现了党中央、国务院对安全生产工作特别是班组安全建设的高度重视，体现了对煤矿企业广大

职工的关怀和尊重，明确指出推进煤矿班组安全建设是促进煤炭工业健康发展、保障人民生命财产安全的重要举措，提出了新形势下加强班组安全建设、做到“五个落实”（即把企业安全生产责任落实到班组，把各项安全管理措施落实到班组，把安全防范技能落实到班组，把企业安全文化建设落实到班组，把党和政府对煤矿工人的关怀落实到班组）的目标任务。各地区、各有关部门和各煤矿企业要认真组织学习、切实领会精神实质，强化宣传教育。一是要及时将张德江副总理重要讲话精神传达到辖区各市、县（区）和各煤矿企业及职工，认真组织学习，深刻领会精神实质，进一步认识企业班组安全建设的重要性。二是要通过互联网、报纸、电视、广播等多种途径，加大宣贯力度，拓展宣贯广度，延伸宣贯深度，切实发挥宣传效果。三是要切实增强进一步搞好企业班组安全建设的紧迫感、责任感和使命感，坚定不移地抓好各项政策措施的贯彻落实，确保班组安全建设“五个落实”要求得到不折不扣的贯彻执行，努力推进全国安全生产形势持续稳定好转。

(2) 选树典型，弘扬先进，深入开展“争创三优”活动

各地区、各有关部门和各煤矿企业要按照国家安监总局、中华全国总工会、国家煤矿安监局联合印发的《关于在全国煤矿开展争创优秀安全班组优秀班组长和优秀群监员活动的通知》（安监总煤行［2010］74号）要求，把争创优秀安全班组、优秀班组长和优秀群众安全监督员（以下简称群监员）活动（以下简称“争创三优”活动）引向深入。一是要大力宣传先进集体和先进个人的典型经验和感人事迹，树立典型，弘扬先进，教育和引导广大职工群众比学赶帮超，掀起开展班组安全建设的新热潮。二是要研究制定班组安全建设规划和管理标准，各煤矿企业要在深入分析本企业基层基础管理工作现状的基础上，坚持以落实岗位安全责任制为核心，以提升班组管理水平和队伍素质为重点，以完善班组安全建设管理制度为保证，研究编制符合企业实际的班组安全建设规划和管理标准。三是要加强协调配合，会同工会组织继续深入开展“争创三优”活动，进一步发现总结和深度挖掘企业班组安全建设的先进经验和典型，选树和造就一大批作风优良、技术过硬、爱岗敬业、生产安全、团队和谐的班组安全队伍，使其成为企业安全生产的坚固基石，最大限度地发挥班组、班组长和群众安全监督员在安全生产工作中的重要作用，为实现安全生产状况根本好转奠定坚实基础。

(3) 创新机制，落实责任，确保“五个落实”要求执行到位

各地区、各有关部门和各煤矿企业要按照“五个落实”的要求，创新工作机制，抓紧制定落实的具体措施、责任分工，并抓好组织实施，做到“四个结合”：一是要把“五个落实”与强化企业安全生产主体责任结合起来，充分发挥班组在安全生产工作中的基础作用，进一步规范安全生产行为，强化生产过程管理和安全技术管理。二是要把“五个落实”与全面推进安全质量标准化建设结合起来，做到人人上标准岗、个个干标准活，切实把企业达标、专业达标建立在岗位达标的基础之上，确保安全生产规章制度和操作规程落到实处。三是要把“五个落实”与“争创三优”活动结合起来，大力推进班组安全建设，强化班组民主管理，落实职工安全保障权益，切实做到重心下移至现场、关口前移至班组。四是要把“五个落实”与强化职工安全培训相结合，继续组织实施万名班组长安全培训工程，加强班组安全警示教育和全员安全知识培训，提高职工的安全素质和操作技能。

各地区、各有关部门和各煤矿企业要认真贯彻落实张德江副总理重要讲话精神，进一步强化企业班组安全建设，优化完善协调联动工作机制，创造性地开展工作。要统筹协调、扎实推进，加强督促检查和指导，及时掌握本地区各有关部门和各行业（领域）工作进展情况，及时研究、协调解决贯彻实施中出现的问题，扎实有效地推进煤矿班组安全建设深入开展，强化现场管理，提高规章制度的执行力，有效防范和坚决遏制重特大事故发生。

各行业（领域）都要大力学习推广煤矿安全班组建设成果和先进管理经验，把班组建设成安全文明、团结向上、凝聚人心、汇集人才的企业基层组织。

2.《张德江副总理在全国煤矿班组安全建设推进会上的重要讲话》相关要点

2010 年 12 月 26 日，由国家安监总局、中华全国总工会、国家煤矿安全监察局联合主办的全国煤矿班组安全建设推进会在人民大会堂举行。会议表彰了一批在煤矿安全生产工作中作出突出贡献和取得优异成绩的班组、班组长和特聘群众安全监督员，对进一步深入开展煤矿班组安全建设作了全面部署。中共中央政治局委员、国务院副总理张德江在会上作了题为“弘扬先进　爱岗敬业　全面加强煤矿班组安全建设”重要讲话。

国务院副总理张德江重要讲话的主要内容如下：

在全党全国深入贯彻落实党的十七届五中全会和中央经济工作会议精神之际，国家安监总局、中华全国总工会、国家煤矿安全监察局联合召开全国煤矿班组安全建设推进会，隆重表彰先进集体和先进个人，总结工作，交流经验，部署煤矿班组安全建设工作，这既是对近年来煤矿班组安全建设成果的一次检阅，也是促进煤炭工业健康发展，保障人民生命财产安全的重要举措。首先，我代表党中央、国务院，向获得“全国工人先锋号”“全国五一劳动奖章”和全国煤矿班组管理“十佳”“优秀”荣誉称号的班组、班组长和特聘群众安全监督员表示热烈的祝贺！并通过你们，向全国煤炭行业广大干部职工致以亲切的慰问和良好的祝愿！

今天受到表彰的先进集体和先进个人，是千万个优秀煤矿班组、班组长和群众安全监督员的杰出代表。他们身处生产第一线，几十年如一日，埋头苦干，忠于职守，为全国煤矿安全生产付出了辛勤的劳动，取得了突出的业绩。他们的事迹朴实无华却感人至深，于平凡中见伟大、在细微处显真情，从不同方面反映了近年来煤矿班组安全建设取得的丰硕成果，集中体现了广大煤矿干部职工高度的主人翁责任感和无私奉献精神，体现了良好的职业道德和爱岗敬业精神，体现了严谨的工作作风和求真务实精神，体现了科学的管理理念和开拓创新精神。我们要大力学习宣传他们的先进经验和感人事迹，教育和引导广大职工群众创先争优、比学赶超，掀起班组安全建设的新热潮。

班组是企业安全生产的重要基础。新中国成立以来，党和政府始终高度重视企业班组建设工作。20 世纪 50 年代，我国社会主义建设初期，全国就选树了一批求真务实、成绩突出的班组建设先进典型，马恒昌车工小组、王进喜 1205 钻井队、郝建秀纺织小组、“毛泽东号”机车组、马六孩采煤掘进组等先进班组，成为推动我国工业发展与企业进步的先锋和旗帜。改革开放以来，国家出台了一系列加强企业班组建设的政策措施，推动班组管理水平不断提升，管理经验推陈出新。特别在煤矿班组安全建设方面，20 世纪 80 年代初期，组织开展了以创建“六好区队”“五好班组”和争当“四有职工”为内容的“六五四”活动，在全国煤炭行业产生深远影响。近年来，在国家安监总局、中华全国总工会、国家煤矿安全监察局等部门的大力推动下，各有关地区和煤矿企业广泛开展了煤矿班组安全建设活动，宣传推广“白国周班组管理法”，组织实施了万名班组长培训工程，培养了一大批扎根矿山、埋头苦干、勤于学习、善于管理的优秀班组、班组长和群众安全监督员，对强化煤矿现场管理，保障煤矿安全发挥了重要作用。

加强煤矿安全生产工作，保障人民群众生命财产安全，需要各级党委、政府高度重视、大力推动，需要各有关部门密切配合、强化监管，更需要煤矿企业全面加强以班组安全建设为重点的全员、全过程、全方位的安全管理。班组单位虽小却事关大局，班组长职务不高却责任重大。大力推进煤矿班组安全建设，是排查治理隐患，防范生产安全事故的前沿阵地，是杜绝违章指挥、违章操作、违反劳动纪律的安全防线，是落实岗位安全责任，强化现场管理的关键环节，是夯实煤矿安全基础，实现长治久安的重要举措。各地区、各部门和煤矿企业要充分认识加强煤矿班组安全建设的重要意义，深入贯彻落实科学发展观，牢固树立安全发展的理念，坚持安全第一，把加强煤矿安全生产工作的重心下移至现场、关口前移至班组，通过班组人人平安实现企业个个安全。概括地讲，要抓好“五个落实”。

● 要把企业安全生产责任落实到班组。不断完善班组安全生产责任制，进一步强化安全生产是班组第一要务、是班组长第一责任的安全意识，把企业的安全责任层层传递到班组长和班组的每一位安检员、质监员、瓦斯检查员和群众安全监督员，以及每一个岗位作业人员，严格考核奖惩，确保责任落实不衰减、制度执行不走样、安全监督不弱化。各煤矿企业要正确处理好安全与生产的关系，合理确定班组生产量化指标，防止出现重生产、轻安全、抢进度的不良倾向。各有关部门和工会组织要加强对班组安全建设工作的指导，强化班组民主管理，落实职工安全保障权益，深入推进安全班组创建工作，为煤矿安全生产奠定扎实基础。

● 要把各项安全管理措施落实到班组。目前，全国煤矿有 25 万名班组长、7 万余名特聘群众安全监督员。要充分发挥他们熟悉现场、掌握实情的优势，加强现场安全管理和监督检查，及时排查发现每一处作业场所和环节的安全隐患，切实做到不安全不生产。要建立完善班组自我约束、相互监督、持续改进的现场安全管理机制，坚决抵制“三违”现象，规范安全生产行为。认真开展安全生产标准化岗位达标建设，做到人人上标准岗、个个干标准活，切实把企业达标、专业达标建立在岗位达标的基础之上，确保安全生产规章制度和操作规程落到实处。

● 要把安全防范技能落实到班组。要加强对班组长的专题培训，使他们既要懂业务、会管理，又要有责任心、有一定的组织协调能力。加强班组应急救援演练，遇到险情时，班组长要第一时间决策和指挥停产撤人。要加强班组安全警示教育和全员安全知识培训，做到应知应会、主动防范，所有新进人员必须先培训后上岗，特殊工种必须做到持证上岗。大力加强技术培训和职业教育，变招工为招生、先进校后入矿，从根本上提高职工的安全素质和操作技能，大力培养新一代煤矿职工队伍，适应不断发展的煤矿安全信息化、自动化、机械化需要。

● 要把企业安全文化建设落实到班组。大力倡导“事故可防可控”“企业安全发展、班组安全生产”的理念，多渠道推进具有煤矿特色的班组安全文化建设，不断强化遵章守纪意识和安全价值观念，切实提高全体从业人员自主保安、相互保安和业务保安的自觉性、主动性，做到超前防范。要通过多种形式、多种载体，面向基层班组、职工群众，加强安全宣传工作，营造人人关心、人人参与安全的浓厚舆论氛围。要继续发扬煤矿区队班组建设的好传统、好经验，充分发挥班组安全建设先进集体和个人的模范带头作用，在各个行业领域大力学习推广煤矿安全班组建设成果和先进管理经验，把班组建设成为安全文明、团结向上、凝聚人心、汇集人才的企业基层组织。

● 要把党和政府对煤矿工人的关怀落实到班组。煤炭是我国能源的主体，在一次能源生产和消费比重中分别达77%和70%。全国570万名煤炭产业工人为国家经济社会发展作出了重要贡献。他们长年累月工作在高度危险、不见阳光、十分艰苦的环境里，他们的劳动价值必须得到全社会最广泛的尊重，他们的作业场所必须得到最大限度的改善，他们的生命安全和健康必须得到最有力的保障，使他们能够幸福安康地享有改革发展和人类文明进步的成果。各级政府和煤矿企业要切实关心矿工生活，帮助解决实际困难和问题，不断完善职工收入与企业效益同步增长机制，加大工资分配向一线倾斜的力度，逐步提高有关补贴和福利待遇标准。要进一步拓宽选人用人渠道，加强对优秀班组长、优秀工人的培养和使用。要加大煤矿安全投入，紧紧依靠科技进步，持续改善技术装备和工作条件，减轻职工劳动强度，减少职业危害。地方各级政府和有关部门要通过地方立法、健全规章、完善制度等多种方式，推动班组安全建设的经常化、制度化和规范化，促进班组安全建设更加富有活力和成效。

3.《关于加强煤矿班组安全生产建设的指导意见》相关要点

2009年3月3日，中华全国总工会、国家煤矿安全监察局联合下发《关于加强煤矿班组安全生产建设的指导意见》（总工发[2009] 15号）。其目的是为了深入贯彻落实国家七部门《关于加强国有重点煤矿安全基础管理的指导意见》（安监总煤矿[2006] 116号）和《关于加强小煤矿安全基础管理的指导意见》（安监总煤调[2007] 95号）精神，坚持关口前移、重心下移，抓基层、打基础，提高班组安全管理水平，促进煤矿安全生产形势稳定好转。

《关于加强煤矿班组安全生产建设的指导意见》主要内容如下：

（1）加强煤矿班组安全生产建设的重要性和紧迫性

● 加强班组安全生产建设是强化煤矿安全基础管理的重要组成部分。班组是煤矿安全生产的最基层组织，煤矿安全生产法律法规、规程、标准和相关规章制度的贯彻落实，以及先进适用安全技术的推广应用都要落实到班组、体现在现场。关口前移，实现班组规范化管理、标准化建设，是夯实煤矿安全基础，创建本质安全型煤矿，推进煤矿企业安全发展和可持续发展的关键环节。

● 加强煤矿班组安全生产建设是减少“三违”、防止事故的有效途径。据统计，煤矿生产安全事故多数是由“三违”造成的。有效遏制重特大事故、减少事故总量，必须落实班组长、职工岗位安全生产责任制，充分发挥班组安全生产第一道防线的作用，减少和杜绝“三违”，为实现煤矿安全生产形势的稳定好转提供重要保障。

(2) 加强煤矿班组安全生产建设的指导原则和目标

● 指导原则。牢固树立“安全发展”理念，认真贯彻落实“安全第一、预防为主、综合治理”方针，把班组安全生产建设作为加强煤矿安全生产基层和基础管理的重要工作，倡导先进的班组安全文化，健全完善班组安全生产责任制，建立激励约束机制，加强班组安全教育和规范化管理，深入开展安全质量标准化工作，加强现场安全管理和隐患排查治理，提高煤矿企业现场安全管理水平。

● 建设目标。持续、有效地加强和改进班组建设，提高防范事故、保证安全的五种能力：抓好班组长选拔使用，提高班组安全生产的组织管理能力；加强安全生产教育，提高班组职工自觉抵制“三违”行为的能力；强化班组安全生产应知应会的技能培训，提高业务保安能力；严格班组现场安全管理，提高隐患排查治理的能力；搞好班组应急救援预案演练，提高防灾、避灾和自救等应急处置的能力。通过不断提高班组安全生产能力，使班组员工真正做到不伤害自己、不伤害别人、不被别人伤害，实现班组安全生产，为煤矿安全生产奠定基础。

(3) 煤矿班组安全生产建设的主要内容

1）建立完善班组安全生产管理体系

● 煤矿要建立区队、班组建制。严禁层层转包、以包代管。

● 严格班组安全生产定员管理。按照精简高效的原则，制定班组定员标准，保证班组安全生产基本配置，推行四班六小时工作制，实行现场“限员挂牌”制，严格控制作业人数，严禁超定员生产，严禁两班交叉作业。

● 建立完善班组安全生产管理规章制度。主要包括：班前会制度，班组长随班工作制度，安全质量标准化管理制度，隐患排查治理制度，班组和各岗位安全评估制度，事故报告和处理程序，事故分析处理制度，安全检查和奖惩制度，班组学习培训制度，岗位练兵、技能竞赛制度，交接班制度，现场安全文明生产制度，安全举报制度，员工安全权益维护制度，安全绩效考核制度，企业认为需要制定的其他相关制度。

● 健全落实安全生产责任制。明确班组是作业现场安全生产责任主体，实行班组长作业现场安全生产负责制。安全检查员、质量监督员、群众安监员和瓦斯检查员按职责做好班组相应的安全监督检查工作。

● 推行班组安全生产风险预控管理。在危险源辨识、风险评估的基础上，制定各岗位、各工种的安全工作程序和工作标准，实行风险超前预控，提高员工对生产作业中出现的各种不安全因素的认知和防范能力。

● 完善班组安全生产目标控制考核激励约束机制。把企业的安全生产控制目标层层分解落实到班组，实行班组安全生产目标考核制度，完善安全、生产、效益结构工资制，加大安全构成比重，严格考核奖惩，将安全生产作为班组、班组长、班组员工推优评先、效益工资分配的“一票否决”指标。煤矿企业对班组安全生产工作每月进行一次集中考核，对考核结果实行备案管理。

● 加强班组安全信息管理。建立健全班组信息管理系统。班组要做好班前班后会安全信息记录和生产、施工等作业记录；认真填写出勤、安全质量、隐患排查治理、班组井下员工到岗、培训等信息，提高班组安全信息基础管理水平。

2）规范班组长管理

● 完善班组长任用机制。明确班组长任用标准条件、产生办法和聘任方法，规范班组长选拔程序，选拔优秀的班组长。班组长一般应具有高中以上文化程度、3 年以上现场工作经历。国有重点煤矿要争取在 3～5 年内，使班组长达到中等或中等以上文化水平。

● 规范班组长管理方式。实行班组长定期聘用制管理，要制定聘用和解聘条件、程序。

● 健全班组长人才激励机制。拓宽用人渠道，把班组长纳入煤矿管理人才培养计划，积极从优秀班组长中选拔人才，有条件的要送到高等院校培养。鼓励大学毕业生到基层班组锻炼。推优评先要向基层班组长倾斜，并应占有一定比例。

3）加强班组现场安全管理

● 严格落实班前会制度。把开好班前会作为现场管理的第一道程序，结合上一班作业现场存在的问题，针对每个环节、每个岗位，布置好当班安全生产及各岗位应协调处理的事项。明确工作中注意的问题，识别不安全因素，落实相应的防范措施，做到安全注意事项不讲明不下井、责任不明确不下井。

● 严格执行交接班制度。特殊岗位严格执行相关规定，除带班人员、要害岗位人员必须在现场交接班以外，严禁其他人员现场交接班；要填写好交接班日志，必须把相关安全生产原始记录一一交接清楚，防止问题不明、措施不当而危及安全生产。

● 充分发挥特聘煤矿安全生产群众监督员的作用。明确职责，坚持把查找隐患、制止“三违”作为煤矿安全生产群众监督员工作的重中之重，做到班组长不违章指挥、班组成员不违章作业、所有人员不违反劳动纪律。对“三违”现象要当做事故进行分析处理，做到治之于未现、防患于未然。加强现场监督检查，严格监督落实现场安全技术操作规程，严格监督按批准的技术措施进行施工或生产，严禁违规作业。

● 搞好安全质量标准化动态达标。积极开展安全质量标准化工作，推行作业现场精细化管理，文明生产；每班要对作业现场工程质量、岗位工作质量进行验收和评估，实现动态达标，积极创建安全精品工程。

● 加强隐患排查治理。抓好隐患排查，实行班组隐患分级管理，落实治理责任。对生产作业场所、安全生产设备及各系统进行定时、定点、定路线、定项目巡回检查，及时排查治理现场事故隐患，隐患没有排除班组长不得组织生产；对限期治理的事故隐患，要严格落实现场防范措施；遇到重大险情要及时报告，并有序组织人员及时撤离现场，避免事态扩大。

● 落实班组安全生产权益。班组长对现场作业条件的变化情况，有安全生产决策权和组织指挥权；有检查职工安全作业情况、抵制上级违章指挥权；有对作业现场工程质量、岗位工作质量进行安全评估验收权；在安全隐患没有排除或不具备安全生产条件时，有拒绝开工或停止生产权。切实落实煤矿工人安全生产权利。

4）加强班组安全文化建设和教育培训工作

● 加强班组安全文化建设。积极开展切合实际、形式多样、体现班组特色的安全文化活动，强化安全生产法制意识，培养安全生产价值观，培植先进的安全生产理念，落实职工群众安全生产知情权、参与权、监督权、表达权和举报权，增强安全生产内在动力，实现“我要安全”。培养和弘扬班组团队精神，做到工作相互支持、密切配合，工序衔接协调无误。

● 强化安全教育培训工作。重视和发挥班组在员工教育培训中的主阵地作用，加强班组安全知识、岗位技能培训，严格新招录员工的岗前培训，做到应知应会；班组长和班组所有员工须经培训考核合格方可上岗，特殊工种要做到持证上岗。加强班组应急救援知识培训，建立班组应急预案，加强模拟演练，熟悉防灾、避灾路线，增强自救处置能力；加强对采用的新工艺、新设备、新技术的培训，适应安全发展需要；充分利用典型案例，开展警示教育，吸取事故教训，增强事故防范意识；以师带徒，提高安全生产实际操作技能；大力开展岗位练兵，促使班组员工熟练掌握安全生产操作技术，提高防范事故的能力。

● 积极开展班组安全技术革新。鼓励员工广泛开展安全生产小发明、小创造、小改造等安全技术革新和管理创新实践活动；鼓励员工立足岗位进行技术创新，努力营造学技术、钻业务、争先进、保安全的浓厚氛围。

（4）加强煤矿班组安全生产建设组织领导

● 加强组织领导。各地、各有关部门和煤矿企业要制定煤矿班组建设的总体规划、目标和措施，明确组织实施部门及职责，发挥安全生产党政工团齐抓共管的制度优势，把各项组织活动开展到班组，不断加强班组建设。根据相关规定，健全班组组织机构，设立班组安全检查员、质量监督员、群众安监员和瓦斯检查员；加强班组民主管理，充分发挥职工在安全管理中的积极性和创造性，维护职工的安全保障权益；积极开展争创党团员安全示范岗活动，促进班组安全生产。

● 深入组织开展安全生产优秀班组创建活动。煤矿企业要结合实际制定具体办法，各级工会、煤炭行业管理部门要加强工作指导和宣传推动，定期组织开展煤矿班组建设先进经验交流活动，每年组织开展一次班组技能竞赛，对优秀班组要给予表彰奖励，以点带面，全面推进；积极组织参加全国“安康杯”竞赛。

本指导意见适用所有煤矿。各地、各相关部门可据此制定本区域内的指导意见或具体实施办法。

4.《关于学习推广“白国周班组管理法”　进一步加强煤矿班组建设的通知》相关要点

2009 年 10 月 27 日，国家安监总局、国家煤矿安全监察局、国务院国资委、中华全国总工会、共青团中央联合下发《关于学习推广“白国周班组管理法”　进一步加强煤矿班组建设的通知》（安监总煤行［2009］212 号）。通知指出：加强班组建设是煤矿安全生产的第一道防线，只有保证现场每个人的安全、每个班组的安全，才能保证煤矿企业的安全。长期以来，各地区、各部门、各煤矿企业在加强班组建设上积极探索，做了大量扎实有效的工作，有力推动了安全生产形势持续稳定好转。“白国周班组管理法”是河南省中平能化集团七星公司白国周同志在担任班长的 22 年工作实践中，不断探索和总结出的一套行之有效的班组管理方法，得到了中央领导同志的高度评价。为进一步加强煤矿班组建设，切实把煤矿安全生产责任和措施落实到班组，强化现场管理，有效防范煤矿事故，现就学习推广“白国周班组管理法”有关事项通知如下：

（1）充分认识学习推广“白国周班组管理法”，加强煤矿班组建设的重要意义

地方各级煤炭行业管理部门、煤矿安全监管监察部门和工会、共青团组织，中央和地方各煤矿企业，要站在强化煤矿安全基层基础管理，提升管理水平和维护职工生命健康权益的高度，充分认识学习推广“白国周班组管理法”的重要意义，将其作为加强煤矿企业班组建设，促进煤矿安全生产的重要手段和方法，结合实际，学习推广应用。

● 学习推广“白国周班组管理法”，加强班组建设，是煤矿安全生产领域贯彻落实中央领导同志重要指示精神的有力举措。党中央、国务院领导同志高度重视煤矿安全生产和基层基础建设，要求明确职责、落实责任，从最基础的工作抓起，完善班组建设的规章制度和标准，将安全生产措施不折不扣地落实到每个区队、班组和岗位。中央政治局委员、全国总工会主席王兆国同志指出，“白国周班组管理法”是很好的班组管理典型，工会要与有关部门一起抓好班组管理。中央政治局委员、国务院副总理张德江同志指出，煤矿安全生产，加强班组建设，发挥班组长的作用十分重要。要在煤矿系统推广“白国周班组管理法”，把煤矿安全生产落实到班组。学习推广“白国周班组管理法”，加强煤矿班组建设，是贯彻落实中央领导同志一系列重要指示精神的有力举措，也是落实“安全生产年”总体要求，深入开展安全生产“三项行动”，搞好安全生产“三项建设”的重要内容。

● 学习推广“白国周班组管理法”，加强班组建设，是强化煤矿安全基础管理的关键环节。煤矿基层基础薄弱，是影响与制约安全生产的重要因素之一。要搞好煤矿安全工作，必须抓好煤矿班组这个最基层、最基础的单元。实现班组规范化管理、标准化建设，是强基固本、夯实煤矿安全基础，推动煤矿企业安全发展和可持续发展的关键环节。“白国周班组管理法”是一种有效实用的煤矿班组管理模式，其严抓制度落实和工程质量、隐患排查处理及时到位等做法，为实现班组规范化管理、标准化建设提供了成功的经验。

● 学习推广“白国周班组管理法”，加强班组建设，是提升管理水平的有效方法。企业的执行力在班组中体现，企业的效益通过班组实现，企业的安全由班组来保证。“白国周班组管理法”以全面提高班组职工安全生产综合素质为保障，鼓励一专多能，注重提升班组每一位员工的业务技能和执行力、战斗力、创造力，班组工作水平不断上新台阶，成为安全、文明、优质、高效的单元。学习推广“白国周班组管理法”，提高班组员工素质，提高班组管理水平，是整体提升企业管理水平的重要组成部分，是企业面向未来、着眼长远的战略举措。

● 学习推广“白国周班组管理法”，加强班组建设，是减少“三违”，防范事故的有效途径。煤矿生产安全事故 80％是由“三违”（违章指挥、违章作业、违反劳动纪律）造成的。“白国周班组管理法”的特点之一就是始终坚持“安全第一”，坚守安全管理制度，坚决做到绝不违章指挥，严格要求和监督班组内所有成员遵章守纪、规范操作、绝不违章作业。学习推广“白国周班组管理法”是关口前移抓现场，重心下移抓班组，充分发挥班组安全生产第一道防线的作用，减少和杜绝“三违”现象，有效遏制重特大事故，减少事故总量，实现安全生产的重要保障。

● 学习推广“白国周班组管理法”，加强班组建设，是坚持以人为本、构建和谐矿区的基本要求。“白国周班组管理法”坚持以人为本，以人性化管理和亲情感召凝聚工友思想意志，努力形成安全生产的整体合力。多年来，白国周班组成员像亲兄弟一样抱成团，心往一处想，劲儿往一处使，生活上互相关心，工作上互相帮助，长期的亲情管理使全班十几个小家庭结下了深厚的友谊，形成了一个和谐温暖的“大家庭”。该班组不仅22年不出生产安全事故，而且班组的生产任务、工程质量、成本效益等多项指标始终处于公司前列。实践证明，维护班组的和谐团结是企业和谐的基础，既能为安全生产创造条件，也能为构建和谐矿区作出贡献。

(2) 正确把握“白国周班组管理法”的主要内容和特点

●“白国周班组管理法”的主要内容。“白国周班组管理法”的主要内容可以概括为“六个三”，即“三勤”：勤动脑、勤汇报、勤沟通；“三细”：心细、安排工作细、抓工程质量细；“三到位”：布置工作到位、检查工作到位、隐患处理到位；“三不少”：班前检查不能少、班中排查不能少、班后复查不能少；“三必谈”：发现情绪不正常的人必谈、对受到批评的人必谈、每月必须召开一次谈心会；“三提高”：提高安全意识、提高岗位技能、提高团队凝聚力和战斗力。

“六个三”主要体现为：“三勤”跑现场，“三细”保质量，“三到位”抓落实，“三不少”查隐患，“三必谈”聚亲情，“三提高”塑团队。操作要领为严规程、强执行、提素质、重亲情、善激励。“白国周班组管理法”既体现了“严、细、实”的工作作风，又体现了用心做事、爱心待人、恒心坚持的工作态度；既具有煤矿班组管理的特殊性，又具有企业班组管理的普遍性，是有效实用的管理方法与工作方式的有机结合。

●“白国周班组管理法”的主要特点。一是牢牢树立“安全第一”理念，严格执行安全管理制度，任何情况下都把安全生产放在第一位，坚决做到不安全绝不生产；二是生产过程中注重质量、盯住细节、勤于检查、抓好落实，时刻注意把隐患消灭在萌芽状态；三是刻苦学习，钻研技术，言传身教，带领工友努力成为开拓掘进的行家里手和技术能手；四是坚持以人为本，亲善求和，以人性化管理和亲情感召凝聚工友思想意志，努力形成安全生产的整体合力；

五是20多年始终如一，持之以恒，尽职尽责，在平凡的工作中创造了煤矿班组安全管理不平凡的业绩。

(3) 以学习推广“白国周班组管理法”为契机，进一步加强煤矿班组建设

● 分类指导、突出重点、整体推进。中华全国总工会、国家煤矿安监局印发的《关于加强煤矿班组安全生产建设的指导意见》（总工发［2009］15号）对建立完善班组安全生产管理体系，规范班组长管理和加强班组现场安全管理等方面都提出了明确要求。地方各级煤炭行业管理部门要全面掌握本地煤矿班组建设总体情况，围绕煤矿企业在不同时期的发展重点和特点，针对小型煤矿区队、班组建制、班组基本配置、班组管理等规章制度不健全、用工管理混乱、“三违”现象严重等问题，把班组安全生产建设作为加强安全生产基层和基础管理工作的重要内容，制定完善班组建设的具体目标和标准，因地制宜、注重引导、全面提升。各煤矿企业要把班组建设纳入企业发展的总体规划，摆上重要工作日程，建立健全班组建设的组织领导体系，明确责任部门和责任人，在企业内部形成行政主导、工会督导、职能部门协调的党政工团齐抓共管的班组建设工作格局。各小型煤矿要严格按照要求，建立区队、班组建制，落实好班组建设各项制度；要按照《工会法》的要求，建立健全工会组织，切实发挥工会在班组建设中的作用。

● 加强协作，进一步形成狠抓班组建设的整体合力。地方各级煤炭行业管理部门要结合本辖区实际，研究制定加强班组建设的目标措施和实施办法，精心组织、狠抓落实。各级工会组织尤其是企业工会要把学习“白国周班组管理法”同开展“安康杯”竞赛，创建“工人先锋号”等活动相结合，切实维护职工的生命安全与健康。各地共青团组织尤其是企业团组织要结合“青年文明号”“青年安全生产示范岗”等活动，在各类企业特别是煤矿企业学习推广“白国周班组管理法”，进一步加强基层班组建设。驻各地煤矿安全监察机构要把煤矿班组建设纳入安全监察的重要内容，针对辖区内可能存在的问题及时向地方人民政府提出相关意见和建议。地方各级煤矿安全监管部门要加强对煤矿班组建设的日常监督检查，推动煤矿企业强化班组基础建设。

● 选树典型，创造氛围，扎实推进班组建设深入开展。各有关部门、各单位要充分利用各种媒体，采取多种形式，加大宣传力度，着力营造学习推广“白国周班组管理法”，强化班组建设的浓厚氛围。要大力宣传班组建设中涌现出的先进典型和成功做法，定期组织煤矿班组经验交流活动，做到地区有典型、部门有典型、企业有典型，充分发挥典型的示范带动作用。要采取自下而上推荐评比的方式，大力开展班组长推优评先活动，对优秀班组长给予表彰奖励。要不断创新班组活动载体，广泛开展以“比安全、比质量、比贡献”和“无‘三违’、无轻伤、无事故”为主要内容的班组竞赛，深入开展岗位练兵、技术比武、提合理化建议、争创学习型班组、争当知识型员工、争做安全示范岗（班组）等不同形式的竞赛活动，推进班组建设深入开展。

● 把握关键，切实抓好班组长素质提升工作。要以培养提高防范事故、保证安全生产的综合能力为目标，结合班组长选聘任用、绩效考评、激励约束等工作，按照煤矿企业人才培养和发展的要求，采取集中教育培训、师傅带徒弟、班组自主培训等多种形式，坚持基本知识与实际操作技能提高并重，在加强安全业务知识和技能培训的同时，注重企业管理、政治思想、职业道德、文化建设等方面的培训，切实提高班组长乃至每一个班组成员的专业技能和综合素质，使每位员工真正做到不伤害自己、不伤害别人、不被别人伤害，实现班组安全生产，为煤矿安全生产奠定坚实的基础。

5. “白国周班组管理法”的主要内容和特点

白国周 1970 年出生在河南省宝丰县的一个农民家庭，1987 年因家庭困难而不得不放弃学习来到煤矿当一名矿工，现为中平能化集团七星公司（原平煤集团七矿）开拓四队班长。

白国周同志在长期的工作实践中，不断探索煤矿安全生产的经验和班组管理方法，创造出了可学可用的“白国周班组管理法”，不仅保证了白国周班组 22 年的生产安全，而且为煤矿班组建设和煤矿安全生产积累了宝贵经验。白国周本人也因此成为煤矿安全的典范和基层班组长学习的楷模。

(1)“白国周班组管理法”的主要内容

白国周同志在日常的生产实践中总结出了一套行之有效的班组管理方法，其主要内容可以概括为“六个三”，即“三勤”“三细”“三到位”“三不少”“三必谈”“三提高”。

●“三勤”：勤动脑、勤汇报、勤沟通

勤动脑：对井下现场情况，勤于分析思考，总结其中的规律，寻找解决问题的办法，以便在出现安全问题时，能够迅速处理，避免事态的进一步发展。

勤汇报：对生产过程中发现的隐患和问题，及时向领导汇报，以便领导及时了解情况，迅速采取应对处置办法。

勤沟通：经常与队领导沟通，了解队里的措施要求；与上一班和下一班的班长沟通，了解施工进度和施工过程中出现的问题；与工友沟通，了解掌握工友工作和生活情况，及时化解可能对生产安全构成危险的因素。

●“三细”：心细、安排工作细、抓工程质量细

心细：从召开班前会开始，针对当班出勤状况，分析各岗位人员配置，做到心中有数，尤其是一些特殊岗位，班前会上要仔细观察这些岗位人员的精神状态。

安排工作细：认真考虑什么性格的人适合干什么性质的工作，量才使用，发挥长处，提高效率，减少个人因素可能带来的隐患。

抓工程质量细：严格按照施工要求、操作规程和安全技术措施施工，严把工程质量关。

●“三到位”：布置工作到位、检查工作到位、隐患处理到位

布置工作到位：班前布置工作必须详细、清楚，工作任务、安全措施等必须向工友交代明白，哪个地方有上一班遗留的问题，必须提请工友注意，及时解决。

检查工作到位：对自己所管的范围，不厌其烦地巡回检查，每个环节、每个设施设备都及时检查，不放过任何一个隐患点。

隐患处理到位：无论到哪个地方，发现隐患和问题，能处理的及时处理掉，当时处理不了的，就在明显处用粉笔写下隐患情况，指令有关人员处理。

●“三不少”：班前检查不能少、班中排查不能少、班后复查不能少

班前检查不能少：接班前对工作环境及各个环节、设备依次认真检查，排查现场隐患，确认上一班遗留问题，指定专人整改。

班中排查不能少：坚持每班对各个工作点进行巡回排查，重点排查在岗职工精神状况、班前隐患整改情况和生产过程中的动态隐患。

班后复查不能少：当班结束后，对安排的工作进行详细复查，重点复查工程质量和隐患整改情况，发现问题及时处理，处理不了的现场交接清楚，并及时汇报。

●“三必谈”：发现情绪不正常的人必谈、对受到批评的人必谈、每月必须召开一次谈心会

发现情绪不正常的人必谈：注重观察工友在工作中的思想情绪，发现有情绪不正常、心情急躁、精力不集中或神情恍惚等问题的工友，及时谈心交流，弄清原因，因势利导，消除急躁和消极情绪，使其保持良好心态投入工作，提高安全生产注意力。

对受到批评的人必谈：对受到批评或处罚的人，单独与其谈心，讲明原因，消除抵触情绪。

每月必须召开一次谈心会：每月至少召开一次谈心会，组织工

友聚在一起，谈安全工作经验，反思存在的问题和不足，互学互帮、共同提高。

●“三提高”：提高安全意识、提高岗位技能、提高团队凝聚力和战斗力

提高安全意识：引导职工牢固树立“安全第一”理念，通过各种方式教导工友时刻绷紧安全这根弦，时刻把安全放在心上，坚决做到不安全绝不生产。

提高岗位技能：经常和工友一起学习、研究掘进各工种的工作原理和操作技术，提高安全操作技能。经常组织工友一起讨论生产和现场管理中出现的问题，共同寻找解决问题的办法，着力提高班组每一名工友的综合素质。

提高团队凝聚力和战斗力：想方设法调动每一个工友的积极性，不让一名班组成员掉队，争取使大家都学会本事。针对职工中存在的一些不文明现象，要求大家做文明人、行文明事。工友偶犯错误，不乱发脾气，而是因人施教，耐心指出问题根源，大家一起帮助改正。

(2)“白国周班组管理法”的主要特点

● 秉遵安全第一理念，执守安全管理制度，任何情况下都把安全生产放在第一位，坚决做到不安全绝不生产。白国周同志说安全第一，并非嘴上说说，在实践中他确实就是这么做的。他上班的第一天就给自己立下了一个誓言：“我这一辈子绝不违章。”22 年的工作实践中，他不仅自己没有一次违章，而且还主动帮助工友增强安全意识。有一次，他的一位工友上午在老家收完麦，下午就急匆匆地赶回了矿上，要上 4 点的班。因为他那个月就差一个班就可以拿到保勤奖了，不然非但拿不着奖金，还要扣去总收入的 20%，里外一算相差五六百元钱。所以，他连住处都没有回就直接赶到了矿上。开班前会时，白国周同志发现该工友连打呵欠，精神疲倦。一问，才知道他刚从老家赶回来，当时白国周同志就决定让他马上回住处

休息，这个班绝不允许他上。在安全管理上，更是执行标准不走样。一次班后复查时，白国周同志发现一根锚杆打得不合格，要求返工，返工需要到附近的三分队去借工具，来回会花半个多小时的时间。工友劝他，一根锚杆也坏不了多大事，喷进去后谁也看不到，就别再费事了。白国周同志说正是因为看不到，安全隐患才更可怕。不得已，工友只得借了工具重新打锚杆，直到达到要求才升井。

● 生产过程中注重质量，盯住细节，勤于检查，抓好落实，时刻注意把隐患消灭在萌芽状态。白国周同志说：“质量是企业的生命，同样也是安全的保证，质量搞不好就不可能搞好安全。”他在带领团队施工过程中，始终坚持追求最优的质量等级。22 年来，他所在班组掘进、维修井下巷道近万米，工程质量全部达到了优良，不仅保证了安全，而且提高了效益，增加了职工的收入。他和他的工友确确实实尝到了质量优良所带来的甜头。盯住细节和勤于检查是白国周同志现场管理的又一重要手段。每天开完班前会到达井下现场后，从风门、绞车、轨道、耙斗机到掌子面，他都依次认真检查一遍，不放过任何一个细节。有一次，他发现绞车一边的滚筒处两根螺钉松动，就把问题写在一旁较为醒目的位置，要求绞车司机到位后及时与小班机电工联系，问题不处理坚决不能开动绞车。一个班结束后，他还要详细地复查，能处理的及时处理，不能处理的就做到口传口、手交手，进行严格的交接班。多年来，在白国周同志科学严谨的管理下，许多隐患都被消灭在萌芽状态，安全生产的各项规章制度都得到了很好的贯彻落实。

● 刻苦学习，钻研技术，言传身教，带领工友努力成为开拓掘进的行家里手和技术能手。白国周同志非常注重自身的学习和素质的提高。他从一个仅有初中文化的农民工起步，通过自学和实践锻炼，系统地掌握了绞车、电车、耙斗机等 10 多个工种的工作原理和操作要领，一个人拿到了 5 个特殊工种的上岗证，成为知识型、安全型、技能型、创新型的新时期产业工人优秀代表，先后多次获得中平能化集团“技术状元”“首席技工”等称号，2009 年 4 月获得了“全国五一劳动奖章”称号。同时，他还带领他的班组共同学习进步，通过言传身教、签订特殊师徒合同等多种办法，帮助工友学习本领，提高技能，把许多工友培养成了技术骨干。现在白国周班组共有 15 名矿工，个个都是一把好手。几年来，在七星公司组织的技术比武中，该班有 7 人次夺得前三名。班组的开拓进尺、安全质量、成本效益等多项指标始终处于公司前列。白国周班组多次被公司评为“和谐班组”和“先进班组”。

● 坚持以人为本，亲善求和，以人性化管理和亲情感召凝聚工友思想意志，努力形成安全生产的整体合力。白国周同志常说：“把每个工友都当成亲兄弟，这个班就一定能搞好。”“把大家的方法凑到一块儿，就是最好的方法。”他坚持公正透明的工资分配办法，激励工友的劳动热情，坚持亲情管理，维护班组的和谐团结，在班组管理中产生了重要作用。每月大家倒休班的时候，白国周同志都要组织班里的工友们一起聚会，谈工作、聊家庭，气氛十分融洽。通过聊天，白国周同志对班里每一名工友的家庭住址、家庭成员等情况都作了详细了解，甚至连工友家人的生日他都能记住。逢年过节，他要组织班里工友聚会，经常给工友们及其家人组织过生日。班里谁家有人生病，大家都主动去探望。哪个工友有怨气，白国周同志就主动找他谈心，晓之以理，动之以情。长期的交往使全班十几个小家庭形成了一个和谐温暖的“大家庭”。多年来，白国周班组的工友们像亲兄弟一样抱成团，心往一处想，劲儿往一处使，生活上互相关心、工作上互相帮助，不仅每月都圆满完成了生产任务，而且还结下了深厚的友谊，队里调动人员时，大家都不愿出这个班。

● 22 年始终如一，持之以恒，尽职尽责，在岗位上书写奉献，在平凡中创造不平凡的业绩。白国周同志对煤矿因了解而热爱，因热爱而执著，因执著而尽责，这是他 22 年来始终如一、不懈追求的动力源泉。开拓四队党支部书记石峰说：“白国周并没有因为是农民工就不把自己当主人看，而是深深地爱着自己的岗位，像爱护自己的家一样守护着矿山的安全。”做一件事并不难，难的是20多年持之以恒。白国周同志坚持“三勤”跑现场，“三细”保质量，“三到位”抓落实，“三不少”查隐患，“三必谈”聚亲情，“三提高”塑团队，持之以恒地学技术，提技能，把枯燥、单调的事情，做得有声有色，在平凡的工作中创造了煤矿班组安全管理不平凡的业绩。

6.《关于学习推广“白国周班组管理法” 切实加强非煤矿山班组安全管理的通知》相关要点

2010年8月16日，国家安监总局下发《关于学习推广“白国周班组管理法” 切实加强非煤矿山班组安全管理的通知》（安监总管一［2010］138号）。通知指出：“白国周班组管理法”体现了“严、细、实”的工作作风，体现了用心做事、爱心待人、恒心坚持的工作态度，是有效实用的管理方法与工作方式的有机结合。为认真贯彻落实《国务院关于进一步加强企业安全生产工作的通知》（国发［2010］23号）精神，学习推广“白国周班组管理法”，切实加强非煤矿山班组安全管理，促进非煤矿山安全生产形势持续稳定好转，现就有关事项通知如下：

（1）高度重视，切实加强组织领导

班组是非煤矿山安全生产的最基层组织。非煤矿山安全生产法律法规、规程标准和相关规章制度的贯彻落实，以及先进适用安全技术的推广应用，都要落实到班组、体现在现场。学习推广“白国周班组管理法”，加强班组安全管理是强化非煤矿山安全基础管理工作的重要组成部分，是实现班组规范化管理、标准化建设，夯实非煤矿山安全基础，创建安全保障型非煤矿山，推进非煤矿山企业安全发展的关键环节。各级安全监管部门和非煤矿山企业要从贯彻落实科学发展观，提高企业安全生产水平，促进非煤矿山安全生产形势持续稳定好转的高度，深刻认识加强班组安全管理的重要性和必要性。非煤矿山企业要把班组作为企业安全生产不可或缺的一级组织，把加强班组安全生产工作纳入企业发展的总体规划，列入重要日程，制订工作方案，落实工作责任，加强组织领导，有序、有力、有效扎实推进。要明确责任部门和责任人，形成行政主导、工会督导、职能部门协调、党政工团齐抓共管安全班组建设的工作格局。地方各级安全监管部门要结合本地区实际，制定本地区加强非煤矿山班组安全管理工作方案，主要负责人要亲自组织研究、部署非煤矿山企业班组安全管理工作，分管领导要经常深入非煤矿山企业调查研究和检查指导，深入分析本地区非煤矿山企业班组安全生产工作情况，认真查找薄弱环节，采取对策措施，建立有效机制，切实把班组安全管理各项工作落到实处，抓出实效。

(2) 完善班组建制，明确并落实班组安全生产责任

非煤矿山企业要按照精简高效的原则，完善班组建制，严禁层层转包、以包代管。要制定班组定员标准，严格控制作业人数，严禁超定员生产，严禁两班交叉作业。地方各级安全监管部门要结合本地区金属非金属露天矿山、地下矿山、尾矿库及石油天然气开采企业的不同特点，分别制定班组建制方案，明确大、中、小型矿山企业班组建设的目标要求和具体标准，因地制宜、注重引导、全面提升，努力推进班组建制的标准化、规范化。

非煤矿山企业要明确并落实班组作业现场安全生产责任主体，实行区队长、班组长作业现场安全生产负责制，明确并落实作业现场班组长和各岗位员工的安全生产责任。班组长对本班组作业现场实施安全生产决策和组织指挥，是本班组安全生产的第一责任人，要严格按照施工管理人员提出的要求，组织本班组员工在指定施工场所进行作业，并要检查本班组作业现场安全生产情况、员工安全作业情况，进行安全评估验收，要求和指导员工正确使用机器、电气设备、工具、原材料、安全装置和个人防护用品等。在安全隐患没有排除或不具备安全生产条件时，班组长有权拒绝开工或停止生产；作业现场遇到重大险情时，有权组织人员撤离现场，避免事态扩大。班组员工对本岗位安全生产负责，要严格遵守劳动纪律和安全生产规章制度，执行本岗位的安全技术操作规程，有权拒绝违章指挥。

（3）健全班组安全规章制度，落实各项制度和措施

非煤矿山企业要健全完善班前会制度、班组长随班交接班工作制度、安全生产标准化管理制度、安全隐患排查治理制度、事故报告和处理程序、事故分析处置制度、安全检查与奖惩制度、班组学习培训制度、岗位技能训练制度、现场安全文明生产制度、安全隐患举报制度、员工安全权益维护制度、安全绩效考核制度，以及本企业认为需要制定的其他相关制度。金属非金属矿山企业要按照《金属非金属矿山安全规程》要求，结合现场生产工艺，制定岗位安全技术操作规程；要在危险源辨识、风险评估的基础上，制定各岗位、各工种的安全生产工作程序和工作标准。石油天然气开采企业要推广 HSE（健康安全环境）管理体系，制定相应的程序文件和作业指导书。

非煤矿山企业要制定切实可行的措施，保证班组各项规章制度落到实处。一是要有矿领导带班，与工人同时下井、同时升井，并按有关规定认真履行职责。二是加强对班组长的管理。要明确班组长的任用标准、产生办法和聘任方法，选拔优秀员工担任班组长；要加强班组长工作考核，把班组长纳入企业管理人才培养计划，注重从优秀班组长中选拔人才。三是把反“三违”作为重中之重，做到班组长不违章指挥、员工不违章作业和不违反劳动纪律。要把“三违”现象当做事故进行分析处理，做到防患于未然。四是加强现场监督检查，落实现场安全技术操作规程，严格按批准的技术措施进行施工或生产，严禁违规作业。五是加强隐患排查治理。实行班组隐患分级管理，落实治理责任。对生产作业场所、设备设施及各系统进行定时、定点、定路线、定项目巡回检查，及时排查治理现场事故隐患；对重大隐患要及时上报。对限期治理的事故隐患，要严格落实现场防范措施。六是强化安全培训。要保证员工具备本岗位安全操作、自救互救以及应急处置所需的知识和技能，提高员工安全技能和自我防范意识。所有员工必须全部经过培训合格后上岗。七是严格进行奖惩。要通过激励机制激发班组员工在安全生产工作方面的积极性和创造性，通过约束机制约束员工的不安全行为，做好自我防范。要奖励、鼓励员工查找本岗位和本班组存在的安全隐患，监督举报各种违规和违章行为。

(4) 强化宣传教育，切实加强班组安全文化建设

非煤矿山企业要坚持以人为本，关爱员工生命，结合企业、班组和岗位的特点，大力开展班组文化宣传教育活动，增强员工的安全意识。要组织员工学习国家安全生产法律法规，增强员工遵章守纪的自觉性；加强安全操作技能培训，增强员工自我防范能力，严格执行各项规章制度和操作规程，切实加强班组安全观念文化、安全行为文化、安全管理文化和安全物态文化建设。积极开展切合实际、形式多样、体现班组特色的安全文化活动，强化安全生产法制意识、责任意识，培养树立正确的安全价值观、安全效益观和安全发展观，坚持先进的安全理念，落实职工群众的安全生产知情权、参与权、监督权、表达权和举报权，增强安全生产内在动力，实现“我要安全”。要培养和弘扬班组团队精神，做到工作相互支持、密切配合，工序衔接协调无误。

(5) 创新机制，开展安全班组安全创先争优活动

非煤矿山企业要建立班组安全生产绩效考核标准，加强考核工作，考核结果要与班组长的待遇、津贴、收入和晋级挂钩。对安全生产工作不称职或有严重失误的班组长，要及时按规定和程序解聘。要建立企业班组安全生产目标考核奖惩制度，把安全生产控制目标层层分解落实到班组、个人，完善安全指标完成情况在结构工资制中的构成比重，将安全生产作为班组、班组长、员工推优评先、效益工资分配的“一票否决”指标。要结合学习推广“白国周班组管理法”，全面开展班组安全创先争优活动，定期组织开展非煤矿山班组安全管理先进经验交流活动，对安全管理先进班组和优秀员工要给予表彰奖励，以点带面，全面推进非煤矿山班组安全管理工作的开展。

(6) 着眼实践，提高安全应急处置能力

非煤矿山企业要建立健全班组岗位应急预案，配备必要的应急装备物资，为班组在第一时间开展应急救援工作奠定基础。各班组要在企业总体应急救援预案的基础上，制定操作性更强、更完善、更详细的现场应急救援措施，积极开展应急预案（措施）的演练，提高对设备操作、应急程序、应急职能的熟练程度。要切实提高演练的针对性和实效性，并注重通过演练发现问题，及时对应急预案（措施）进行完善。要赋予企业生产现场带班人员、班组长和调度人员在遇到险情时第一时间下达停产撤人命令的直接决策权和指挥权，一旦发生险情，班组长要组织人员及时撤离，避免人员伤亡。

7.《关于在全国煤矿开展争创优秀安全班组、优秀班组长和优秀群监员活动的通知》相关要点

2010 年 5 月 6 日，国家安监总局、中华全国总工会、国家煤矿安全监察局下发《关于在全国煤矿开展争创优秀安全班组、优秀班组长和优秀群监员活动的通知》（安监总煤行［2010］74 号）。该通知指出，为充分发挥煤矿企业班组、班组长和特聘群众安全监督员在安全生产工作中的重要作用，强化安全生产现场管理，促进煤矿安全生产形势进一步稳定好转，按照国家安监总局等五部门《关于学习推广“白国周班组管理法”进一步加强班组建设的通知》（安监总煤行［2009］212 号）和中华全国总工会、国家煤矿安监局《关于加强煤矿班组安全生产建设的指导意见》（总工发［2009］15 号）以及《特聘煤矿安全群众监督员实施办法》（总工发［2005］25 号）的要求，国家安监总局、中华全国总工会、国家煤矿安监局经研究决定，在全国煤矿开展争创优秀安全班组和优秀班组长、优秀群监员活动（以下简称“争创三优”活动）。

《关于在全国煤矿开展争创优秀安全班组优秀班组长和优秀群监员活动的通知》有关事项如下：

（1）活动指导思想和总体要求

● 指导思想：深入贯彻落实科学发展观，牢固树立安全发展理念，坚持“安全第一、预防为主、综合治理”方针，以落实岗位安全生产责任制为核心，以不断提升班组管理水平和员工队伍素质为重点，以有效防范生产安全事故为目标，以完善班组安全建设管理制度为保证，切实加强煤矿安全基层基础工作，扎实推进煤矿班组安全建设，进一步提升企业安全生产管理水平，促进煤矿安全生产形势持续稳定好转。

● 总体要求：通过在全国煤矿广泛开展“争创三优”活动，进一步推动企业落实安全生产主体责任，坚持抓基层、打基础，加强以煤矿班组为重点的现场安全管理，夯实筑牢煤矿安全生产第一道防线；坚持选树典型、示范引导，培养和造就一大批作风优良、技术过硬、爱岗敬业、生产安全、团队和谐的先进典型，使其成为企业安全生产的坚固基石，最大限度地发挥班组、班组长和群监员在安全生产工作中的重要作用，为煤矿安全生产状况持续稳定好转奠定坚实基础。

（2）活动基本原则

● 围绕中心、服务大局。“争创三优”活动要围绕安全发展和安全生产工作大局，贴近基层，贴近实际，立足于不同阶段、不同时期的重点工作，科学谋划活动的主要任务、主要内容和方式方法，切实将“争创三优”活动融入企业安全基层基础工作的各个环节，渗透到班组安全建设的全过程。

● 突出主线、统筹兼顾。要充分利用“争创三优”活动这一载体，抓住强化现场安全管理、有效防范生产安全事故这条主线，把开展“争创三优”活动与推动落实企业安全生产主体责任结合起来；

与加强基层基础工作和班组安全建设结合起来；与抓好安全质量标准化，实施岗位达标、专业达标、企业达标结合起来；与强化安全生产规范化管理、提升员工整体素质结合起来，统筹安排，协调推进，不断深化。

● 注重实际、务求实效。"争创三优"活动要紧紧抓住加强班组安全建设，落实班组长和群监员安全管理责任，解决影响和制约企业安全基层基础工作的突出问题，建立健全促进班组安全建设，落实安全监管责任的工作机制和规章制度，扎实推进"争创三优"活动，不搞形式主义、不图虚名、不做虚功、不走过场，务求取得实实在在的效果。

(3) 工作要求

● 加强组织领导。各产煤省（区、市）及新疆生产建设兵团煤炭行业管理部门和总工会（工会）要加强对"争创三优"活动的组织领导，会同有关部门尽快建立活动工作领导机构，明确分工，落实责任，将活动列入重要议事日程，切实做好计划安排，明确活动的重点、方法、步骤和保障措施，将"争创三优"活动具体化，一项一项地落实，及时了解活动的开展情况，分析问题，总结经验，进行指导和推动。

● 搞好典型引路。各地区、各煤矿企业在开展"争创三优"活动中要注重基层，夯实基础，抓好典型培养，及时总结经验，推广成功做法；要选择一批班组建设相对薄弱的企业，重点加强指导；通过深入基层开展调研的方式，及时总结推广活动的好做法、好经验，充分发挥典型的引领和示范作用；适时召开经验交流会，以点带面，推进"争创三优"活动的全面深入开展。

● 突出争创特色。地方各级煤炭行业管理部门和工会组织要在把握"争创三优"活动的总体要求、工作目标、基本原则的基础上，从自身实际出发，积极探索，制定出符合自身特点和需要的具体目标、工作措施，创造性地开展工作。要与时俱进，开拓创新，运用行之有效的活动方式和载体，强化活动效果。尤其要丰富活动内容，突出争创特色，创新工作机制和方式方法，加强煤矿基层基础工作和班组安全建设。

● 加大宣传力度。地方各级煤炭行业管理部门、工会组织和广大煤矿企业要充分利用网络、电视、广播、报刊等舆论阵地，加大“争创三优”活动的宣传力度，及时报道活动的情况和效果，宣传各地、各煤矿企业开展“争创三优”活动的好做法、好经验，营造强化煤矿班组安全建设的良好社会氛围，不断增强煤矿企业安全生产的基层活力和执行力。

(4) 评选表彰

● 制定评选办法。为推动“争创三优”活动的开展，国家安监总局、中华全国总工会、国家煤矿安监局制定了《全国煤矿优秀安全班组、班组长、特聘群众安全监督员评选表彰办法（试行）》（以下简称评选表彰办法）。各地区也要结合实际制定本地区的评选表彰办法，明确评选范围和对象、原则和要求、评选条件和程序、表彰命名、表彰奖励等事项。

● 组织评审推荐。各地区要按照评选表彰办法的要求，对本地区评选出的先进集体和个人进行评审选拔，按照分配名额向全国煤矿班组安全建设领导小组办公室（设在国家煤矿安监局行管司）推荐申报。国家安监总局、中华全国总工会、国家煤矿安监局每两年评选表彰一次。

8.《全国煤矿优秀安全班组、班组长、特聘群众安全监督员评选表彰办法（试行）》相关要点

为全面推进争创优秀安全班组、班组长、特聘群众安全监督员活动的持续深入开展，国家安监总局、中华全国总工会、国家煤矿安全监察局经研究，决定对争创活动中成效突出的煤矿班组、班组长和群监员进行表彰，特制定本办法。

(1) 评选对象及表彰规模

1）评选对象

全国煤矿企业（井工和露天矿）从事原煤生产作业的班组、班组长和群监员。

2）表彰规模

评选表彰活动从2010年开始，每两年进行一次。

每次分别评选出优秀安全班组100个，优秀班组长100名，优秀群监员100名；十佳安全班组10个，十佳班组长10名，十佳群监员10名。

(2) 优秀安全班组、优秀班组长、优秀群监员推荐评选条件

1）优秀安全班组推荐评选条件

● 能够认真贯彻落实“安全第一、预防为主、综合治理”方针，牢固树立安全生产理念，坚持不安全不生产。

● 班组管理规范有序，有完善的班组安全管理制度并严格落实；认真执行隐患排查治理制度，及时发现、报告和处理作业场所事故隐患。

● 现场安全管理扎实有效。班组成员严格执行安全规程、操作规程、作业规程，遵守劳动纪律，年度内无“三违”行为。

● 安全质量标准化工作岗位达标，工程质量合格率100%。

● 圆满完成工作任务，班组安全生产状况居全行业先进水平，连续三年无人身伤亡事故。

● 实行民主管理，班务公开，班组成员团结和谐，党员和骨干作用发挥好，队伍稳定，团结向上，凝聚力强。

2）优秀班组长推荐评选条件

● 政治坚定，作风务实，爱岗敬业，勇于创新，以身作则，自觉带头执行党和国家的安全生产方针、法律法规和企业规章制度，在本职岗位上取得突出业绩。

● 劳动组织合理，任务分工明确，带领本班组抓好工程质量，工程质量合格率100%。

● 善于学习，安全技能素质过硬；积极组织开展技术革新、岗位练兵、技术比武、班组内部培训和“师带徒”等活动。

● 加强团队建设，坚持与职工谈心交流，帮助职工解决困难，及时消除影响安全生产的心理因素；坚持公开、公平、公正原则，实施班务公开。

● 带头遵守安全规程、操作规程、作业规程，及时发现和消除事故隐患，维护职工生命安全和职业健康，在有效防范事故等方面有突出贡献。

● 担任班组长三年以上现职，所带班组年度内无“三违”行为，连续三年无人身伤亡事故。

3）优秀群监员推荐评选条件

● 以身作则，自觉带头执行党和国家的安全生产方针、法律、法规和企业规章制度。

● 积极为安全生产献计献策，提合理化建议。

● 坚持原则，敢于维护职工利益，在发现、排除事故隐患，维护职工生命安全和职业健康，有效防止事故及制止违章行为等方面有突出贡献。

● 有较强的事业心和责任感，技术过硬，工作认真负责。

● 担任群监员三年以上现职，年度内无“三违”行为。

(3) 十佳安全班组、十佳班组长、十佳群监员推荐评选条件

1）十佳安全班组推荐评选条件

十佳安全班组除具备优秀班组条件外，还需具备以下条件：

● 倡导先进的班组安全文化，班组学习氛围浓，整体素质高，有引领和示范作用。

● 班组安全管理有创新，具有适合岗位特点的班组管理方法，并取得明显实效。

● 班组安全生产状况在全行业处于领先水平，连续五年无人身伤亡事故。

● 工程质量优良率100%。

2）十佳班组长推荐评选条件

十佳班组长除具备优秀班组长条件外，还需具备以下条件：

● 班组安全管理有特色、有创新，并取得明显成效。

● 积极进取、作风扎实、技术过硬、管理严格，在煤矿安全生产中起到模范带头作用。

● 所带班组连续五年无人身伤亡事故。

3）十佳群监员推荐评选条件

十佳群监员除具备优秀群监员条件外，还需具备以下条件：

● 坚持原则，敢于抵制违章指挥行为，遇有紧急情况敢于命令停止作业，组织职工撤离现场，维护职工生命安全和职业健康方面事迹突出。

● 注重煤矿安全生产法律法规和安全技术学习，安全素质高，行使安全监督能力强，方法有创新。

● 担任群监员期间无“三违”行为。

(4) 推荐评选程序

1）优秀安全班组、优秀班组长、优秀群监员评选程序

● 煤矿企业推荐申报，按隶属关系上报推荐材料。

● 省级煤炭行业管理部门会同省级总工会、相关行业工会和省级煤矿安全监察机构初评后，报全国煤矿班组安全建设领导小组办公室。

● 由全国煤矿班组安全建设领导小组办公室组织评审，提出表彰名单，提请全国煤矿班组安全建设领导小组审议确定。

2）十佳安全班组、十佳班组长、十佳群监员评选程序

● 由全国煤矿班组安全建设领导小组办公室从各地推荐的优秀安全班组、优秀班组长和优秀群监员中择优，提出建议名单。

● 将建议名单反馈省级总工会征求意见，省级总工会会同煤炭

行业管理部门、省级煤矿安全监察机构对建议名单进行审核，提出审核意见。具备条件的按规定分别填报“工人先锋号”和“五一劳动奖章”推荐审批表，报全国煤矿班组安全建设领导小组办公室。

● 全国煤矿班组安全建设领导小组办公室审核汇总后，将推荐名单提请全国煤矿班组安全建设领导小组审议确定。

(5) 表彰命名

● 评选出的先进集体和个人由国家安监总局、中华全国总工会、国家煤矿安全监察局分别授予“全国煤矿优秀安全班组”“全国煤矿优秀班组长”“全国煤矿优秀群监员”“全国煤矿十佳安全班组”“全国煤矿十佳班组长”和“全国煤矿十佳群监员”荣誉称号，并颁发证书或牌匾。

● 获得“全国煤矿十佳安全班组”“全国煤矿十佳班组长”和“全国煤矿十佳群监员”称号的集体和个人，按照有关程序申报“工人先锋号”和“五一劳动奖章”荣誉称号。

(6) 评选工作原则和要求

● 推荐评选工作坚持公开、公平、公正的原则，坚持标准，严格程序，接受群众监督。

● 推荐的先进集体和个人必须自下而上产生，群众公认，要经过在本单位、本地区和全国公示等民主程序，公示时间一般为 7 天。对公示中有举报反映的集体或个人，要认真核实情况，提出明确意见。

● 推荐的先进集体和个人所在煤矿在评选周期内发生死亡事故，未建立工会组织，未签订劳动用工合同，用工行为不规范的，不能参加评选。

● 申报“全国工人先锋号”的十佳安全班组，推荐评选按照中华全国总工会《关于深入开展创建“工人先锋号”活动的实施意见》(总工发［2007］30 号）执行。

● 申报“全国五一劳动奖章”的十佳班组长、十佳群监员，推荐评选按照中华全国总工会有关规定执行。各省级总工会要会同煤炭行业管理部门、煤矿安全监察机构对本省（区、市）“全国五一劳动奖章”推荐人选进行考察，并写出书面报告。

● 各省（区、市）及新疆生产建设兵团推荐上报的先进集体和个人均附先进事迹材料，并经主管领导签字盖章后，在规定时间内上报全国煤矿班组安全建设领导小组办公室。逾期不报的，视为自动放弃。先进事迹材料字数原则上不超过 3 000 字。

● 获得荣誉称号的先进集体和个人，由所在企业给予奖励。

9.《关于进一步加强煤矿班组长安全培训工作的通知》相关要点

2009 年 4 月 23 日，国家安监总局、国家煤矿安全监察局下发《关于进一步加强煤矿班组长安全培训工作的通知》（安监总煤行［2009］87 号）。其目的是为了不断提升煤矿班组长的安全素质，提高班组安全生产管理水平，强化煤矿井下现场安全生产管理，促进煤矿安全生产形势稳定好转。国家安监总局、国家煤矿安监局决定 2009 年在全国煤矿实施“万名班组长安全培训工程”，以切实加强和规范煤矿班组长安全培训，强化煤矿安全基础管理工作。现就有关事项通知如下：

(1) 充分认识加强煤矿班组长安全培训工作的重要性

班组长是煤矿安全生产最基层的管理人员，是煤矿井下安全生产的直接组织者。提高班组长的安全素质和安全意识，是确保煤矿安全生产相关法律法规、规程、标准和规章制度等落到实处的重要举措，也是加强煤矿井下现场安全生产管理，反“三违”、防范事故的有效途径。强化煤矿班组长安全培训工作，对提高班组长的安全素质和业务管理能力，推动煤矿井下班组建设，强化煤矿安全生产管理具有重要意义。各部门和各煤矿企业，要进一步提高认识，加强领导，落实责任，细化措施，精心组织，切实做好煤矿班组长安全培训工作。

(2) 明确培训目标，界定培训范围及对象，规范培训组织形式

● 培训目标。通过实施“万名班组长安全培训工程”，至2009年年底，力争在全国煤矿培训1万名以上班组长；通过推动全国煤矿班组长安全培训工作的经常化和制度化，使各类煤矿从事井下作业的班组长都能够参加安全培训；通过强化培训，使班组长安全生产意识明显增强，安全技能和班组安全生产管理能力明显提高，煤矿班组建设取得明显成效。

● 培训范围及对象。主要是全国各类煤矿从事井下采煤、掘进、通风、机电、运输等作业的班组长。各地也可根据辖区内煤矿实际情况，安排其他方面作业的班组长参加培训。

● 组织形式。班组长安全培训要在具有三级以上培训资质的煤矿安全培训机构分专业进行。国有重点煤矿企业负责本企业所属煤矿的班组长安全培训工作；市（地）、县级政府有关部门分别负责辖区内所属煤矿的班组长安全培训工作；其他煤矿班组长安全培训工作由省级政府有关部门负责，或委托市（地）、县级政府有关部门组织。本地区或煤矿企业没有三级以上安全培训机构或培训机构数量较少，难以满足培训需要的，经上级主管部门同意，可由四级安全培训机构承担培训任务，但要切实加强组织和监督指导，确保培训考核质量。

(3) 统一培训内容和时间，坚持“教考分离”，严格考核，切实提高培训质量

● 培训内容。主要以煤矿现场安全管理和劳动组织管理为主题，以《煤矿安全培训教学大纲》中有关采煤、掘进、通风、机电、运输等工种班组长安全培训教学大纲为基础，结合各地区、各企业煤矿安全生产实际，科学、合理地确定培训内容。主要应包括以下内容：

——煤矿安全生产相关法律法规及煤矿安全质量标准化、瓦斯治理等方面的有关标准。主要是《安全生产法》《国务院关于预防煤矿生产安全事故的特别规定》（国务院令第 446 号）和《煤矿安全质量标准化标准及考核评级办法（试行）》（煤安监办字［2004］24 号）、《煤矿井工开采通风技术条件》（AQ 1028—2006）、《煤矿安全监控系统及检测仪器使用管理规范》（AQ 1029—2007）等。

——国家有关部门印发的煤矿安全基础管理、瓦斯治理等方面的规范性文件。主要是《关于加强国有重点煤矿安全基础管理的指导意见》（安监总煤矿［2006］116 号）、《关于加强小煤矿安全基础管理的指导意见》（安监总煤调［2007］95 号）、《关于进一步加强煤矿瓦斯治理工作的指导意见》（安委办［2008］17 号）和《关于加强煤矿班组安全生产建设的指导意见》（总工发［2009］15 号）等。

——煤矿有关专业技术知识和管理知识。主要是采煤、掘进、通风、机电、运输及灾害防治等专业技术知识，煤矿安全生产的新理论、新技术、新工艺、新装备和现场安全管理、劳动组织管理等。

——应急救援知识。主要是自救、互救和创伤急救基本知识，井下发生各种灾害后的避灾、救灾方法等。

——典型事故案例分析。主要是对近年来本地区或本企业发生的煤矿典型事故案例的分析，剖析事故原因，吸取事故教训，提出防范措施等。

——经验交流。主要是现场安全管理和班组建设的经验，并研讨强化现场安全管理、整治“三违”和提升班组安全管理水平的主要措施等内容。

● 培训时间。不少于 48 学时。

● 考核发证。坚持“教考分离”原则，班组长培训结束后，由国有重点煤矿企业或省、市（地）、县级政府有关部门组织考试，经考核合格后颁发《班组长安全培训合格证书》。

(4) 加强组织领导，强化监督管理，确保班组长安全培训工作落实到位

● 落实工作责任。由地方政府承担矿长和特种作业人员安全培训职能的部门具体负责煤矿班组长安全培训监督管理工作。各地要结合实际，研究制定煤矿班组长安全培训的实施办法，建立安全培训、考核发证、档案管理和信息统计报送制度，推进煤矿班组长安全培训工作的规范化、科学化。省、市（地）、县级政府有关部门和国有重点煤矿企业要按煤矿的隶属关系，切实做好所属煤矿班组长安全培训的具体组织实施工作，并严格按照考核标准进行考试、考核。所有煤矿都要认真制订培训计划，保证培训范围内的所有班组长都能够参加培训。

● 强化培训管理。承担煤矿班组长培训工作的培训机构要严格按照规定的培训内容和培训时间进行教学，严格教学管理，提高培训质量。要建立由煤矿、培训机构和班组长本人三方签字的培训档案，详细准确记录培训、考核情况。

● 加强监督检查。省级政府有关部门要加强对煤矿班组长安全培训的监督检查，重点检查培训的内容、时间、教学管理、考核达标情况和培训效果，对发现的问题要及时责令有关单位限期整改，确保班组长安全培训工作取得实效。

10.《贯彻落实国务院〈通知〉精神　加强企业班组长安全培训工作的指导意见》相关要点

2010年11月22日，国务院安全生产委员会办公室印发《贯彻落实国务院〈通知〉精神　加强企业班组长安全培训工作的指导意见》（安委办［2010］27号）。为认真学习贯彻党的十七届五中全会精神，深入贯彻落实《国务院关于进一步加强企业安全生产工作的通知》（国发［2010］23号）的工作部署，着力推进企业班组安全生产基础建设，切实加强以班组长为重点的企业全员安全培训，提高从业人员的安全意识和技能，促进全国安全生产形势持续稳定好转，现就加强企业班组长安全培训工作提出如下指导意见：

(1) 充分认识加强班组长安全培训工作的重要性和紧迫性

班组是企业的最基层组织，是安全生产的第一道防线。班组长是企业安全生产工作一线的直接指挥者和组织者。加强企业班组长安全培训工作，是全面提高从业人员安全意识和操作技能，规范作业行为，杜绝违章指挥、违章作业、违反劳动纪律的“三违”行为，从根本上防止事故发生的有效途径，也是当前进一步强化企业班组安全生产基础建设，提升现场安全管理水平，促进企业安全生产的一项重要而紧迫的任务。

当前，我国一些企业特别是中小企业班组安全管理仍然薄弱，班组长的安全素质、安全操作技能和安全管理水平与企业安全生产工作要求有很大差距，“三违”现象大量存在，给安全生产带来很大风险。各地区、各有关部门和企业一定要从切实维护人民群众生命财产安全，推动科学发展、安全发展的战略高度，充分认识加强企业班组长安全培训工作的重要性，增强责任感和紧迫感，加大工作力度，采取有力措施，切实抓紧、抓好、抓出成效。

(2) 明确指导思想、基本原则和工作目标

● 指导思想。深入贯彻落实科学发展观，认真贯彻执行《国务院关于进一步加强企业安全生产工作的通知》，坚持以人为本，牢固树立安全发展的理念，坚持“安全第一、预防为主、综合治理”的方针，以提高班组长和班组全体人员安全素质为重点，以提升企业现场安全管理水平，减少和杜绝“三违”为目的，落实责任，完善措施，提高质量，进一步强化企业安全培训的基础作用，大力加强企业班组长安全培训，夯实企业安全生产工作基础，预防和减少各类伤亡事故发生，促进全国安全生产形势持续稳定好转。

● 基本原则。①统筹规划，依法培训。各级安全监管监察机构和企业要把班组长安全培训纳入安全生产工作总体部署，建立政府、企业、培训机构相互配合、运行有序的工作机制，依据《安全生产法》和《生产经营单位安全培训规定》（国家安监总局令第 3 号）等法律法规和规章，大力开展企业班组长安全培训。②政府监管，企业落实。各级安全监管监察机构和各地有关部门要依法对企业班组长安全培训工作实施监督、指导和检查。企业要建立健全管理制度，制订培训计划，明确目标任务，加大投入力度，切实把班组长安全培训工作落到实处。③突出重点，整体推进。以企业自主培训为主，实施企业班组长安全培训工程。企业要把班组长安全培训作为重要工作来抓，结合工作实际制定本企业班组长安全培训实施方案，以班组长培训带动班组全员培训，确保员工做到应知应会，并经安全培训合格后上岗。④形式多样，注重实效。坚持从班组生产工作实际出发，坚持学用结合，针对班组长岗位要求和特点，确定培训内容，编选培训教材，创新培训方式方法，增强培训的针对性和实效性。

● 工作目标。全面落实企业班组长安全培训的主体责任，确保每个企业每年将本企业班组长轮训一遍；进一步加大对企业班组长安全培训工作的执法检查力度，切实把《国务院关于进一步加强企业安全生产工作的通知》中有关加强安全培训工作的要求落到实处；到2011年年底，形成工矿商贸行业（领域）企业班组长安全培训教材体系，建立一支能够胜任培训工作的专兼职教师队伍，切实提高班组长安全培训的针对性和实效性。

(3) 严格培训要求，规范培训管理

● 制订培训计划。各企业要把班组长安全培训纳入本企业安全生产发展规划、年度工作计划和目标责任体系，制定班组长安全培训实施方案，至2011年年底要将班组长普遍培训一遍，并确保以后每年轮训一遍。要把农民工和外包施工企业人员纳入班组长安全培训范围，统筹安排、分类指导。对新进员工要严格按照有关规定，开展岗前“三级”[厂（矿）、车间（工段、区、队）、班组]安全教育培训。

● 规范培训内容。根据企业班组安全生产工作要求和班组长的特点，确定培训内容，保证培训实效。班组长安全培训的主要内容包括：本企业安全生产状况及安全生产规章制度，岗位危险有害因素及安全操作规程，作业设备安全使用与管理，作业条件与环境改善，个人劳动防护用品的使用和维护，作业现场安全标准化，现场安全检查与隐患排查治理，现场应急处置和自救互救，本企业、本行业典型事故案例，班组长的职责和作用，员工的权利与义务，与员工沟通的方式和技巧，班组安全生产的组织管理及"白国周班组管理法"等先进的班组安全管理经验等。

● 细化工作措施。班组长安全培训由企业自行组织实施或由企业委托具有四级以上资质的安全培训机构实施。各企业要指定专门机构负责班组长安全培训工作，明确任务分工，落实培训责任。要不断完善培训制度，妥善处理工作与培训的关系，确保培训时间，保障培训经费。有条件的企业应建立安全培训机构或设立班组长学习室，配备班组长安全教育视频与相关设施设备，为班组长安全培训提供必要条件。企业班组新上岗的从业人员必须按照《生产经营单位安全培训规定》，经过相应安全培训并考核合格后上岗。已在岗的班组长每年接受安全培训的时间不得少于 24 学时，班组其他员工每年接受安全培训的时间不得少于 16 学时。

● 加强培训考核。班组长安全培训考核工作由企业指定专门机构负责。要本着有效、管用、简便的原则，建立健全培训考核制度，制定培训质量效益评估指标体系，统一考核指标、考核程序和考核方法，严格考核管理，严禁形式主义和弄虚作假。对考核合格的班组长，颁发安全培训合格证书。要完善班组长安全培训激励机制，充分运用考核结果，激发班组长参加培训的积极性和主动性。

● 建立培训档案。各企业或培训机构要建立班组长安全培训档案，对班组长培训考核情况实行单位与个人签字管理，真实记录培训内容、技能训练科目、培训时间、培训学时及考核情况等。要规范班组长安全培训工作流程，加强对培训考核全程的监督管理，做到培训信息公开、培训过程透明、考核结果公示、部门参与监督。

(4) 加强基础工作，提高培训质量

● 培养师资队伍。各企业要结合企业班组长安全培训实际，建立专兼职结合的师资队伍，重点从企业和安全生产一线选聘教师。班组长安全培训教师一般应在具有5年以上现场工作经历、取得注册安全工程师资格的企业安全管理人员或经过专门培训并取得资格证书的教师中选聘。要有计划地组织开展师资培训，培养和优化班组长安全培训师资队伍；建立培训教师跟班劳动、现场调研等制度，强化实践锻炼，不断提高教师的实践教学水平，增强培训的针对性和实效性。

● 开发适用的培训教材。本着少而精、管用的原则，注重多媒体教材的研制和开发，组织编写班组长安全培训适用教材。国家安监总局指导工矿商贸企业班组长师资培训教材以及煤矿、非煤矿山、危险化学品、烟花爆竹、冶金等重点行业企业班组长安全培训教材的编写工作；每2年组织开展一次优秀教材评选活动，并向社会推荐。各有关行业主管部门指导本行业班组长安全培训教材的编写工作。各省级安全监管监察机构根据实际工作需要，指导其他工矿商贸企业班组长安全培训教材的编写工作。各企业要根据本企业实际，编制通俗易懂、图文并茂的班组安全培训适用教材。

● 丰富培训形式。各企业或培训机构要结合企业生产实际，采取集中培训、半工半培、送教上门等多种形式开展班组长安全培训。要针对企业现场安全管理和班组长的特点，通过开设安全宣传栏，利用多媒体、企业内部网站、电视、报刊、板报等平台以及安全讲座、班前班后会、安全知识竞赛和安全日活动等时机，抓好日常安全教育培训。要通过岗位描述、技术比武、应急演练、现场事故分析、反事故演习、现场安全自检等方式，大力开展岗位练兵，不断提高班组长和员工自我安全保护意识和能力。要注重发挥老工人“传、帮、带”作用，以师带徒，提高员工实际操作技能。

(5) 加强指导监督，确保班组安全培训落到实处

各企业要把班组长安全培训作为安全生产工作的重要内容，紧密结合生产经营实际，统筹安排部署，采取有力措施，确保工作到位。企业主要负责人和分管负责人要切实加强对班组长安全培训工作的领导，定期组织开展对企业内部班组长安全培训工作的检查，及时发现和解决工作中的重大问题，不断推进班组长安全培训的规范化、制度化和经常化。

各级安全监管监察机构和有关行业管理部门要加强协调配合，强化对所辖企业特别是高危行业企业班组长安全培训的监督、指导和检查，指导督促企业落实班组长安全培训要求；要强化服务意识，帮助企业解决班组长安全培训中的实际困难。各级安全监管监察机构要把班组长安全培训纳入安全监管监察的重要内容，加强对企业班组长安全培训的监督检查，适时组织有关部门进行联合执法检查。凡存在不经培训上岗、无证上岗的企业，依法对其进行停产整顿；没有对井下作业人员进行安全培训教育或存在特种作业人员无证上岗的企业，情节严重的要依法予以关闭。

各地区、各有关部门和各单位要注重总结和推广企业班组长安全培训工作中涌现出来的新鲜经验和有效做法，推动工作深入开展。

11.《煤矿班组安全建设规定（试行）》相关要点

2012年7月10日，国家安监总局、国家煤矿安监局和中华全国总工会联合制定印发了《煤矿班组安全建设规定（试行）》（安监总煤行［2012］86号）。制定本规定的目的，是为了进一步规范和加强煤矿班组安全建设，提高煤矿现场管理水平，促进煤矿安全生产。本规定分为八章四十四条，主要内容有：第一章总则、第二章组织建设、第三章班组长管理、第四章现场安全管理、第五章班组安全培训、第六章班组安全文化建设、第七章表彰奖励、第八章附则。本规定自2012年10月1日起施行。

(1) 总则中有关内容和规定

在第一章总则中，对相关事项作了规定。

● 全国煤矿开展班组安全建设适用本规定。

● 地方各级人民政府煤炭行业管理部门是煤矿班组安全建设的主管部门，负责督促煤矿企业建立班组安全建设制度，落实班组安全建设规定。各地工会要组织协调、督促煤矿企业开展煤矿班组安全建设工作，指导煤矿企业建立工会基层组织，维护职工合法权益。

● 煤矿企业应当建立健全从企业、矿井、区队到班组的班组安全建设体系，把班组安全建设作为加强煤矿安全生产基层和基础管理的重要环节，明确分管负责人和主管部门，制定班组建设总体规划、目标和保障措施。煤矿企业工会要加强宣传和指导，积极参与煤矿班组安全建设。要建立健全区队工会和班组工会小组，强化班组民主管理，维护职工合法权益。

● 煤矿（井）是班组安全建设的责任主体，要围绕班组安全建设建立各项制度，落实建设资金和各项保障措施，保证职工福利补贴，完善职工收入与企业效益同步增长机制。区队（车间）是班组安全建设的直接管理层，负责班组日常管理、业务培训等工作。

● 煤矿班组安全建设以“作风优良，技能过硬，管理严格，生产安全，团结和谐”为总要求，着力加强现场安全管理、班组安全教育培训、班组安全文化建设，筑牢煤矿安全生产第一道防线。

(2) 组织建设中的有关内容和规定

在第二章组织建设中，对相关事项作了规定。

● 煤矿企业必须建立区队、班组建制，制定班组定员标准，确保班组基本配置。班组长应当发挥带头表率作用，加强班组作业现场管理，确保安全生产。

● 煤矿企业班组工会小组要设群众安全监督员，且不得由班组长兼任。中华全国总工会和国家煤矿安全监察局按规定程序在煤矿井下生产一线班组中聘任煤矿特聘群众安全监督员。

● 煤矿企业应当建立完善以下班组安全管理规章制度：班前、班后会和交接班制度，安全质量标准化和文明生产管理制度，隐患排查治理报告制度，事故报告和处置制度，学习培训制度，安全承诺制度，民主管理制度，安全绩效考核制度，煤矿企业认为需要制定的其他制度。

● 煤矿企业在制定、修改班组安全管理规章制度时，应当经职工代表大会或者全体职工讨论，与工会或者职工代表平等协商确定。

● 煤矿企业应当加强班组信息管理，班组要有质量验收、交接、隐患排查治理等记录，并做到字迹清晰、内容完整、妥善保存。

● 煤矿企业应当指导班组建立健全从班组长到每个岗位人员的安全生产责任制。

● 煤矿企业必须全面推行安全生产目标管理，将安全生产目标层层分解落实到班组，完善安全、生产、效益结构工资制，区队每月进行考核兑现。

● 煤矿企业必须依据国家标准要求，改善作业环境，完善安全防护设施，按标准为职工配备合格的劳动防护用品，按规定对职工进行职业健康检查，建立职工个人健康档案，对接触有职业危害作业的职工，按有关规定落实相应待遇。

● 煤矿企业应当制定班组作业现场应急处置方案，明确班组长应急处置指挥权和职工紧急避险逃生权。

● 煤矿企业应当建立班组民主管理机构，组织开展班组民主活动，认真执行班务公开制度，赋予职工在班组安全生产管理、规章制度制定、安全奖罚、班组长民主评议等方面的知情权、参与权、表达权、监督权。

(3) 班组长管理中的有关内容和规定

在第三章班组长管理中，对相关事项作了规定。

● 煤矿企业必须建立班组长选聘、使用、培养制度和机制，积极从优秀班组长中选拔人才，把班组长纳入科（区）管理人才培养计划，区队安全生产管理人员原则上要有班组长经历。

● 班组长应当具备以下任职条件：

1）热爱煤炭事业，关心企业发展，思想政治素质好，责任意识强，具有良好的道德品质。

2）认真贯彻执行党的安全生产方针，模范遵守安全生产法律法规、企业规章制度和规程措施。

3）熟悉本班组生产工艺流程，掌握矿井相关专业灾害预防知识，具备现场急救技能。

4）服从组织领导，坚持原则，公道正派，有较强的组织管理能力、创新能力和团队协作精神，在职工中具有较高威信。

5）一般应当具有高中（技校）及以上文化程度、3 年及以上现场工作经验，具有较好的身体素质。

● 班组长应当履行以下职责：

1）班组长是本班组安全生产的第一责任人，对管辖范围内的现场安全管理全面负责，严格落实各项安全生产责任制，执行安全生产法律、法规、规程和技术措施，实行对本班组全员、全过程、全方位的动态安全生产管理。

2）负责分解落实生产任务，严格按照《煤矿安全规程》、作业规程和煤矿安全技术操作规程组织生产，科学合理安排劳动组织，配置生产要素，强化以岗位为核心的现场管理，提高生产效率。

3）负责加强班组安全质量标准化建设，推行作业现场精细化管理。

4）负责班组团队、安全文化建设和规范化管理等其他工作。

● 班组长享有以下权利：

1）有权按规定组织落实安全规程措施，检查现场安全生产环境和职工安全作业情况，制止和处理职工违章作业，抵制违章指挥，在不具备安全生产条件且自身无力解决时有权拒绝开工、停止作业，遇到险情时有在第一时间下达停产撤人命令的直接决策权和指挥权，并组织班组人员安全有序撤离；煤矿企业不得因此降低从业人员工资、福利等待遇或者解除与其订立的劳动合同。

2）有权根据区队生产作业计划和本班组的实际情况，合理安排劳动，组织、调配人员、设备、材料等。

3）有权核算班组安全、质量、生产等指标完成情况，根据有关规定，对班组成员的工作绩效进行考核。

4）企业赋予的其他权利。

● 班组长任用应当遵循以下原则：

1）采取组织推荐、公开竞聘或民主选举等方式选拔班组长。

2）经选拔的班组长，要按规定履行正式聘任手续，不得随意更换班组长。

3）撤免班组长应当由区队提出撤免理由和建议，严格按相应程序办理。

● 煤矿企业必须建立班组长考核激励约束机制，明确班组长岗位津贴，制定班组长绩效考核制度，定期进行严格考核，并将考核结果作为班组长提拔、奖励、推优评先以及解聘、处罚的重要依据。

(4) 现场安全管理中的有关内容和规定

在第四章现场安全管理中，对相关事项作了规定。

● 煤矿企业应当依据《煤矿安全规程》、作业规程和煤矿安全技术操作规程等规定，制定班组安全工作标准、操作标准，规范工作流程。

● 班组必须严格落实班前会制度，结合上一班作业现场情况，合理布置当班安全生产任务，分析可能遇到的事故隐患并采取相应的安全防范措施，严格班前安全确认。

● 班组必须严格执行交接班制度，重点交接清楚现场安全状况、存在隐患及整改情况、生产条件和应当注意的安全事项等。

● 班组要坚持正规循环作业和正规操作，实现合理均衡生产，严禁两班交叉作业。

● 班组必须严格执行隐患排查治理制度，对作业环境、安全设施及生产系统进行巡回检查，及时排查治理现场动态隐患，隐患未消除前不得组织生产。

● 班组必须认真开展安全质量标准化工作，加强作业现场精细化管理，确保设备设施完好，各类材料、备品配件、工器具等排放整齐有序，清洁文明生产，做到岗位达标、工程质量达标，实现动态达标。

● 班组应当加强作业现场安全监测监控系统、安全监测仪器仪表、工器具和其他安全生产设施的保护和管理，确保正确正常使用、安全有效。

(5) 班组安全培训中的有关内容和规定

在第五章班组安全培训中，对相关事项作了规定。

● 煤矿企业应当重视和发挥班组在职工安全教育培训中的主阵地作用，开展安全警示教育，强化班组成员安全风险意识、责任意识，增强职工遵章作业的自觉性；加强班组职工安全知识、操作技能、规程措施和新工艺、新设备、新技术安全培训，提高职工遵章作业的能力。

● 煤矿企业应当强化危险源辨识和风险评估培训，提高职工对生产作业过程中各类隐患的辨识和防范能力。

● 煤矿企业应当加强班组应急救援知识培训和模拟演练，班组成员应当牢固掌握防灾、避灾路线，增强自救互救和现场处置能力。

● 煤矿企业应当加强班组现场急救知识和处置技能培训，班组成员应当具有正确使用安全防护设备，及时果断进行现场急救的能力。

● 煤矿企业应当确保班组教育培训投入，建立实训基地，建立学习活动室，配备教学所需的设施、多媒体器材、书籍和资料等。

● 煤矿企业每年必须对班组长及班组成员进行专题安全培训，培训时间不得少于 20 学时。

(6) 班组安全文化建设中的有关内容和规定

在第六章班组安全文化建设中，对相关事项作了规定。

● 煤矿企业应当把班组安全文化建设作为矿井整体安全文化建设的重要组成部分，切实加强组织领导，加大安全文化建设投入，为班组安全文化建设提供必要的条件和支持，培育独具特色的班组安全文化。

● 煤矿班组应当落实“安全第一，预防为主，综合治理”的安全生产方针，牢固树立“以人为本”“事故可防可控”和“班组安全生产，企业安全发展”等安全生产理念。

● 煤矿企业应当以提高职工责任意识、法制意识、安全意识和防范技能为重点，加强正面舆论引导和法制宣传，发挥群众安全监督组织、家属协管的作用，培养正确的安全生产价值观，增强班组安全生产的内在动力。

● 煤矿企业应当建立安全诚信考核机制，建立职工安全诚信档案，并将安全诚信与安全生产抵押金、工资分配挂钩。

● 班组长应当加强人文关怀、情感交流和心理疏导，提高班组凝聚力，强化班组团队建设。

● 煤矿企业应当建立班组合理化建议与创新激励机制，鼓励班组开展岗位创新、质量管理（QC）小组等活动，培育团队创新精神。

(7) 表彰奖励中的有关内容和规定

在第七章表彰奖励中，对相关事项作了规定。

● 煤矿企业应当积极开展班组建设创先争优活动，每年组织优秀班组和优秀班组长评选，对班组安全建设工作开展情况进行总结考核，对在安全生产工作中作出突出贡献的班组及班组长给予表彰奖励。煤矿企业在组织职工休（疗）养、外出学习考察活动时，优先选派优秀班组长参加。

● 各省（区、市）人民政府煤炭行业管理部门会同本级总工会，定期对在安全生产工作中作出突出贡献的班组、班组长进行表彰奖励。

● 国家安监总局、国家煤矿安全监察局和中华全国总工会结合煤矿开展争创优秀安全班组、优秀班组长、优秀群监员活动，对在安全生产工作中作出突出贡献的班组、班组长进行表彰与奖励。

企业强化班组安全建设相关政策法规评述

国务院安全生产委员会办公室在2010年11月印发《贯彻落实国务院〈通知〉精神 加强企业班组长安全培训工作的指导意见》(安委办［2010］27号)。指导意见指出：班组是企业的最基层组织，是安全生产的第一道防线。班组长是企业安全生产工作一线的直接指挥者和组织者。加强企业班组长安全培训工作，是全面提高从业人员安全意识和操作技能，规范作业行为，杜绝违章指挥、违章作业、违反劳动纪律的“三违”行为，从根本上防止事故发生的有效途径，也是当前进一步强化企业班组安全生产基础建设，提升现场安全管理水平，促进企业安全生产的一项重要而紧迫的任务。

需要强调的是，指导意见指的是所有企业，并不仅仅局限于煤矿企业。也就是说，所有企业都需要着力推进企业班组安全生产基础建设，切实加强以班组长为重点的企业全员安全培训，提高从业人员的安全意识和技能，促进本企业生产作业的安全管理工作。

(1) 认识班组安全的重要性，推进班组安全建设

班组是企业的基础，班组管理的优劣，直接影响着企业总体管理水平的高低。就企业而言，绝大部分事故发生在班组，只要班组安全管理工作抓好了，企业的各项安全管理措施才能真正落到实处，收到实效，事故才能相应减少；就班组而言，班组长是班组生产作业的指挥者，如果班组长管理不善或责任心不强，甚至违章指挥，那么员工“三违”现象就会频繁发生，事故发生的概率就会不断增加。

加强班组建设，还是提升企业凝聚力和竞争力，实现企业现代化管理和自我发展壮大的客观要求。班组是员工从事劳动，创造财富的直接场所，员工在企业中的作用首先在班组中体现出来。因此，只有班组建设的水平提高了，班组每个成员的积极性、主动性、创造性才能充分调动起来，企业才能充满生机和活力，企业的凝聚力和竞争力才能得到加强。与此同时，班组建设搞好了，企业的管理水平才能提高，企业的基础才能够稳固，企业也才能够顺利发展。

(2) 总结班组经验的共同特点，抓好班组建设的有效途径

总结很多企业班组经验的共同特点，可以归纳为“制度保障，依靠职工，加强指导，常抓不懈”。只有健全机制，完善制度，才能为班组建设提供有力的保障；只有突出重点，抓住关键，才能使班组建设更加扎实有效；只有选树典型，示范引导，才能为班组建设指明方向；只有文化引领，自主管理，才能为班组建设添加精神动力；只有常抓不懈、与时俱进，才能使班组建设持续发展、提高。这都是企业加强自身班组安全建设的有效措施。

抓好班组安全建设的途径主要有：

● 突出重点环节，抓好班组长的选拔培养和使用。班组长是企业生产一线的指挥官和管理者，是班组安全生产的第一要素，是安全生产一系列规章制度执行和落实的关键环节。因此，对于企业来说，抓班组建设的首要任务，就是突出抓好班组长的选拔培养和使用。一是要培养教育班组长树立牢固的安全意识。班组长安全意识是否牢固，直接影响和决定着班组的安全与否，要教育班组长始终坚持安全第一，当安全与生产任务发生矛盾时，坚决把安全放在班组生产的首要位置，始终绷紧安全这根弦。二是要提高班组长的技能素质。班组长素质的高低决定了班组生产安全的好坏。生产任务的完成、现场的安全管理，都与班组长技能和素质密切相关。作为生产一线的指挥员，只有样样工作拿得起，遇事成竹在胸，在关键时刻能够解决问题，才能成为班组的主心骨，才能给大家带来实惠，赢得工友们的信任和佩服，得到班组全体成员的拥护和爱戴，才能带领大家安全高效完成生产任务。

● 注重能力建设，提高班组整体素质。加强能力建设，培养一支安全意识强、操作技能好、管理水平高的职工队伍非常重要。当前，职工安全意识较差、技能水平偏低和高技能人才短缺是制约企业持续发展的“瓶颈”。许多有关安全生产的关键性制度和规定难以有效落实到一线班组，严重影响和制约着企业的安全生产和经济发展。因此，需要加强班组安全生产的五种能力建设，即班组长组织管理能力，职工自觉抵制“三违”行为能力，业务保安能力，现场安全隐患排查治理能力和防灾、避灾和自救等应急处置能力，核心目的就是要提高班组全员的安全素质和岗位技能。需要制定企业具体的培训规划，编制培训教材，要针对不同人群、不同岗位开展培训，提高班组长和员工素质，实现企业的安全可持续发展。

● 严格现场安全管理，把各项规章制度和安全措施落到实处。企业发生的各类事故，绝大部分都是由员工“三违”造成的。这说明人的不安全行为是导致生产事故的最大隐患，现场管理不严、不细、不实，各项规章制度和措施没有真正得到落实是重要原因。班组生产是一个动态过程，隐患也是随着生产的进行不断产生和消亡的过程，实现班组乃至企业的安全生产，必须加强班组本身组织性、纪律性，不折不扣地执行企业的各项规章制度。

● 把班组建设寓于企业安全文化建设之中，培养和弘扬重安全、讲奉献的团队精神。班组安全文化建设是班组建设的重要内容，是企业安全文化建设的重要基础，是搞好班组建设的思想基础和动力源泉。企业要实现安全发展，离不开像白国周班组这样的一大批重安全、讲奉献的优秀团队。因此，企业一定要把班组建设寓于企业安全文化建设之中，把班组安全文化建设作为企业生存和发展的根基，作为队伍培养和管理的重中之重。通过企业安全文化建设，充分发扬职工群众的首创精神，激发职工的积极性、主动性和创造性，增强企业职工的主人翁责任感，努力培养和造就一大批优秀班组团队，为企业的安全发展注入强大的动力。

（3）培养和造就更多的优秀班组，积极发挥班组的重要作用

企业领导的高度重视，是搞好班组建设的前提条件。总结归纳许多企业班组建设的经验，其中最为重要的一条，就是企业领导对班组建设的重视，积极采取措施，制定激励和奖励机制，加强班组长的培训，优化班组长的选拔任用等。

有的企业在班组建设上，采取指导与服务并举的方针，坚持三个原则：一是鼓励创新原则，要求各班组积极探索，大胆创新，勇于实践，体现本班组特色，同时结合创建活动积极开展研讨。二是坚持实效原则，把创建的重点放在全员自主管理、成员自我超越、班组指标提升、学习创新力增强等方面，体现学习型班组的本质要求。三是坚持主动服务原则，在班组建设中企业相关部门主动征求各班组意见，积极帮助他们解决遇到的问题，解疑释惑，耐心指导，搞好服务，实现班组建设稳步前进。

● 充分认识学习、推广、丰富“白国周班组管理法”，培养和造就更多的优秀班组，是建设安全型、和谐型企业的现实需要，是建设创新型国家的需要，也是永葆工人阶级先进性的内在要求。要通过学习推广“白国周班组管理法”，为企业安全可持续发展提供强有力的支持；要通过学习推广“白国周班组管理法”，激发广大职工爱岗敬业的奉献精神，增强职工的主人翁责任感；要通过学习推广“白国周班组管理法”，督促、指导企业重视班组建设工作，提升班组的安全管理水平，更好地维护职工的生命安全与健康合法权益。

● 结合实际，突出重点，扎实推进班组安全建设工作。企业要结合实际，推进企业加强班组建设和安全生产管理，努力营造良好的安全生产氛围。特别是高危行业，要深入研究行业特点、事故特点，建立班组安全建设的激励约束机制，完善工作格局，加强力量整合，把班组安全建设工作纳入到企业安全文化建设和安全管理的总体格局中，形成齐抓共管的局面。

● 深入研究新情况、新问题，努力探索、创新加强班组安全建设的新方法。近年来，随着改革开放的深入发展、社会结构的深刻变动，我国经济关系、劳动关系出现诸多新情况，职工的就业方式、思想观念、利益诉求也出现许多新的变化。班组安全建设环境出现了许多新情况、新问题，需要不断深入探讨，针对新情况、新问题，采取有效的积极对策。

企业安全生产是企业各项工作的重中之重，进一步强化企业基层基础工作，夯实基层基础，关键在现场、核心在班组、重点在班组长。抓好现场管理，重视班组建设，培养使用好班组长，是企业实现安全可持续发展的最重要的基础工作。对此，企业领导者要有深刻的认识。

二、企业强化班组安全建设的做法与经验

班组是企业安全生产的前沿阵地，也是企业安全生产的第一道防线。班组安全建设的成效，不仅影响着企业的总体安全管理水平，也直接决定着企业的社会形象、经济效益和安全生产。目前，许多企业已经开始认识到班组安全建设的重要性，纷纷制定加强班组安全建设工作的实施细则和各项规章制度，明确加强班组安全建设指导思想、总体目标、绩效考评与表彰规定，确定班组安全建设的实施方法、步骤和班组安全建设工作流程，强化班组安全建设基础管理，提高班组执行力、战斗力，实现班组建设制度化。强化班组安全建设并不难，关键在于企业领导人的重视，只要重视，积极采取有效措施，班组安全建设工作就会不断向前推进，从而取得良好的效果。

（一）煤矿企业强化班组安全建设的做法与经验

1. 中国平煤神马能源化工集团加强班组建设提升企业安全管理水平的做法

中国平煤神马能源化工集团（以下简称中平能化集团）是在平煤集团和神马集团的基础上于 2008 年重组整合而成，是以能源化工为主的特大型企业集团，是我国品种最全的炼焦煤、动力煤生产基地和亚洲最大的尼龙化工产品生产基地，资产总额达到 1 002 亿元。现有职工 15.7 万人，生产班组 10 550 个，其中井下班组 6 369 个。

长期以来，中平能化集团高度重视班组建设，始终坚持以科学发展观为指导，以抓基层、强基础为目的，不断探索新形势下班组建设的新途径、新方法，通过完善班组建设机制，创新班组建设模式，突出班组建设重点，涌现出了以白国周班组为代表的一大批学

习型、安全型、技能型、和谐型、创新型示范班组，为企业又好又快地发展打下了坚实基础。

中平能化集团加强班组建设提升企业安全管理水平的做法主要是：

(1) 明确方向，始终坚持抓班组建设不动摇

在中平能化集团的发展历程中，不论是过去的平煤集团，还是现在的中平能化集团，历届党政工领导都始终坚持把抓班组、强基础作为强化企业管理、促进安全生产的重要抓手。根据不同时期企业的实际，提出不同的目标，制定不同的方案，采取不同的措施，先后制定下发了《关于开展创建“五好班组”活动的通知》《关于加强班组建设的指导意见》《关于加强煤炭产业班组建设的实施办法》等一系列文件，从体制、机制上保证班组建设持续强化。每年的工作会议，都对班组建设工作进行重点安排，并不定期召开班组建设推进会、研讨会、经验交流会等会议，与创建学习型企业、实施精细化管理紧密结合，推进了班组建设向纵深发展。特别是近年来，面对企业规模不断壮大、管理难度日益增大、安全条件更加复杂的新形势，集团坚持做到抓班组、强基础的方向不变，并结合企业实际和发展的形势，做到常抓不懈、常抓常新。通过班组建设，不仅强化了企业的基础管理，而且促进了煤矿和危化行业的安全生产，抓班组建设使集团实实在在尝到了甜头，更加坚定了信心和决心。

(2) 完善机制，充分激活班组建设活力

在抓班组建设上，集团着重完善机制，充分激活班组建设活力。采取的主要方法是：

● 建立目标管理机制。实施“1515”工程，提出用3～5年时间，在全集团打造1 000个明星班组、5 000个优秀班组，培养出1 000名明星班组长、5 000名优秀班组长。努力把班组建设成为“安全文明高效、培养凝聚人才、开拓进取创新、团结学习和谐”的企业基层组织；把班组长培养成为素质高、业务精、懂技术、会管理的基层管理者；把班组职工培育成为勤奋、敬业、创新、进取的新型劳动者。

● 建立评比评价机制。按照班组技能建设、创新建设、民主建设、文化建设、团队建设、健康安全建设“六项建设”的要求，制定了优秀班组、明星班组、示范班组“三级”班组竞赛评价标准。建立了班组当班考核、区队月度考核、厂矿季度考核、集团年度考核四级绩效考核体系。在绩效考核的基础上，区队每月评选“优胜班组”和“优胜班组长”，厂矿每季度评选“优秀班组”和“优秀班组长”，集团每年评选“明星班组”和“明星班组长”。对于连续3年荣获厂矿“优秀班组”“优秀班组长”，或5年内累计2次荣获集团“明星班组”和“明星班组长”的，授予“示范班组”和“示范班组长”称号。

● 建立班组长激励约束机制。集团明确规定，井下采掘及辅助单位生产班组长的工资待遇，原则上按其所在班组平均工资的1.2～1.6倍进行分配。井下班组长的安全质量风险抵押，原则上不低于所在区队副职的50%，并同所在区队副职一同考核、兑现。被评为“优秀班组长”“明星班组长”“示范班组长”的，除在经济上进行激励外，还在提拔使用、发展入党、推荐评先、外出疗养、考察学习等方面进行综合激励。农民工班组长当年荣获集团“明星班组长”称号的，年龄放宽到38岁给予转招。荣获“示范班组长”的，直接授予集团“劳动模范”称号。

● 建立学习培训机制。大力实施“万名班组长培训计划”，分期分批对全集团班组长进行轮训，并做到了培训计划、培训时间、培训内容、培训机构、培训师资五落实。积极鼓励班组长参加继续教育。对荣获厂矿“优秀班组长”称号、通过考试取得国家承认的大专及其以上相关专业学历的，按规定的比例报销学费；对累计两次获得厂矿“优秀班组长”的，可带资参加高等院校的相关专业学习深造；班组长获得市级及其以上劳动模范的，根据有关政策，免试学习主体专业，并报销其间学费。职工培训做到内培与外培相结合、导师带徒与技术比武相结合、专业培训与学历培训相结合，实行多证多薪和技术津贴制度，调动了职工学文化、学业务、学技术的积极性。

（3）创新模式，搭建班组建设新平台

近年来，中平能化集团紧密围绕企业发展战略，创新途径、创新方法、创新模式；搭建班组建设新平台，突出抓了五个重点。

● 构建班组建设大格局。成立以集团党政主要领导为组长，常务副总经理和工会主席为副组长，组织、宣传、工会、劳资、培训、共青团和各安全生产业务处室主要负责人为成员的班组建设领导小组，领导小组办公室设在工会，具体负责班组建设的指导、推进和协调工作，明确了集团、厂矿、区队抓班组建设的任务和职责，在全集团建立起党委领导、行政主体、工会协调、部门联动的班组建设大格局，形成了齐抓共管、各负其责的工作局面。

● 成立班组建设研究室。制定了班组建设研究室的具体职责、工作任务和研究的课题。聘请懂班组业务、有理论基础、有实践经验的同志担任班组建设研究员。围绕班组建设的发展趋势和工作难点，确立研究的重点和课题，开展立项攻关。截至目前，班组研究室共有研究成果 5 项，课题立项 9 项，内容涉及班组机制、“白国周班组管理法”等方面。经常深入基层调研、督查、指导，总结经验、发现问题、指导工作。设立班组建设研究经费，实行专款专用。

● 成立班组长协会。集团成立了班组长协会，制定章程，建立制度，规定每月召开一次会长工作会，每季度召开一次常务理事会，每半年组织一次联谊活动，每年召开一次理事会。积极发挥协会作用，定期组织开展班组之间、班组长之间经验交流、技术合作、观摩考察、互动联谊等活动，相互学习、取长补短，推进了班组工作水平上台阶。

● 创办班组论坛。各单位设立“班组讲堂”“班组课堂”，让班组职工当“讲师”，讲工作、生活技能；聘请专家开讲座，讲班组管理知识，讲安全知识，讲经济形势，讲企业发展方向，让班组职工全方位学习新知识，掌握新技能，了解新信息，有效提升了班组职工整体素质。此外，利用企业内部网站、报刊、广播、电视台、短信平台，设立专栏、创办论坛，动员职工谈班论组。设立班组宣传橱窗一条街，形成了班组政策宣传、知识导读、信息交流、风采展示、成果共享的舆论氛围。

● 组建技术骨干学习工作室。全集团共组建技术骨干学习工作室 65 个，组织职工学习技术，交流经验和技术攻关。仅 2008 年，集团学习工作室共解决各类安全生产技术问题 1 458 项，完成立项攻关 726 项，形成工作法和操作法 82 项，为企业创效 1.6 亿多元。学习工作室成为班组职工技能提升的“加油站”、激发班组职工创新的“发动机”、职工成长的“孵化器”。

（4）突出重点，不断强化班组现场管理

现场是落实的终端，班组是执行的前沿。只有关口前移抓现场、重心下移抓班组，才能牢牢抓住班组现场管理的主动权。近年来，集团在班组现场管理上，坚持以精细管理为重点，大力推行以“四排查、五规范、六巡查、七落实、八确认”为主要内容的“45678”现场管理模式。

● 四排查：排查不安全的人，排查不安全的环境，排查不安全的事，排查不安全的设备和工具。

● 五规范：规范岗位标准，规范操作标准，规范工作标准，规范质量标准，规范员工行为。

● 六巡查：巡查工程进度，巡查工程质量，巡查工作质量，巡查安全隐患，巡查文明生产，巡查文明行为。

● 七落实：落实任务到人，落实责任到人，落实安全到人，落实考核到人，落实分配到人，落实工作点到人，落实工具设备到人。

● 八确认：确认生产任务，确认作业准备，确认隐患排查处理，确认措施到位，确认设备运行情况，确认材料情况，确认岗位操作标准，确认组员个人基本情况。

在推行“45678”现场管理模式过程中，集团规定，班组是现场管理的主体，班组长是现场管理的第一责任人；全面推行班组自主管理，实行班组长现场管理负责制，班组长享有对现场作业的决策权和指挥权。倡导班组现场管理，人人都是安检员、班班重视现场管理的理念。要求班组现场管理做到“九个到位”：隐患查处到位、技术管理到位、质量控制到位、设备保养到位、成本核算到位、任务落实到位、向值班领导汇报到位、与上下班交接到位、三员二岗（班组安全检查员、质量监督员、群监员和党员安全岗、青年岗）作用发挥到位。

通过推行“45678”现场管理模式，严格落实“九个到位”，不仅丰富了班组现场管理的内涵，而且真正把现场精细管理的要求落实到了班组，安全管理的责任传递到了班组。

(5) 典型引路，强力推广“白国周班组管理法”

多年来，中平能化集团在班组建设上始终坚持典型引路的工作方针，高度重视典型的培养、选树和宣传，针对不同时期的实际，选树不同的典型，利用典型引路，以点带面，持之以恒地发挥先进典型的示范带动作用。近年来，集团先后培育选树了新时期产业工人的楷模、田庄选煤厂管工班长张玮；“金牌矿工”、当选“感动中国十大杰出矿工”的一矿采煤班长吴如；全国“三八”红旗集体、十矿机电二队灯房班；创造出易学实用班组管理法的七矿开拓四队掘进班长白国周等，通过典型带动，促进了企业的持续快速发展。

在对“白国周班组管理法”的宣传上，编制了“白国周班组管理法”宣传教育专题片，编发“白国周班组管理法”宣传手册，开展了“学习白国周、班组找差距”“引入白国周班组管理法，创造安全新水平”等主题活动，在全集团掀起了学习“白国周班组管理法”，争做“白国周式本质安全型班组”的热潮。以上做法，不仅促进了全集团班组建设水平的提高，推进了企业的快速发展，也为

“白国周班组管理法”的产生创造了环境，提供了土壤。

从集团强化班组安全建设的多年实践来看，企业发展必须始终抓好班组这个基础。要始终把班组建设作为推动企业科学发展，实现安全发展的重要举措，通过加强班组建设，把企业的管理理念、制度、措施、任务落实到班组，才能为企业实现又好又快发展打下坚实基础。

2. 开滦集团公司抓班组安全建设保证安全生产任务落实的做法

河北开滦集团公司前身是开滦矿务局，始建于19世纪70年代，素有“中国煤炭工业源头”之称。现有16个控股子公司、26个参股子公司、270个基层区科、3 100个班组、4 100名班组长、8万名员工。近年来，集团公司“三无班组”达标率达到了90%以上，员工轻伤负伤率控制在了2‰以下，百万吨死亡率控制在了0.2左右，杜绝了重特大伤亡事故，连续三年被评为全国“安康杯”竞赛优胜企业。

开滦集团在安全生产管理上，长期坚持“抓班组就是抓基础、就是抓队伍、就是抓安全生产的薄弱点和关键点”的理念，形成党政工团齐抓共管的组织领导体系，积极推动班组安全建设稳步发展，把班组建设成为安全班组、全员管理班组、“双规范”班组。

开滦集团公司抓班组安全建设，保证安全生产任务落实的做法主要是：

（1）抓骨干，牵住班组安全建设的龙头

火车跑得快，全凭车头带。班组建设的火车头是班组长和班组骨干。开滦集团紧紧抓住班组骨干这个环节，形成班组建设的核心，牵住班组安全建设的龙头，保证了班组安全生产建设任务的落实。采取的主要措施是：

● 抓好班组长队伍。作为兵头将尾的班组长，既是班组安全建设的领导，又是班组安全建设的火车头。集团实施班组长管理“四法”。一是素质培育法。通过加强对班组长“班组安全第一责任者”

"源头把关人"的教育，树立"员工生命在我手中""我对工友负责"的高度责任感。坚持以煤矿"三大规程"、安全法律法规、安全技术知识、现代管理知识以及管理方式方法等为重点，每年对班组长进行系统性培训，每月进行针对性培训，使班组长不仅增强责任心、想管理，而且提升技能、会管理，不断向本质型安全班组长的目标迈进。二是制度规范法。先后整合、实施了班组长安全档案管理制度、安全履职定期分析及讲评制度、动态考察考核制度、后备培养和选拔任用等制度。三是典型示范法。2009 年精选出 7 名过硬的典型班组长，组织了"班组长安全把关"巡回报告。四是评优激励法。组织班组长开展"争做安全金牌班组长、当好安全把关人"竞赛活动。这些做法，多年坚持不断线，有效地激励班组长履职尽责，严把现场安全关，进一步促进了班组安全管理。

● 抓好"班组两员"。"班组两员"是指班组安全质量员和班组群监员，是工会加强班组安全生产建设的现场把关人。2004 年以来，集团把传统的班组群监员整合为"班组安全质量员和班组群监员"，两个职责一肩挑。集团 3 100 名"班组两员"分布在各个生产班组，既是企业安全质量把关人，又是群众安全监督哨兵。"班组两员"由安监部门、工会双重领导，一体化管理。任职聘用由安监、工会共同任命；上岗培训由安监、工会共同组织；日常工作由安监、工会共同管理；考核奖惩由安监、工会共同负责。"班组两员"管理实现了企业安全管理重心向基层班组下移，促使班组群监管理由工会自我循环融入企业安全管理大循环。

● 抓好职工代表队伍。职工代表是班组全员自主管理的骨干，也是工会参与企业安全监督检查的重要力量。职工代表巡视检查安全工作已经成为了开滦工会群众安全生产的品牌活动，也成了企业安全管理的有效手段。多年来，集团工会坚持职工代表安全监督检查不断线，基本做到了班组每天一自查，区科每周组织一次、煤矿每月组织一次、专业化公司每季组织一次、集团每半年组织一次。

2009 年 1—9 月，集团各级工会组织了 6 354 次安全巡视检查，各个层次的职工代表 32 217 人次参加，查出各类问题 1.4 万个，建议对 2 618 人次现场管理不规范、违章作业、操作不规范等行为进行处罚。

(2) 抓制度，健全班组安全建设机制

开滦集团具有较为厚实的管理基础，班组建设也有许多制度，为了深化班组安全建设，集团着力抓了三个制度的落实，用机制不断注入新动力。

● 狠抓教育培训制度。集团规定，区科单位要做到：按月研究安全教育定方向，按月组织安全办公会定重点，每周组织群众安全活动定内容，每天班组安全讲评定优劣。以“四定”为依据，集团明确规定了班组经常性安全教育、针对性安全教育、结果性安全教育的“三性”内容。在教育培训基础上，组织班组员工安全培训考试，从而使安全教育培训的人员、内容、层级、期限、考试纳入确定的机制之中。这一机制使班组安全教育得以有效规范，不再是想起来就抓一抓、需要时就搞一搞的因人而异的随意性行为，而是什么时候抓哪些教育，什么时期抓哪些重点，都有了明确目标，成为组织有序、持续不断、区分侧重、天天月月抓在手里的经常性工作，促使班组员工的安全意识不断增强、班组员工安全技能不断提高。

● 狠抓考评制度。工会牵头，与安监部、党建（企业文化）部、人力资源部、生产技术部、团委等职能部门建立了协调联动的考评机制，实行了公司对各矿、各矿对区队、区队对班组的多层次考核。把班组安全生产建设工作作为整个绩效考核评价的重要组成部分，每季度组织检查验收，检查验收结果以考核赋分的形式，分别与各矿领导班子、区队班子和班组长的收益直接挂钩，并作为行政、工会各种评先的重要依据。通过层层考评，有效促进了班组安全生产建设工作的不断深化。

● 狠抓奖惩制度。集团每年召开一次班组建设工作总结表彰会。

对在班组建设工作中作出突出贡献和成绩的各类先进典型予以表彰、奖励，对于那些工作拖拖拉拉，甚至不推不动的单位和个人予以通报批评，纳入考核，必要时采取组织手段进行处理。集团每年都为班组建设工作投入奖励资金几十万元，对“安全金牌班组”奖励3 000元，对“现场安全把关人标兵”奖励2 000元，对“平安之星”奖励1 000元。

(3) 抓活动，培塑班组员工安全素质

开滦集团在安全生产管理中，特别注重组织群众活动，用有声有色的群众活动推动班组安全建设的深化，推动班组全员安全管理，不断提高员工群众安全素质和安全能力。

● 广泛开展了“安全金牌班组”“优秀现场安全把关人”“平安之星”竞赛活动。几年来，采取了班组每月申报，区科按条件打分评定、每季度推荐，煤矿竞赛领导小组每季审定、表彰，集团每年评选十大“安全金牌班组”、十大“优秀现场安全把关人标兵”、百名“平安之星”的方法，逐步规范了“平安之星”竞赛活动。先后选树了王进东采煤班、孙玉福起重班等数十个“金牌班组”，李兴富、陈宝贵等数十名“优秀现场安全把关人标兵”和李继平、崔英礼等数百名“平安之星”。让他们的先进做法上报纸、上电视、进网络、进班前会，大力推广，不断掀起学赶先进的高潮。

● 全面开展了安全无把握“十种人”排查、帮教、转化活动。所谓“十种人”是指：不懂安全知识的“糊涂人”，马虎蛮干的“鲁莽人”，图省事、怕麻烦的“懒惰人”，新婚前后的“甜蜜人”，精神上受刺激的“分心人”，贪酒的“迷糊人”，探亲归来的“疲劳人”，不学法规、凭经验作业的“法盲人”，参与家庭经商的“经济人”，受批评、挨处罚的“情绪人”。对以上“十种人”由班组核心提供信息，由区科班前会确认。2006 年 10 月推广范各庄矿工会安全确认“十种人”排查法以来，集团 270 个基层区科开展了“十种人”排查活动，对排查出的1 492 名“十种人”进行了追踪帮教转化工作，这些人都没有出现过安全事故。

● 大力开展了岗位纠偏和推广安全操作法活动。为了使活动不断细化、深化，集团注重发挥典型的示范引领作用。例如赵各庄矿组织300多名工人技师、岗位明星、班组两员、生产骨干，对照安全规程，对照作业规程，对照操作标准，分析、整理出本岗位习惯性违章的表现和原因，总结出各个工种的安全操作方法，印制了70多个工种岗位的《岗位纠偏和安全操作法》一书，制作成了光盘课件，供各基层单位播放，组织学习。集团把赵各庄矿的经验做法向全矿区推广，各基层单位积极组织班组员工开展了岗位纠偏和推广安全操作法活动，解决了“习惯性违章”的老大难问题，减少了零打碎敲和重复事故的发生。

3. 大同煤矿集团公司坚持“抓基层、强基础”推进班组建设的做法

山西大同煤矿集团经过60年的发展建设，成为地跨晋蒙两省（区）6市45县，拥有48座煤矿54对矿井，总资产782亿元的新型综合能源大集团。煤炭产销量连续4年突破亿吨大关。现有20万员工，70万员工家属，7 860个班组，11 114名班组长。

在企业的发展过程中，大同煤矿集团始终坚持“抓基层、强基础”的安全生产工作思路，抓住班组建设不放松，把强化班组建设作为安全工作的着力点，以此统一所属各单位安全工作行动，提高安全基础管理水平，大力“创建零事故现场、打造零事故环境”，有力地促进了企业安全生产稳定健康发展。

大同煤矿集团公司坚持“抓基层、强基础”推进班组建设的做法主要是：

（1）注重领导抓组织，强化班组全面建设

大同煤矿集团公司从20世纪80年代至今，始终高度重视班组建设工作，作为各单位的一把手工程，牢固树立了“不关心班组的领导是不合格的领导，班组建设不过硬的单位是不放心单位”的思想，不断加大了班组建设的力度。

● 加强班组建设组织保障。集团公司成立了以生产副总经理、工会主席为组长的班组建设领导组，各二级单位成立了以矿长为组长的领导组，加强了班组建设的领导。劳资部门设班组建设管理员，区队设专职班组考核员，班组设质量验收员，各矿安监、机电、生产等职能部门分口设班组管理考核人员，促进了班组建设在现场的落实。党政工团妇各组织，建立了党员安全监督员、班组长安全监督员、工会群众安全监督网员、共青团安全监督岗员、女工家属安全联防员 5 支班组兼职安全监督员队伍，加上专职安监员、瓦检员两支队伍，形成了井上、井下班组安全监督工作“六员一防”体系，对班组建设工作齐抓共管。做到了上至董事长、下至生产区队都把工作重心移到了班组和现场，千方百计为班组解决实际问题，形成了“集团公司—矿—部门—区队”四级班组建设工作体系和组织网络。

● 加强班组建设制度保障。制定了《班组建设工作条例》，明确了班组建制、班组管理、班组长管理、班组长职责、班组培训、班组竞赛等具体工作要求，保证了班组建设工作有目标、有方法。制定了《班组建设管理考核标准》，明确了“组织管理、制度管理、业务管理、考核管理、绩效管理”5 大项 20 小项的考核内容，实行百分制考核，保证了考核有标准、有重点、有效果。制定了《班组长安全监督员管理办法》，充分发挥班组长在现场的安全监督作用。制定了《岗位标准、工作标准、技术标准》，保证员工上标准岗、干标准活。此外，还有“六员一防”安全管理、隐患排查治理、安全质量标准化管理、班组岗位工种责任、安全绩效考核等 17 项班组建设制度，保证了班组建设有序开展。

● 加强班组长队伍建设。“抓住 1 万名班组长，就抓住了 20 万名员工，就抓住了安全”。集团公司还开展了“班组长素质工程”建设，狠抓班组长素质培训，每年班组长全部培训一次，投入培训费用达到120万元。实施了班组长资格准入制度，对班组长分批开展公共基础知识、安全基础管理知识、专业技术知识三个模块的知识培训，考试合格取得资格证后聘用上岗，聘期一年，期满后进行续聘考核，计划在3年内全部取得资格证书。2009年以来，淘汰不合格班组长105名，优化了班组长队伍。同时还提高了班组长经济和政治待遇，班组长工资为本班组成员的1.3倍，并发放岗位津贴，采掘正班组长每班7元，副班组长每班6元，井下辅助正班组长每班5元，副班组长每班4元，每年发放津贴960万元。集团公司还注重从班组长中选拔干部，有40%的班组长走上了区队领导干部岗位，90%以上的班组长被评选为矿级劳动模范，增强了班组长的职业荣誉感，使他们工作有干头、前途有奔头，工作积极性得到了充分调动。

● 加强班组建设日常管理。集团公司深入开展星级班组劳动竞赛与评比活动，考核内容包括班组日常学习室活动情况，班组长工作日志填写情况以及班组“安全、生产、劳动、质量、设备、成本、应急、民主”八项管理标准，每月劳资部门深入班组进行检查督导。通过这一活动，提高了班组建设水平，促进了班组现场管理。例如云岗矿综采二队白云安班严格落实“八标准”，实现了连续6年无事故；塔山矿综采一队刘武班狠抓班组建设，创造了大同煤矿集团单班最高日产26 494吨、月均产量40万吨的生产纪录，实现了建队以来无轻伤以上事故。

(2) 突出重点抓安全，强化班组安全管理

大同煤矿集团公司领导在生产实践中充分认识到，班组是安全工作的源头。为此，不断创新班组安全管理模式，以“落实一个理念，实施三项管理”为主线，全面构建班组安全保障体系。

● 以“人人都是通风员”为切入点，实现全员安全管理。集团公司将“人人都是安全员”理念深化为“人人都是通风员”，强化以“一通三防”为主要内容的班组全员安全知识培训，使员工人人懂安全，能识别安全隐患，会排除安全隐患。集团公司还把掌握安全知识作为井下员工入井的准入门槛，实施了井下员工“人人都是通风员”资格准入制度。2009 年以来，按照规定共对 154 名班前安全知识考试不合格的员工责令离岗培训，对当班抽考有 3 人以上不及格的 10 个班组责令全班停产培训。

● 实施“岗位就近管理”，解决岗位的安全问题。集团公司明确以岗位员工为作业现场的责任主体，把安全管理职责由岗位作业点拓展到就近的区段，岗位员工除保证本岗位安全外，还要负责全面检查责任区段的安全状况，保证环境、设备以及进入责任区域人员的安全，从而消除了岗位之间的安全管理盲区。雁崖矿综采二队将班组 35 个岗位所管辖的范围划分为 29 个区段，做到了安全工作时时有人管、事事有人管、处处有人管，2009 年 1—9 月同比机电事故下降 80%，杜绝了人身事故。

● 实施“班组全程管理”，解决班组工作全过程的安全问题。集团公司对班组全体人员从班前会、集体入井、现场作业到整队出井，直至收班会全过程的安全责任与行为提出明确要求，实行责任连带、利益共享、处罚共担、班组长统一指挥、员工相互监督，杜绝了个别员工工作过程的随意性和盲目性，消除了个体不安全行为的发生，达到班组人人都做放心人、干标准活。马脊梁矿编制了班组全程管理的流程图，明确了每个过程的员工行为规范，“三违”得到了有效控制，实现了安全自保、互保、联保，实现了安全生产 2 545 天，获得了煤炭工业特级安全高效型矿山称号。

● 实施“安全程序化管理”，解决生产工序工艺过程中的安全问题。集团公司要求对生产过程每一道工序、每一个工艺的安全操作步骤进行细化、量化，作为员工作业的“规定动作”恪守，杜绝“自选动作”，做到执行程序严谨、落实标准到位。各矿按照工序工艺制定了井下各岗位工种的“岗位、技术、工作标准”，形成了程序化、模式化、标准化，有效控制了盲干、蛮干行为。

(3) 严格奖惩抓落实，强化班组建设考核

考核是保证工作效果的必要手段。集团公司严格班组建设各项工作的落实，严格考核，构建起班组建设的激励奖惩机制。

● 在班组长考核上。每月由劳资部门牵头，组织各部门对班组长进行考核，发生一起轻伤事故，扣除津贴 50%；发生两起轻伤事故，停发津贴；发生三起轻伤事故，免去班组长职务。班组长本人发生“三违”一次，停发津贴，参加安全培训，考试不合格解聘班组长职务。2009 年以来，共扣除班组长津贴 12.6 万元，解聘班组长 65 人，提高了班组长的工作压力和抓好安全工作的责任感。

● 在星级班组建设考核上。每矿一般由 9～11 个考核部门按照班组管理考核标准逐日考核，月底汇总，上报矿班组建设工作领导组审定。60 分以下为不合格班组，60～65 分为一星级班组，66～70 分为二星级班组，71～80 分为三星级班组，81～90 分为四星级班组，91 分以上为五星级班组。三星级班组长每月补贴 100 元，四星级班组长每月补贴 300 元，五星级班组长每月补贴 500 元。2009 年评定五星级班组 58 个，四星级班组 104 个，每月兑现奖励 60 200 元，同时对考核不合格的 34 个班组解聘班组长职务，极大地调动了广大班组长加强班组建设的主动性。

● 在“岗位就近管理、班组全程管理、安全程序化管理”考核上。集团公司将这三项管理作为安全基础、基层管理的重要考核内容，每季度由安监、生产、通风、机电、地质、培训六部门进行检查考核，考核结果上报集团公司“基础、基层”管理工作领导组，与班组工资总额的 10%挂钩考核，作为班组安全绩效工资。2009 年以来，共对落实不力的班组扣发 52.1 万元。实行这一考核制度，有力地提升了矿井现场安全管理水平。

4. 淮北矿业集团公司开展班组创建活动活跃班组安全生产工作的做法

安徽淮北矿业（集团）有限责任公司是以煤炭和煤化工产品生

产为主的大型企业集团，现拥有资产 330 亿元，员工 9 万多人；生产矿井 17 对，在建和筹建矿井 5 对，核定年生产能力 3 149 万吨；是华东最大的冶炼精煤生产基地。公司现有煤矿班组长 4 363 人（含煤矿地面班组），其中大中专毕业生 468 人，占班组长总数的 10.7%。

淮北矿业公司大规模开展班组安全生产建设工作始于 20 世纪 80 年代中期，形成了较好的基础。为抓好新形势下的班组建设，近几年来淮北矿业公司先后下发了《淮北矿业集团公司加强井下班（队）长管理工作指导意见》《关于加强班组安全生产建设的指导意见》和《关于进一步加强煤矿班组安全生产建设的指导意见》，开展了“五好班组”“红旗班组”考核评选等活动，促进了班组安全建设和安全生产工作。

淮北矿业公司开展班组创建活动活跃班组安全生产工作的做法主要是：

(1) 规范班组长任职选拔，严把入口关

班组长是最基层的组织者，是生产一线的直接指挥官。在班组安全生产建设中，班组长发挥着凝聚班组成员的作用，是班组安全生产建设的核心人物。如果没有班组长的核心作用，班组就如同一盘散沙，不能形成统一协调的整体，不能完成上级交给的各项任务。在班组长的选拔上，注意以下几个要求：

● 明确班组长应具备的素质。班组长必须是思想道德好、工作作风正、管理能力强、技术业务精、工作经验丰富、群众威信高、身体素质好的管理或技术骨干，年龄一般不超过 35 周岁，原则上要具备高中以上文化程度。

● 规范班组长的选拔与使用。淮北矿业公司十分注重加强班组长队伍建设，针对班组长的变动过于频繁、存在随意性等问题，制定了规范的班组长选拔使用程序，要求基层科区建立班组长后备人才库，并报组织部、工资部门备案。班组长的选拔原则上从后备人才库中产生，并广泛听取群众意见，由科区党政联席会议决定，经分管矿领导同意，并报组织部、工资部门审核备案后，方可上岗。

● 推行班组长公推公选，实现班组长任用民主化。一是矿每年对班组长进行民主测评和考核，在此基础上，对现缺岗和不胜任的班组长实行公推公选，让一批“职工信得过、业务素质强、思想觉悟高”的优秀职工担任班组长。二是规范公推公选的程序。要求基层科区按照班组长岗位设置，采取科区、职工推荐和个人自荐相结合的方式，把候选人推荐到矿班组安全生产建设办公室审查，对符合条件的候选人在班组内进行民主选举，最终把职工信任、工作出色的候选人选拔到班组长岗位上来。

● 鼓励大中专毕业生挂职班组长（或助理员），全面提高班组长文化素质和管理水平。针对工人出身班组长实践经验丰富，理论水平和管理水平相对较弱，而大中专毕业生理论水平高，实践经验相对较弱的特点，从大中专毕业生当“村官”中吸取经验，部分矿井建立了鼓励大中专毕业生从事班组长管理工作的机制，尝试让大中专毕业生到生产一线班组，担任班组长或班组长助理员。将采掘和井下辅助单位符合条件的班组长纳入矿管技人员准入库，基层科区长优先从表现突出的班组长中选拔配备。通过大中专毕业生挂职班组长（或助理员），改善了班组长的文化结构，提高了一线班组长的综合素质。

（2）加强日常管理，对班组长进行再教育再培训

● 淮北矿业公司将井下班组长纳入矿井管理人员序列进行管理。组织部门建立专门的井下班组长工作业绩档案，规范对井下班组长的培养、使用和考核。新聘用的井下班组长实行 3 个月的试用期。试用期满由科区负责考核，合格者即正式聘用，考核结果要报组织部备案。公司规定班组长上岗前必须参加培训。班组长的解聘需经区党政联席会通过后，经分管领导同意，并报组织部、工资科备案后，方可解聘。

● 明确班组长培训时间、方式和内容。按照统一内容、统一教材、统一命题，矿培训为主，公司培训为辅的原则，各矿每年都对班组长半脱产培训一次，培训时间不少于 7 天，并采取教考分离，业余与脱产相结合，以业余为主要方式，分系统、分类、由分管矿级领导负责实施。淮北矿业公司每年举办班组长素质提高班，培养优秀班组长。

(3) 建立激励机制，搭建班组长成长成才平台

● 明确班组长考核内容、考核方式和考核方法。淮北矿业公司从安全管理、生产任务、工作质量、责任制落实、协调配合、工作能力、工作绩效、工分分配等方面规定了对班组长考核的内容。按照效率优先、兼顾公平的原则，合理设置安全、质量、生产任务、班队文化建设等项目的考评权重，建立健全井下班组长工作业绩考评标准，考评结果与收入、待遇挂钩。考核采取个人述职、民主评议、组织研究的方法。

● 加强考核工作的组织领导和监督。考核每年进行一次，由组织部牵头，相关部门配合，定期对井下班组长进行综合考核，区领导班子成员、职工代表参加，优胜劣汰。对班组长的监督，除单位班子、职工对其实施过程监督外，相关部门不定期对其跟踪督查。

● 激励约束。对考核优秀的班组长，矿给予 1 000～2 000 元的一次性奖励，同时纳入矿优秀人才库，优先从表现突出的优秀班组长中选拔科区长。基本称职的综合分析存在的问题，帮助制定针对性措施，加以整改。对考核不称职的班组长予以解聘。优先在一线班组长中发展党员，班组长每两年至少享受一次外出疗（休）养。

(4) 明确职责和权力，落实待遇

按照权责对等原则，明确规定班组长职责，赋予其相应的权力、待遇。

● 班组长有以下职权。一是安全管理职权，二是生产组织职权，三是考核分配职权。另外，还有做好班队思想政治工作、民主管理工作的职权等。

● 按照责任风险与享受待遇对等的原则，井下班组长享受以下待遇。一是班组长实行岗位津贴制度。采掘岗位按每个工作日 10 元标准考核发放，井下辅助岗位按每个工作日 8 元标准考核发放。二是实行班组长安全风险抵押金制度，根据各矿制定标准和办法执行，原则上要求风险抵押金享受科（区）副职待遇。三是班组长有参加矿井管理、人员会议的权利。

(5) 开展班组创建活动，活跃班组安全生产建设工作

在班组安全生产建设工作中，淮北矿业公司因势利导，将竞赛机制引入其中，开展多项竞赛活动，推动了班组管理和班组安全生产建设工作。

● 以班组升级竞赛活动为载体，全面提升班组安全生产建设水平。集团公司开展了合格班组、五好班组、红旗班组“三级”班组升级竞赛活动。基层各矿建立了班组考评和激励机制，制定了三级班组考评细则，建立三级班组考评和奖罚机制，实行月度考核、季度兑现奖罚、年终总结表彰。

● 开展安全“四无”班组竞赛活动。淮北矿业公司、各矿都开展了以“安全无事故、生产无隐患、职工无‘三违’、管理无缺陷”为主要内容的安全“四无”班组竞赛活动。淮北矿业公司每半年评比表彰一次，各矿每季度评比表彰一次，并给予一定的物质奖励，调动了广大职工参与安全管理的积极性。

● 优秀班组长、优秀群安员评比选树活动。班组长、群安员是班组管理的骨干力量，淮北矿业公司注意选树这支队伍中的佼佼者，每半年都要评比总结表彰，并发给证书，将荣誉记入档案。通过开展对班组长评比表彰活动，不断给班组长队伍建设增强动力。

淮北矿业公司自开展班组安全建设活动以来，明确了工作目标，统一了考核标准，规范了管理行为，促进了班组建设系统化、规范化，提高了基础管理水平，推动了班组安全管理水平的持续提升。

5. 峰峰集团公司推行班组长安全素质达标促进班组安全管理的做法

河北冀中能源峰峰集团有限公司是我国最早开发利用的矿区之一，至今已有 130 多年开采历史，现在已经发展成为集煤炭开采、洗选加工、煤化工、电力、装备制造、基建施工、建材、现代物流等以煤为基础、多产业综合发展的国有特大型煤炭企业，是全国煤炭工业和河北省百强企业之一；下设 45 个分（子）公司，在册职工 4.5 万人，基层班组 2 918 个；企业资产总额 149 亿元，年营业收入 216 亿元。

近年来，随着冀中能源集团的成立，峰峰集团进入了新的发展时期。面对新形势，集团公司党政坚持以科学发展观为统领，紧密结合企业实际，创新班组安全管理方法，精心打造班组“三种能力、四标管理、现场五化”系统工程，实现了班组安全管理的六大转变，使得安全基础工作明显加强，职业健康安全状况根本好转，企业安全生产呈现良性发展态势。

峰峰集团公司推行班组长安全素质达标促进班组安全管理的做法主要是：

(1) 提高员工“三种能力”，夯实班组安全管理基础

班组是由员工组成的，员工的素质高能力强，相应的班组的管理就比较好。集团公司在对员工的培训上，主要抓了“三种能力”的提高。

● 培养员工的“事前预防能力”。近年来，在各矿井大张旗鼓地开展了“一种预算、两种警示、三确认三不准和五单示范教练”活动。“一种预算”是开展了健康安全全面预算教育，透过事故算个人健康和家庭幸福账，算企业损失和班组个人损失账，帮助大家辨安危之理，明幸福之道。“两种警示”是开展安全警示日和安全警示教育活动。各矿结合实际确定安全警示日及活动内容；公司每年组织事故案例巡回展，做到警钟长鸣、常备不懈。“三确认三不准”是班前会确认员工是否饮酒和情绪不佳，发现异常者不准下井；入井前确认劳动防护用品佩戴是否符合要求，不符合者不准下井；开工前确认机、物、环是否安全可靠，安全隐患是否排除，隐患不排除不准开工，然后生产过程中再确认。“五单示范教练”是通过中层管理人员在工作现场对员工的不当操作进行“单教、单学、单练、单考、单查”，培养员工正规操作习惯和操作技能，提高员工预防事故能力。

● 培训员工的“紧急状态处置能力”。即培养员工具备现场“一观测、二果断、三排除”能力。“观测”是通过召开事故案例分析会和开展“我谈身边惊险事例”座谈会等方式，培养员工对作业环境隐患及险情预兆的认知能力；“果断”是通过列出种种紧急状态下正确避险方法，培养员工对可能发生的伤害敢于正确果断处置的能力；“排除”是在保证生命健康安全的前提下，告诉员工在什么情况下采取什么手段和方式对发生的险情进行排除。为提高员工的现场处置“三种能力”，集团公司出资100多万元设计并制作了50集有自主知识产权的安全培训宣教片，利用班前会、培训日、电子屏等多种场合进行宣教。同时，还运用“班前一道题，现场五分钟”安全培训法加深记忆，并针对各工种岗位可能发生的险情，制定了应急预控程序。

● 锻炼员工的“自救互救能力”。重点强化了“训练、演习、报告”制度。“训练”就是对全员进行准军事化训练，对新上岗和转岗的员工进行自救器和消防器材使用训练、对医疗救护知识进行训练等；“演习”就是定期对员工进行避灾演习，使每一位员工在井下都熟知自身所在工作地点的避灾线路，并在员工培训过程中针对各工种的应急逃生进行专门的考试；“报告”就是让员工在各类事故发生后要做到在第一时间内向相关部门及时报告，同时采取有效措施，防止事态的扩大或蔓延。

(2) 推行班组长安全素质达标，强化班组安全过程控制

班组长作为兵头将尾，站在现场管理的最前沿，肩负着指挥控制班组安全生产的重任。因此，着力运行三种机制，确保班组长安全素质达标。

● 建立班组长动态管理机制。修订完善了《班组长聘用管理条例》，在班组长的选拔任用上，按照班组长必备的五种基本素质，即思想政治素质、安全技术素质、管理素质、文化素质和心理、身体素质进行选拔，并坚持以安全素质为首选标准。在班组长的日常管理上，将班组长作为一级组织进行管理，给每一名班组长建立了职业档案，定期填写班组长个人安全及班组管理状况。定期组织班组员工对班组长进行测评打分，对安全管理不好、违章指挥、冒险盲干、不执行规程规定的班组长，坚决予以淘汰和撤换。

● 建立灵活的班组长培训教育机制。集团公司每年都要对班组长进行一次系统培训，各矿井无论时间再紧、任务再重，每月都要抽出一天时间，脱产召开班组长座谈会进行交流，并把每年的 10 月 9 日定为“班组长活动日”，召开大型经验交流会，大力表彰优秀班组长。对有培养前途的班组长还要选送到高一级院校深造。在培训内容上，把“识人、用人、会管理”作为班组长培训的重要内容，就是对本班组人员的性格、适合的岗位，要事先了解透彻，知人善任，以人择岗保安全。

● 推行班组长安全业绩考核激励机制。从政治上关心培养，在发展党员、选拔后备干部上优先考虑优秀班组长；提高班组长安全岗位津贴标准；对农合制性质的班组长优先续签劳动合同；每年评选优秀班组长并给予重奖，对实现全年“三无”的优秀班组长披红戴花，并把彩电、电动车等奖品敲锣打鼓送到家；开展班组长“职业生涯”设计活动，积极为优秀班组长的脱颖而出创造机遇。

(3) 实施班组“现场五化”，全面规范班组安全行为

加强班组建设需要有完善的机制作保证。机制建设具有长期性、全局性、根本性，要全面建立健全班组建设工作机制，用制度约束人，用制度管理人，用制度激励人，促进班组建设科学化、规范化、制度化。在这方面，集团公司实施班组“现场五化”，从而全面规范班组安全行为。

● 行为养成军事化。广泛推行军事化管理。从队列训练入手，实行报告工作制度、强化礼仪模式、井上下按规定路线行走等措施规范员工日常行为。创立了班前礼仪六步骤：一是唱集团公司之歌；二是背诵集团公司企业理念；三是对当班优秀员工、试用员工进行讲评；四是讲上班安全生产情况和当班工作安排、安全注意事项等；五是对员工进行班前情绪确认和亲情嘱托；六是全体起立，进行安全宣誓。这一措施全面带动了班组员工执行力的提升。

● 班组行动团队化。建立了班组群体风险激励机制，设立群体健康安全风险奖，将本班组个人“三违”或工伤与全班组员工收入相联挂，从而激发大家的团队意识和互保责任。针对员工升入井过程中事故较多的实际，强制推行了集体升入井制度，实现了升入井过程的组织控制。由班组长领队举旗，带领班组人员集体排队入井，乘坐人行车剩下一人时，必须再留下副班组长结伴而行；收工时，到指定地点集合，班组长清点人数后再集体升井。自从推行集体升入井制度以来，各矿井员工升入井过程中的事故得以杜绝。

● 岗位操作程序化。制定了《井下工种岗位操作程序》，明确了在具体工作中应当先干什么、后干什么。为促进员工树立严格的程序观，采取班前提问、点答和现场背诵等方式，坚持强制培训，保证了具体操作程序人人会背会用。

● 现场管理规范化。抓现场管理规范化，着力强化现场三阶段的有效监控。开工前必须进行接班环境设备两确认；施工中必须严格执行“三施工”，即按规程要求施工，按操作程序施工，按质量标准化施工；收工后必须填写安全质量评估表。

● 班组考核精细化。在强化班组建设进行监督考核方面，实行了A、B、C三卡制度考核，建立了班组工作质量、工作数量、工作效率、安全状况等指标联挂考核评价体系，建立员工安全职业健康档案，实施全程跟踪考核。通过记录员工的“三违”、工伤等情况，采取停工学习、经济处罚、班前会讲评等形式，激励员工不断提高安全意识，促进行为规范养成。

近几年，峰峰集团公司通过加强对班组的安全建设工作，促进了企业的安全生产，“三违”发生率持续大幅度下降，其中严重“三违”率以每年20%幅度递减，集团公司零死亡的目标，即将顺利实现。

6. 朱仙庄煤矿以提升班组长素质为手段夯实安全管理基础的做法

安徽淮北矿业集团公司朱仙庄煤矿于1975年12月动工兴建，1982年12月建成投产，设计生产能力为年产120万吨，建有与之配套的坑口选煤厂一座，年洗煤能力120万吨。该矿于2001年12月正式通过ISO 9000质量体系认证，先后获得“全国煤炭系统绿化工作先进单位”“安徽省劳动保障管理信得过单位”等荣誉称号。

近几年，朱仙庄煤矿按照关于加强班组安全工作的要求和部署，结合自身的实际情况，注重以提升班组长素质为主要手段，突出做到完善制度，明确责任，强化管理，以班组管理的科学化、规范化、制度化，实现了矿井管理的关口前移、重心下移；夯实了安全管理基础，促进了安全生产管理水平的全面提升。

朱仙庄煤矿以提升班组长素质为手段夯实安全管理基础的做法主要是：

（1）规范班组管理，稳定企业发展基石

班组是企业安全稳定发展的基石，是矿井安全生产建设的基础和保障。加强班组安全生产建设，是强化企业安全管理基础、减少“三违”、防止事故发生的有效途径，是创建本质安全型煤矿的关键环节。做好煤矿安全工作，必须抓好班组这个最基层、最基础的单元，实现班组规范化管理、标准化建设。朱仙庄煤矿多次组织召开领导班子会专题研究班组建设工作，并相继下发了《关于进一步加强班组长队伍建设的通知》《关于进一步加强班组安全生产建设的工作意见》《关于规范班组建设工作的意见》等指导性工作意见，明确了班组建设由党委书记亲自抓，工会主席具体抓，班组建设办公室负责抓日常工作，制定了矿副总以上领导干部联系基层班组工作制度，明确联系点，领导每周必须参加所在科区安全办公会，适时参加班组班前会，指导推进班组建设的稳步开展。

2010 年以来，该矿召开数次班组建设工作推进会、促进会，对班组建设工作进一步明确了职责；完善了班组建设的流程，规范了班组管理内容；并且形成了会议纪要，就如何做好领导干部联系基层班组工作作了详细的安排和部署。一是领导干部每月至少参加 1 次联系班组的班前（班后）会，到联系班组工作现场 2 次以上，保证领导干部联系班组工作到现场、到一线。二是被联系单位利用周二安全办公会或周五群众例会的形式，每 2 周召开 1 次班组长通报会，由班组长负责汇报。矿上每月召开 1 次例会，由支部书记汇报；主要汇报安全生产、文明环境、思想认识、理念、工作落实情况及存在问题。三是领导干部每周与所联系的班组职工交流、谈心不少于 4 人次，支部书记、车间工会主席每周与班组职工交流、谈心不少于 10 人次。领导干部对职工存在的问题，要及时释疑解惑，并要求认真学习感动中国的十大杰出矿工、“全国五一劳动奖章”获得者倪龙的“五种精神”（用强烈的安全欲望和安全意识去抓安全工作的精神，爱岗敬业、默默奉献的精神，排查隐患、严谨细致的精神，坚持原则、不讲情面的精神和持之以恒、挚爱安全的精神），以及“白国周班组管理法”，抓好班组建设工作，力争建成标杆班组。

（2）完善班组设置，细化班组长职责和权力

● 健全班组设置机制，确保人员配备科学合理。按照淮北矿业关于班组建设工作的要求，为确保班组设置的科学合理，朱仙庄煤矿对采掘、辅助、地面的班组进行合理设置和定员。原则上每个建制班不少于 10 人，现有班组人数不够的予以撤并，经分管矿领导审核、同意，报矿工会队建办审批、备案。掘进队工长由副区长兼任，井下辅助单位按照 1 正 1 副配备班组长，采煤、保运、运输等要害岗位按照 1 正 2 副配备班组长，地面单位每班配班长 1 人。通过班组的整合，全矿共设置班组 224 个，为班组建设的扎实推进提供了组织保证。在对班组进行整合的基础上，进一步细化了班组长的职责和权力，明确提出班组长是班组安全生产的第一责任人，并负有“4 项责任”，即安全管理责任、生产经营责任、班组建设责任、班组思想政治教育责任；拥有“4 项权力”，即考核权、管理权、建议权和推荐权，使班组长实现了责任和权力统一，为进一步推进班组建设奠定了基础。

● 健全班组长培养使用机制，不断调动班组长积极性。为了规范班组长的管理，注重从培训、沟通交流、后备及奖励等方面加强对班组长的培养使用。一是各单位制订班组长培训计划，实行教考分离，增强培训的针对性，确保效果。安监处除做好班组长培训和中专化学历教育外，还建立班组长每月 1 次的集体学习制度，重点加强安全知识、生产知识、管理知识和班组建设等方面知识的学习培训，提高班组长综合素质。二是加大班组长沟通交流的力度，相互学习，不断提高班组管理水平。三是建立班组长后备人才库，班组长的选拔一律从后备人才库中选取，防止选拔任用的随意性。四是积极创造条件，不断丰富培训形式，确保学习时间，灵活采用岗位培训、外出参观学习等培训形式，促进班组长综合素质的全面提升。五是在政治、生活和经济上提高班组长待遇，政治上把班组长作为一级管理者，明确规定班组长的任免须经科区班子集体研究决定，分管矿领导签字同意后，报组织部门备案，并纳入矿后备人才库进行管理。对于工作成绩出色的班组长，适时提拔到科区级领导班子之中。生活上，在住房等政策上给予倾斜。经济上，在考核安全效果、管理规范的基础上，对采煤、井下辅助和地面单位的班组长分别按每个工作日 20 元、15 元、8 元的标准发放班组长津贴，比集团公司规定的标准提高了 1 倍，进一步调动了班组长的工作积极性，使班组长岗位变成了“香饽饽”，由过去的许多职工不愿干变为现在争着干。2010 年，该矿共发放班组长津贴 120 多万元。

● 改变传统的上级任命班组长的做法。2011 年朱仙庄煤矿改变传统的上级任命班组长的做法，逐步推行班组长公推直选，并成立了以党委书记、矿长任组长的班组长公推直选工作领导小组，结合实际下发了《关于开展班组长公推直选工作的通知》，为公推直选工作提供了可靠保障。这种做法采取职工个人自荐、群众举荐、单位推荐的形式，推荐符合条件的人选，由班组建设办公室组织相关部门对推荐的人选进行资格审查，确定候选人。最后组织召开班组职工会议，由候选人进行竞聘演讲，参加会议的班组职工以无记名投票的方式进行选举，得票最高者当选。当选的班组长须在本单位进行为期 3 天的公示，公示无异议，经分管矿领导审批后报班组建设办公室和组织部门备案。公推直选产生的班组长，一律实行 3 个月的试用期，试用期间享受班组长的有关待遇，试用期满经考察称职的，正式任用；考察不称职的，解除试用职务，并按原岗位安排工作，不再享受相应待遇。纪委、安监处以及督查办等部门对公推直选过程进行全程监督，确保公开、公平、公正。

● 强化培训，注重实效，多渠道提升班组长素质。为全面提升班组长素质，朱仙庄煤矿多渠道加强班组长培训，主要采取脱产集中培训、优秀班组长走出去送训和个人自学相结合的方式。2010 年以来，共举办 10 期班组长培训班，共计培训 386 人次，抽调 2 名优秀班组长实地学习“白国周先进班组管理法”，并在全矿组织开展白国周管理法的学习，通过网站下发了白国周管理法学习材料，矿工会还专门购买了白国周管理法图册下发给每名班组长以上管理干部供大家学习。从 2010 年下半年开始，该矿在全矿班组长以上干部中开展“月学一本书，季能上水平”的活动，特别为每位班组长定制了《班组长素质提升教程》《班组长现场管理实务》2本书，每季度下发1本，并采取单位培训和个人自学的方式，季度末通过检查学习笔记、评比学习体会和组织测试进行综合测评；前20名奖励500元，不及格的罚款500元，督促每位班组长自觉进行学习，逐步实现了“月度知识有提升，季度能力上水平”的目标。

(3) 明确责任制度，落实安全管理责任

班组是煤矿企业的基本单位，也是煤矿企业最基础的管理工作，同样需要明确责任制度，落实安全管理责任。

● 完善管理制度。健全班组管理制度是做好班组日常安全管理的基础。进一步在各班组建立健全了班组岗位责任制、班前班后会制度、现场交接班制度、班组长现场安全巡查及安全确认制度、安全质量标准化动态达标制度、隐患排查整改制度、班后验收制度等多项班组管理制度，并且把落实“手指口述”安全确认制度、班中走动式安全巡查制度和班后验收制度作为抓好现场安全生产的三项核心制度来抓，夯实了班组的安全管理基础。

● 落实安全管理责任。为保证各项制度真正落实到现场，落实到具体工作中，做到事事有人管、人人都管事、责任不缺失，根据工作任务和性质，在现场实行了责任挂牌管理。班组长根据出勤人数在班前会上合理安排工作量，明确责任范围，职工按照班前会安排，挂牌确认，并承担责任范围内的安全生产工作，有效促进了班组岗位责任的落实。

● 强化现场管理。在班组的现场管理过程中，实行“1＋3＋1”管理方式。“1”即开好1个班前会，各班组按照要求将班前会的每个议程都作为一项制度，认真落实。“3”即认真落实“三项核心制度”：一是班前的安全确认制度。结合风险预控安全确认和现场巡查，做到先确认、后开工。二是班中走动式安全巡查制度。各单位完善跟班干部走动式管理执行、监督、考核办法，规范走动式巡查的次数、范围、时间、内容等，将查出的问题填写在《管理干部下井写实簿》及巡视卡上，并由责任人签字认可。班干部较多时，则实行分段走动，提高走动频次，增强管理效果。同时建立跟班干部走动式管理公示栏，公示内容包括巡查人、巡查地点、巡查问题、纠偏、“手指口述”考核等，按照“定时间、定区域、定责任”的原则，对巡查出的问题与被巡查责任人的A卡和本人的管理手册相闭合，实行层级责任追究，考核兑现。三是班后的质量验收制度。各单位依据矿上要求，进一步完善质量验收考核办法，实行“三级”质量验收，做到班组验收和科区复验均有记录可查，科区每天将质量验收及奖惩情况及时公布，接受群众监督。同时，由班长会同跟班干部对本班总体安全状况进行安全评估，并向区值班人员汇报。上一班与下一班交接班时进行验收，上一班将总体安全评估情况向下一班交代清楚，填写验收记录。“1”即每班进行1次分析总结。每班班后对当班安全生产中存在的问题进行闭合处理，每天由区（队）主要领导负责，对前一个班安全生产中存在的问题进行责任追究、闭合处理，实现“日事日毕、日清日高”目标，不断提高班组的现场管理水平。

● 推行典型引路。将班组建设与学习倪龙“五种精神”、学习“白国周班组管理法”、创建“十佳采掘能手”“优秀安全班组长”及举办“安康杯”竞赛等活动结合起来。开展“十佳班组长”评选活动，结合班组安全情况、工作任务等方面内容严格进行考核，对排在前10名的优秀班组长命名为“十佳班组长”，召开班组长会议予以表彰，并组织外出学习考核。2010年，有10个班组被矿评为红旗班组，有30个班组被矿评为五好班组，有12名班组长被评为矿标兵。

朱仙庄煤矿通过全方位的班组管理和全员的培训，班组安全自主管理能力显著增强，充分发挥了班组在安全生产中的第一道防线作用；初步实现了班组规范化管理，夯实了安全生产基础，从而保证了安全生产形势持续稳定。

7. 天力公司以规范农民工班组建设推动企业安全发展的做法

中平能化集团天力有限责任公司成立于 1984 年 12 月，是具有法人资格以煤为主的企业，现有 4 对矿井，年产优质原煤 70 多万吨。经过多年的艰苦创业，公司日益发展壮大，先后荣获“河南省明星企业”“平顶山市文明单位”“先进党组织”等荣誉称号，并被列为河南省重点扶持企业。

天力公司现有员工 4 085 人，其中成建制农民工 2 695 人，占职工总数的 66%。农民工遍及井下所有岗位及工种，一线 73 个生产班组全部由农民工组成。对公司来说，把农民工班组建设好，就解决了安全生产管理上的“短板”问题。因此，公司以学习推广“白国周班组管理法”为重点，以组建农民务工队工会组织为切入点，将“建家”活动与加强和改进安全生产一线班组管理有机结合，确定了以农民工行为为主体，以提高岗位文明、岗位技能、岗位效益为基本内容，以岗位实践活动为载体的班组建设活动，全力打造本质安全岗，塑造本质安全人，为推动公司安全发展和可持续发展奠定了坚实基础。

天力公司以规范农民工班组建设推动企业安全发展的做法主要是：

(1) 加强领导、完善制度，构建班组建设的长效机制

多年来，天力公司十分重视农民务工队的班组建设工作，在班组的建设结构、管理体系、管理办法等方面进行了有益探索。

● 创新理念，构筑体系。天力公司根据“短板”原理，结合煤矿班组管理的现状和实践，对加强和改进农民工班组建设从思想认识上进行了“三个定位”，即处在生产一线的农民工班组是企业安全发展的第一道防线；生产一线班组的建设质量最终决定着企业发展的质量；生产一线班组是工会工作的“桥头堡”，建好职工“小家”就是打好安全基础。为此，公司把农民工班组建设纳入了企业管理体系，进入“体内良性循环”。按照“锁定目标、明确责任、分级管理”原则，完善了以行政领导为组长，工会协调、部门联动、职工参与的班组建设体系。同时，公司还要求各职能部门、业务科室，结合农民工班组建设实际制订工作计划，实行“对口抓、抓对口”，把专业管理的要求和考核指标分解到班组，细化到个人，为班组管理升级达标创造条件、提供服务。各生产矿建立了班组建设联席会议制度，定期和各劳务公司一道研究分析班组建设中遇到的实际情况，及时帮助解决安全、生产、生活、管理等方面的问题，并提出下一步工作目标和措施，通过总结改进，协调调度，确保了班组建设的健康开展。

● 健全制度，严格奖惩。天力公司针对农民工队伍稳定性差、文化素质相对较低等特点，定期对生产一线农民工班组现状进行调查摸底，了解班组人员的年龄结构、文化结构、政治面貌以及优势、劣势所在等，及时掌握生产一线班组的数量和建设质量。在此基础上，采取反复酝酿、广泛讨论的方法，制定出了加强和改进班组建设的实施办法，注重突出一线特色，编辑出版了《天力公司班组建设导读》，分指导篇、政策篇、经验篇和制度篇四个部分，特别是制定和完善了《班组安全管理制度》《班组成本管理制度》《班组质量管理制度》《班组长工作流程》《班组长岗位责任制》《班组班前会制度》《班组精细化管理考核实施办法》《班组培训学习制度》《班组自主创新奖励办法》等规章制度。为保证农民工班组建设水平，公司还特别制定了《劳务公司及劳务工管理办法》，建立了劳务公司和农民工的准入制度，对农民工的思想品质、文化程度、职业技能、年龄结构等都作了刚性要求，拉高标杆，保证了有效管理和安全生产。同时，从任务指标、安全生产、工程质量、文明生产、队伍建设等方面进行严格量化考核，考核结果直接与班组绩效和职工工资挂钩。天力公司还长期坚持“争先进、夺红旗”班组竞赛活动，5 项考核指标各为一面红旗，每月对班组考核一次，班组每夺得一面红旗，在月度考核会上当场兑现奖励，极大地激发了该公司员工争创先进班组的积极性。

(2) 抓好活动、优化载体，增强班组建设的生机活力

针对劳务公司农民工绝大部分来自农村，文化水平较低，业务技能较差，法律意识淡薄的现状，天力公司采取抓好活动、优化载体、增强班组建设的生机活力的做法，取得了良好的效果。

● 创建学习型班组，提升职工素质。公司结合开展学习型企业文化建设活动，把“创建学习型班组、争当知识型职工”作为劳务公司班组建设活动的重要内容，派专门人员进行定期指导和帮助，根据不同岗位、不同工种帮助他们制订不同的学习计划，学习任务，并加大了各劳务公司“职工之家”建设力度，先后建立了职工书屋、学习工作室等，购买了业务和管理书籍，供他们学习使用。同时，公司还通过多种形式的宣传，在各劳务公司营造出“学习工作化、工作学习化”的浓厚氛围。劳务公司各班组响应热烈，每周组织一次反思共享学习交流会，每月举办一次读书笔记展评，多形式地引导职工进行学习。如：永安公司各班组坚持“一三五学习制”，即每周一、周三、周五下午 5 点至 7 点为固定学习时间，在学习中，他们通过交流学习工作经验，不断获取知识营养。通过学习，该公司各班组综合素质有了明显提升，在近几年天力公司举办的各种技能比赛中，他们均取得了较好名次。

● 创建安全型班组，奠定安全管理基础。天力公司认真指导各劳务公司推行区域安全负责制，并将创建安全型班组纳入到班组建设和班组安全管理之中，力争达到“个人无违章，岗位无隐患，班组无事故”。同时，公司还通过多种形式，不断加大宣传力度，逐步让员工牢固树立“安全为天、生命至上”的安全理念。振朝公司建立了安全班组“三必谈制度”，即新员工入矿必谈，工人受到批评必谈，员工发生“三违”必谈，努力从源头上杜绝“三违”的发生。

● 创建技能型班组，弘扬科技兴企精神。随着矿井的升级改造及采掘机械化水平的提高，职工原有的技能水平很难与之相适应。企业的可持续发展特别需要造就一支高素质的技能人才队伍，特别需要培养一大批岗位技术能手。为此，天力公司广泛组织开展了“拜师傅、学技术、当能手”活动，并按照“一年成熟练，两年成骨干，三年出人才”的目标要求，以签订导师带徒的形式，分阶段、有目标、有计划、循环辐射式地带动和培养技能人才。德顺公司开展的“是英雄是好汉，练兵场上看一看”岗位练兵活动和技术攻关活动收效明显，在天力公司职工职业技能大赛中，选出的10名“技术明星”该公司就占3名，并涌现出一大批“技术能手”“岗位标兵”，形成了“人人争当技术能手，人人争做技术明星”的良好氛围。

● 创建和谐型班组，增强班组的凝聚力。班组和谐，才具有战斗力、凝聚力，才具有核心竞争力。天力公司自始至终把和谐创建工作放到重要位置来抓，对农民工做到“五个一样”，十分关注、关心、关爱农民工兄弟，每逢农民工回乡探亲，公司及时开通农民工返乡直通车，并发放纪念品和慰问品，让农民工倍感组织的温暖。为让农民工融入企业大家庭，公司还在所创办的《天润》杂志上，专门开辟了一个《农民工之声》栏目，广泛征集他们的稿件，让他们与公司其他员工一样，充分展示自己的艺术才华。各劳务公司创建和谐班组活动也是有声有色，先锋矿机电队绞车班以情感投入为切入点，在班组管理中充分体现人性化管理，通过细致的聊天、家访、谈心、慰问等工作，让职工彰显了自己的价值和尊严，班组员工团结互助、和谐共处，连创安全生产佳绩。

（3）注重培训、提升素质，促进优秀员工的不断涌现

天力公司十分重视员工技术技能的培训，通过培训提高人员素质，采取了确定培训重点，增强培训的针对性，注重培训形式的多样性等措施，促进优秀员工的不断涌现。

● 狠抓员工素质的提升。天力公司制定实施了“普通工—高级工—技师—技能专家”四个层次的提升计划，分层分类组织员工培训，确立了“公司—生产矿—劳务公司”三级培训管理体制，逐级明确职权及各自应承担的行政、经济责任，较好地解决了劳务公司因人员流动量过大给持证上岗、培训学习、生产任务和经费使用方面带来的困难。在培训内容上，大力加强生产、安全、质量等业务知识和技能培训。公司职工学校经常性地把课堂设在工作现场，凡井下搬家倒面、上新设备等，学校老师、有关专家都要到区队班组授课，进行现场指导、现场演练等，不断提高班组员工的业务技能，增加了培训的针对性和效果。2008 年，农民工中有 648 人取得煤矿特种作业人员安全资格证书，1 650 人取得职业高中证书，1 548 人完成了煤矿一般工种安全资格培训；有 23 名员工取得了高级工证书，煤矿生产一线中高、中级工的比例达到 35%以上。

● 狠抓班组长培训学习的落实。天力公司根据班组长队伍的现状及文化结构、年龄结构、性格结构，按照“缺什么补什么、什么弱强什么”的原则，以提高综合管理素质为目标，采用内培与外培相结合的方式，坚持每半年组织一次班组长安全管理知识和业务知识的集中培训，并积极参加集团公司组织的安全培训，提高了班组长预知隐患、分析问题、解决问题的能力。高度重视班组长的选聘工作，对班组长的选拔建立了优胜劣汰机制。各劳务公司按照“保持稳定、个别调整、控制总数、按岗定员”的原则和“公司（劳务）提名、综合评议（生产矿）、部门考察、任前公示”的选拔任用程序，每年对班组长至少整顿一次，对不合格的及时更换。通过严格把关，整顿选拔，真正把平时在工作中涌现出来的能打善战、技术精湛、管理有方的优秀班组长提拔到了管理岗位上。经过培训和实践锻炼，一大批班组长迅速成长，2008 年，劳务公司有 26 个班组被评为先进班组，11 名班组长被评为优秀班组长，其中有 9 名农民工班组长被转招为正式工，并走上生产矿中层干部岗位。高义有、张跃军等一大批农民工成长为白国周式的优秀班组长。

8. 东庞煤矿建立具有本矿特色的QSE班组建设管理模式的做法

河北冀中集团金牛股份公司东庞煤矿为大型现代化矿井，现年原煤生产水平280万吨，精煤生产水平240万吨，拥有职工5 200人；矿井装备先进，技术力量雄厚，采掘机械化程度达100%；生产工艺处于国内先进水平，管理水平不断提升，是全国煤炭系统首家通过质量管理体系、环境管理体系、职业健康安全管理体系三个体系认证的单位。

多年来，东庞煤矿不断加强基层班组建设，创造性地将质量、安全、环境三个体系导入班组建设，建立起具有东庞煤矿特色的QSE（质量、安全、环境）班组建设管理模式，并呈现出“严、新、实”三个特点：“严”就是管理体系严，管理程序严；“新”就是文化理念新，管理模式新；“实”就是管理基础实，操作实用，突出实效。

东庞煤矿建立具有本矿特色的QSE班组建设管理模式的做法主要是：

（1）靠体系促管理，突出一个“严”字

东庞煤矿以ISO 9001质量管理认证体系标准建立健全班组建设管理手册、程序文件和作业文件的三层次文件，形成具有东庞特色的QSE班组建设管理体系，保证了班组建设的管理严谨、制度严密、落实严格。

●体系管理要素延伸到班组。东庞煤矿QSE班组建设管理体系借鉴了质量管理认证的成熟模式，把QSE合格班组比做产品制造来建设，制定QSE班组标准，并把控制QSE班组建设过程通过质量管理体系、管理职责、资源管理、产品实现、应急预案及相应控制程序等19项程序文件来控制，把班组长的选拔条件及聘用、班组建设评优标准及实施、现场全员安全质量定量评估、不合格产品的控制以及纠正和预防等控制程序延伸到班组，班组建设有260个控制因素，建立一套全方位的管理网络，保证了区队班组建设健康发展。

● 组织管理程序拓展到班组。东庞煤矿成立了以矿长、党委书记为组长的区队班组建设综合管理小组，设立班组建设综合办公室，出台了《班组建设实施细则》，并把《班组建设实施细则》纳入 QSE 班组建设管理体系中的班组长的聘用条件及程序，严格对班组长的选拔、任免、使用、培养、约束、激励等因素进行了控制，把班组长作为最基层的管理者正式纳入了干部考核管理，建立班组长人事档案，班组长的聘书由体系的最高管理者签发，提高了班组长的政治地位。自 2009 年以来，以安全、质量为主要考核内容增设了区队班组长安全奖励；同时开展班组长评优评差活动、优秀班组长评比竞赛活动，把班组长经历作为提升、晋级的一个重要条件，让班组长感到有荣誉、有动力、有责任、有压力，极大地调动了广大班组长的积极性。

● 安全责任网络覆盖到班组。根据年度安全生产经营目标责任书，东庞煤矿采取安全生产经营各项指标层层分解，形成以个人保班组、班组保区队、区队保全矿的目标责任网络，并通过 QSE 班组建设管理体系中的班组作业计划管理、班组现场作业控制、班组作业安全质量控制、各工种能力评定、不合格产品控制等 34 个控制程序来科学指导班组安全生产，把班组生产一系列因素都纳入体系管理程序，实现班组管理无漏洞，确保班组责任目标顺利完成。

● 文明创建活动深入到班组。东庞煤矿把文明班组的创建纳入 QSE 班组建设管理体系的班组建设评优标准及实施程序，主要包括“文明班组”“三无班组”的创建，同时把“党员先锋岗”“青年文明岗”“星级文明职工”等职工文明创建活动作为文明班组创建的考核内容，将各部门考核制定的不同标准进行了统一考核，实现了文明创建活动的系统管理。

● 安全监督延伸到班组。通过 QSE 班组建设管理体系的科学管理，东庞煤矿形成了横向到边、纵向到底的安全监察网络。明确了矿领导、各职能部门、区（队）长、班组长、安检员等各层次管理人员的职责和权力，保证日常的安全检查和监督，形成纵向安全管理体系；同时坚持“党政工团、齐抓共管”的管理方针，由工会、团委在每个班组都设立了群监员岗位（网员）和青年安全岗员，发挥网员、岗员的安全哨兵作用，实现对班组现场安全施工的动态监测，并把网员、岗员管理纳入群众安全监督活动实施程序，同时向网员发放岗位津贴，调动了网员的积极性，形成横向安全监督体系，实现了班组安全工作的“无空白”管理，为矿井安全生产奠定了基础。

通过将班组建设导入质量、安全、环境三个管理体系，构建QSE班组建设管理模式，提升了东庞煤矿班组建设的管理层次，实现了班组建设的管理科学化、程序化、系统化和规范化，奠定了坚实的安全质量标准化基础。

(2) 以文化铸灵魂，突出一个“新”字

企业文化是企业的灵魂。抓管理关键是抓灵魂，抓灵魂关键是抓文化。东庞煤矿精心培育“求实创新争一流”的企业精神，积极树立“安全为天，质量第一”的文化理念，即以质量保安全，以质量促管理，以质量铸品牌，形成了质量、安全、环境“三位一体”的工作链模式。在QSE班组建设中，东庞煤矿以企业文化建设为切入点，把企业文化理念渗透到班组，通过先进理念的宣传灌输，凝聚职工的力量，增强班组的向心力，进一步深化班组建设，提升班组管理水平。

● 将企业文化渗透到班组。东庞煤矿制定了《企业文化建设规划》《企业文化建设实施纲要》，编写了《企业文化宣传手册》，按照整体推进、分步实施的原则，由浅入深、由表及里，形成富有东庞特色的企业文化。针对不同时期的特点，通过会议、广播、牌板、报刊、电视、网络等不同渠道开展形势任务宣传活动，就企业文化建设成果进行宣传报道，同时矿属各单位也组成以班组为单元的学习小组认真学习，并将宣传标语、牌板悬挂到生活区、矿区、区队和施工现场，使企业文化真正渗透到班组，在增强职工对企业信赖感和自豪感的同时，将“求实创新争一流”的企业精神灌输到每一位职工，提高广大职工的求实精神、创新意识和永争一流的信念，提高了基层班组的战斗力。

● 将安全理念灌输到班组。东庞煤矿确立了“以人为本、质量至上”的安全理念，即质量就是安全，质量就是效益，质量就是生命，突出质量是基础，安全是关键，生命最无价。通过对安全理念的大力宣传，逐步将质量至上的观念灌输到了各班组成员，形成了人人讲质量，时时求质量，事事谋质量的新局面，使班组管理具有了高度统一的目标，同时促进了矿井的质量标准化建设，夯实了矿井的安全基础。

● 将安全氛围感化到班组。东庞煤矿通过建立矿区园地、区队园地、家庭园地、工作园地，让安全寄语、安全警示的宣传覆盖到矿区、拓展到区队、深入到班组、延伸到现场；并在各单位办公区域设立“表扬台、批评台、建议答复台、警钟台”，弘扬正气，标榜先进，鞭策后进，警示职工，从井口安全文化长廊、井底安全文化候车走廊的安全寄语到各施工地点的安全标语，营造出浓郁的安全文化氛围，时时处处警示职工牢记安全，遵章守纪，上标准岗，干标准活。

● 将亲情教育融入到班组。东庞煤矿在全矿各区队班组开展安全亲情教育活动，以舆论引导人，以道理信服人，以真情感化人。在每个区队园地以及职工宿舍里，建立职工的全家福照片牌板，既有亲人的安全寄语也有亲人的真情嘱托；在井底等候室、井底车场、运输大巷以及施工地点同样也有温馨提示和安全警示。矿有关部门定期组织各种文艺慰问活动，使广大职工能在奉献力量的同时感受到企业带来的温暖，增强了职工主人翁意识。

(3) 强基固本，突出一个“实”字

任何科学严谨的管理制度，最终都是通过落实才能得到检验。

东庞煤矿坚持不放过任何一个细节，保证了班组建设管理体系的有效运行。

● 实行全员安全质量定量评估制度，提高战斗力。现场全员安全质量定量评估（班评估）制度，是东庞煤矿多年来一直执行的一项区队班组管理基本制度，要求下一班班组长负责组织本班组所有岗位工按照标准要求，对上一班所有岗位工就安全、质量、工作量、文明生产等进行评估验收，并填写评估单，发现问题按规定进行扣分处理，下班处理完毕后所扣分数加入该班组对应的岗位。班评估实行“班与班、岗与岗、手拉手、你不来、我不走”的现场交接程序，单独操作评到岗，工序定标准，岗位定分数，做到分工专业化、工序标准化、操作程序化、质量精细化、考核数量化，班评估由区队跟班人员、班组长签字后交区队当日上台账，坚持做到“四对口”：现场与评估单对口，评估单与台账对口，台账与上墙分数对口，上墙分数与开支表对口，不得随意更改。班评估制度的实施，杜绝了班组与班组、职工与职工之间可能发生的扯皮现象，有效提高了班组的战斗力。

● 执行“工作程序链”管理制度，提高凝聚力。东庞煤矿要求严格执行规定的工作链，包括班前会、班前宣誓、集体入井、现场交接班、班前巡视、班中汇报、下一个现场交接班、班后会、班后汇报、集体升井等，职工时时刻刻都在受控范围内，减少了“三违、隐患、事故”的发生。

● 实行安全互保联保制度，提高亲和力。东庞煤矿井下区队实行职工互保、联保制度，每班记工前，每两名职工结成一对，并制定当班第一安全责任者，实行“一保一”安全联保，填写联保记录单，对于零散工种和独岗作业员，必须明确安全责任人，互保双方如有一人出现操作性“三违”和工伤事故，对双方予以处罚，有关管理人员也要负相关责任。该项制度的实施，增强了职工与职工之间的互保责任意识，提高了班组亲和力。

● 创建学习型班组，提高执行力。东庞煤矿建立了一套与矿井发展相适应的教育和培训体系，并纳入职工培训管理程序。首先由教育中心每半年轮流组织基层单位的班组长进行规章制度、管理能力、业务素质等内容的专题培训。各单位坚持开展“三日一题，七日一考”制度，对职工进行安全规程、操作规程、作业规程、安全技术措施、生产工艺流程等应知应会知识培训，考试成绩与月度工资奖金挂钩，培训内容占职工工资结构的10%；同时，在区队班组中广泛开展青年职工创新创效活动，鼓励广大青年职工积极采用新技术、新工艺、新材料，大大提高了广大职工自觉学习、自主创新、岗位成才的积极性。

● 开展星级文明职工竞赛活动，提高竞争力。东庞煤矿在班组建设的实践中，始终坚持“以人为本”的指导思想，在区队班组内部积极开展星级文明职工竞赛活动，星级文明职工考核内容包括五项，即工作任务星、安全生产星、思想道德星、遵纪守法星、团结互助星，各区队根据职工日常工作情况，在考核合格的项目上挂一颗红星，对基层单位每季度评出的10名星级文明职工进行奖励，对评出的不文明职工进行帮教，形成了职工与职工之间、班组与班组之间的竞争机制。

(4) QSE班组建设实现了“五大提升”

东庞煤矿以先进的企业文化引领班组建设，以全新的安全理念指导班组实践，创造性地建立了QSE班组建设管理体系，以科学、规范、标准、严谨的管理程序促进班组建设，实现了班组建设基础牢、效果好、转变大。

● 班组管理模式由制度型向文化型提升。东庞煤矿把企业文化渗透到班组，把安全理念灌输到每一名职工，鼓舞人的情感、平衡人的心理、维系人的忠诚、激发人的智慧、调动人的积极性、挖掘人的内在潜力，提升了广大职工的综合素质，体现了以人为本的管理理念，实现了班组建设由制度型向文化型提升。

● 班组管理目标由安全生产型向本质安全型提升。东庞煤矿班组管理目标考核更加全面，考核内容拓展到安全、任务、质量、环境、隐患、机具使用、应急预案等方面，保证检查无死角，考核无漏洞，实现了班组管理目标由安全生产型向本质安全型提升。

● 班组管理方法由零散型向系统型提升。东庞煤矿 QSE 班组建设管理体系的有效运行，实现了企业管理系统化，管理方法科学化、程序化，使区队班组的执行、落实更加规范，实现了班组管理制度严格、标准统一、执行有力、考核严细，大大提高了班组建设的管理水平。

● 职工安全管理由过程控制型向“事先”预防型提升。东庞煤矿建立 QSE 班组建设管理体系，形成“工作程序链”模式，对职工的控制拓展到工作任务、安全生产、思想道德、遵纪守法、团结互助等各个方面，培养了职工的团队精神和综合素质，真正提升班组的综合战斗力。

● 职工安全态度由被动约束型向主动自发型提升。东庞煤矿通过开展多种形式的安全教育、技术培训和体系贯标活动，有效提高了广大职工学习生产工艺和业务技能等知识的积极性，落实安全规程、操作规程、作业规程和施工措施的自觉性，激发了广大职工排除隐患、营造安全环境的主动性，并广泛开展多种形式的安全警示案例展和安全文化宣传活动，使各班组成员在提高业务水平的同时明确自己岗位的职责，实现了职工由“要我安全”向“我要安全、我会安全、我能安全”转变。

9. 济宁三号煤矿构建“五六六”班组模式促进班组安全建设的做法

山东兖矿集团济宁三号煤矿于 2000 年 12 月投产，是我国第一座设计年生产能力 500 万吨的现代化特大型矿井。井下安全监测、采煤、提升运输及洗选主要设备，都是从德国、英国、美国、瑞典等世界发达国家引进的，机械化程度高，连续九年被评为煤炭行业特级安全高效矿井。该矿投产后，用三年时间，使原煤产量达到年产 800 万吨，最终达到 1 000 万吨，成为世界上第一座年产千万吨的立井煤矿。该矿目前共有班组 262 个，其中井下一线班组 61 个，井下生产辅助班组 84 个，地面生产及后勤班组 117 个，共有班组长 512 名（含副班长）。

多年来，济宁三号煤矿始终把班组建设作为矿井长远发展的"基础工程"，围绕创建安全质量型、创新创效型、责任落实型、学习管理型、文明和谐型"五型"班组，培养具有学习力、决策力、管控力、执行力、创新力、聚合力的"六力"班组长队伍目标，建立完善了制度保障、选拔聘任、引导激励、教育培训、创新实践、评价考核"六项机制"，初步形成了"五六六"班组建设模式，促进了班组建设的科学化、系统化、规范化，提高了"双基"和安全质量标准化建设水平，夯实了矿井发展基础，推动了安全生产和整体工作的健康稳定发展。

济宁三号煤矿构建"五六六"班组模式促进班组安全建设的做法主要是：

(1) 建立完善制度保障机制，强化班组基础管理

济宁三号煤矿认真贯彻中华全国总工会、国家煤矿安全监察局《关于加强班组安全生产建设的指导意见》等一系列要求，建立完善了班组建设管理制度，明确了班组建设风险预控管理、目标考核等 19 项主要内容，制定实施了班组互保联保、班组长绩效考核、班组长走动式写实管理等 16 项班组建设制度，形成了一套完善的班组建设制度体系。

该矿还形成了"五个一"的班组运行机制。一月一例会：坚持每月一次由矿党政领导主持召开的班组长例会雷打不动，成为了总结安排班组工作和班组长交流经验、相互学习的平台；一月一表彰：分采掘一线、生产辅助、地面生产 3 个竞赛组，每月以百分制形式予以量化检查和考核，评选出先进班组、优秀班组长，在矿月度工作会议上集中表彰。一季一选聘：每季度末由班组建设活动办公室对全矿班组长履职情况进行综合考核，重新下文聘任。一季一交流：每季度组织一次班组间的现场观摩交流活动，在矿讯上开设班组长论坛，互学互评，共同提高。一年一嘉奖：对一年来在安全生产质量等工作中表现突出的十佳班组、班组长实施重奖，调动了工作积极性、主动性。

(2) 建立完善选拔聘任机制，严把班组长准入关

企业的基础在于班组，而班组的关键在于班组长。在班组安全建设上，注重选聘优秀班组长，提高班组长的业务水平和实际能力。

● 严格班组长准入标准。班组长上岗必须具备“三高三强”基本条件：思想境界高、业务技能高、群众威信高、责任心强、管控能力强、创新意识强。

● 严格班组长选聘“五步程序”。把班组长选拔纳入矿统一管理，实行班组长上岗公开选拔，每名班组长的产生都严格履行“区队推荐→职工群众评议→部门资格审查→分管领导把关→行文公布”“五步”选拔聘任程序，每季度公开选拔聘任一次。

● 坚持优胜劣汰。对安全责任心差、业务能力低的班组长每季度按5%的比例进行淘汰，对空缺的班组长，从后备人才中择优任用补充，始终保持班组长队伍的整体素质和战斗力。近年来，有24名班组长因不适应岗位需要被淘汰。

● 在政治上高看一眼。提高班组长的政治待遇，将班组长全部纳入干部后备库和党员纳新对象培养管理，优先入党、提干，真正使班组长红起来、香起来。近年来，由班组长直接提拔为区队干部的达40余人，吸收入党的有58人。

● 在经济上多拿一块。提高班组长在区队工资分配中的系数，按本班组当天奖金基数的1.4～1.5倍日结算、月兑现。按照工作特点及安全压力，对井下一线、生产辅助班组长分别实行每人每季2 400元、2 000元的安全风险抵押，其标准高于地面后勤单位的一般管理干部；对地面、井下班组长根据岗位性质给予每工 8 元、12 元、20 元不等的班组长津贴，使班组长得到了看得见、摸得着的“实惠”。

● 在精神上厚爱一层。在评先、树优上向班组倾斜，扩大班组长在劳模、标兵等各类评先中的比例，定期表彰奖励优秀班组及优秀班组长，定期组织班组长健康休养，有效激发了班组长的责任感和自豪感。

(3) 建立完善教育培训机制，提高班组队伍素质

围绕培养班组长的“六种能力”，创建“五型”班组，建立完善教育培训机制，促进了班组队伍整体素质的不断提高。

●“引进”与“走出”结合。围绕“如何当好班组长”“班组长学管理”等主题，聘请有关专家学者，开设班组长专题课堂，及时“充电补养”。充分利用网络资源，开通了网络大学，为职工学习搭建了新平台。每季度组织一次班组间的现场观摩交流活动，每半年组织一次优秀班组长到先进企业学习，使班组长走出本班组、本区队学管理、谈体会，开阔了视野，拓宽了知识面，提升了管理境界。

●“理论”与“实践”并重。利用煤矿培训基地优势，轮流办班，每年对每名班组长至少进行为期两周的培训，专门抽调技术专家、拔尖人才授课；区队利用安全活动日，组织职工学习安全法律法规、技术措施，提高了班组长及职工的隐患辨识、标准操作和应急处理能力。灵活开展“岗位练兵、技术比武”“名师带高徒”活动，对比武能手、技术状元给予每月 300～600 元的技能补贴，对现场传帮带作用发挥突出的师傅，给予 80～200 元的津贴，调动了班组全员学业务、练技能的积极性。注重班组长后备人才培养，将每年新分大中专毕业生充实到生产一线班组实践锻炼，鼓励有学历的毕业生竞争班组长岗位；将班组技术骨干纳入后备队伍重点培养，使一大批业务能力强、思想境界高的业务骨干迅速走上了区队班组管理岗位。

●“学习”与“提高”同步。将学习管理型班组创建融入班组日常工作，班组长带领班组全员学习规程措施，剖析事故案例，提出工作措施，学习力转化成为管控力、决策力、创新力，班组队伍素质、管理水平与“学习”同步提高。全矿80%以上班组长通过自学和函授等形式取得中技以上学历。综采二队一班开展学习型班组创建两年间，全班有8人晋升为高级技工，2人成为技师，班长刘红卫、支架能手李庆坦被评为公司“优秀技能人才”。

(4) 完善创新实践机制，提升班组自主管理水平

深化矿井“四自”管理，突出区队班组关键作用发挥，建立了以“三创新”为主要内容的创新工作实践机制。

● 管理创新，提升管控力。以区队、班组为单元，灵活组织“创新示范岗”评选、“精品工程”评优、“技术技能比武”评先等竞赛活动；定期不定期开展班组管理创新合理化建议有奖征集，引导区队班组主动思考小点子、创新小做法，使区队班组变成了创新创优的实践平台，激发了区队班组自主自管的“六个活力”——自主抓教育培训、自主抓安全质量、自主抓成本控制、自主抓考核分配、自主抓整改提高、自主抓生产组织，形成了综采三队安全不放心人“红黄牌临界预警警示”、综掘三区质量管理学、查、评、改、停“五步工作法”、运输工区点检巡查写实卡等一批区队班组管理的好方法。

● 技术创新，带动生产力。加大对区队班组技术革新、小改小革的扶持力度，设立专项奖励资金，以区队班组为单位编制项目规划，每半年评选一次创新成果。仅2008年以来就完成采煤机负压二次降尘喷雾装置改造等小改小革、技术革新成果108项，为提高生产效率和现场作业的安全可靠性发挥了巨大作用。

● 文化创新，增强聚合力。把文化引入区队班组管理，开展班组和谐文化建设，形成了“三谈三交流五必访”班组工作机制，即班组长定期与本班组员工谈现场工作，交流经验；谈班组管理，交流认识；谈家庭生活，交流感情。班组成员红白喜事必访、家庭闹矛盾必访、家庭有困难必访、受到处分时必访、生病时必访，增进了班组成员间感情交流，树立了班组长的威信，使每个员工自觉自愿地快乐工作，增强了班组聚合力。

"五型六力"班组建设促进了矿井安全发展、科学发展、和谐发展。截至 2009 年 10 月 10 日，矿井实现连续安全生产 1 282 天，安全产煤 2 900 余万吨；主要经济技术指标完成良好；矿井综合形象明显改观；干部职工应对经济危机的意识和能力进一步增强，特殊形势下矿井保持了平稳较快发展的良好势头。

10. 梁家煤矿以班组精细管理模式为载体不断强化班组建设的做法

山东龙口矿业集团公司梁家煤矿是全国最大的海滨矿井，也是集团的骨干生产矿井，于 1983 年破土兴建，1992 年 11 月投产，设计生产能力为 180 万吨/年。由于生产管理出色，先后被授予"全国文明煤矿""全国双十佳煤矿""全国科技进步十佳矿井""全国安康杯竞赛优胜单位"等荣誉称号，成为集团公司一颗耀眼的明珠。现有员工 3 639 人，设 15 个生产、辅助区队，各类班组 122 个、班组长 279 名。

近年来，梁家煤矿紧紧围绕"构筑和谐，安全发展"的核心理念，坚持以"理念培育、文化引领、精细管理、精益生产"体系为指导，以"4＋1"班组精细管理模式为载体，以"五精"管理为手段，以实施班组自主管理为重点，以班组长的培养、使用、管理为抓手，以实现"九零"目标为最高宗旨，不断强化班组建设，夯实矿井管理基础，推进矿井实现安全高效、稳产高效、优质高效和科学发展。

梁家煤矿以班组精细管理模式为载体不断强化班组建设的做法主要是：

(1) 以“理念培育，文化引领，精细管理，精益生产”体系为指导，全面建设“五精”班组

梁家煤矿始终认为班组就是矿井各项管理的支撑点和落脚点，抓住了班组，就抓住了岗位，抓住了现场，抓住了安全，抓住了落实，抓住了广大员工。为此，该矿明确了在“理念培育、文化引领、精细管理、精益生产”体系指导下，突出理念的渗透、境界的提升、认知的统一，严格落实“精细、精准、精确、精益、精美”的管理要求，努力创建岗位增值创效的“五精”班组。该矿将矿井致力培育的“构筑和谐，安全发展”的核心理念、“以人为本，生命至上”的安全理念以及“以尊重为核心、以关爱为载体、以和顺为目标”的文化管理核心价值体系，全面渗透给员工，树立了共同的价值观念，提高了管理的依存度和紧密度。同时还把实现矿井的各项奋斗目标分解到基层区队、班组，把精益生产的要求变成员工的行为标准、现场的工序流程，解决了矿井各项制度规定落实不力的问题，形成矿井上下融合统一、合德并进的工作局面。

在创建实践中，梁家煤矿牢固树立了“以人为本、生命至上；尊重赏识、教育引导；制度约束、行为规范；启迪内心、保护自我”的安全愿景，达成了“安全就是命，事故就是要命，‘三违’就是制造事故”的安全共识。该矿完善了“超前预测、理性掌控、稳中求进、以质取胜”的管理法宝和“均衡稳定、正规有序、紧张紧凑、又好又快”的生产组织基调，实现了安全高效、稳产高效、优质高效。实践了“以矿为家，当家理财”的经营理念，提高了员工的节约意识和岗位经营意识，切实做到了“人人都是经营者，岗位就是效益源”。2009 年一至三季度完成利润 3.66 亿元，创历史同期最好水平。梁家煤矿走出了机电管理滞后生产组织的误区，实施了“机电管理从生产过程入手，生产组织从机电管理实施”的大机电管理，机电事故影响生产时间的现象逐年大幅下降。2009 年有多个月份实现了全矿生产组织机电零事故，目前正在回采的 4208 工作面，从

2008年2月开采至今没有发生一起影响生产的机电事故。

梁家煤矿积极落实了“关爱员工、员工至上”的经营管理理念，实施了“生命、健康、工作、生活、权益、技能、管理”七个方面的关爱，构筑了“八个方面”和谐关系：和谐稳定的安全生产关系、和谐高效的生产组织关系、和谐优化的经营关系、和谐融洽的劳动关系、和谐公正的分配关系、和谐顺畅的工作关系、和谐友好的人文环境关系、和谐紧密的党群干群关系，增强了员工对企业的认同感和忠诚度。

(2) 以“4＋1”精细管理模式为载体，做到“五精”管理从班组抓起、在岗位落实

梁家煤矿在充分汲取借鉴兄弟单位班组管理先进经验的基础上，结合全煤系统正在推广应用的“白国周班组管理法”，创新推行了“4＋1”班组精细管理模式。“4”就是建立四个体系，即以提高岗位素质素养为重点的班组自主培训体系，以提升岗位成本意识为重点的班组成本预算管理体系，以规范岗位安全操作为重点的班组自主管理体系，以提高岗位工作质量标准为重点的班组精细管理体系；“1”就是形成一个机制，即ABC三卡精细化管理考核机制。以此把矿井以人为本的和谐文化管理通过班组真正延伸到每一个具体岗位，做到“凡事有人管、凡事有标准、凡事有考核、凡事有监督”，达到划小核算单位、规范岗位行为、提高工作标准、提升产品质量、强化岗位经营和实现岗位价值增值的管理推进目的，真正实现了区队自治、班组自主、个人自律的目标，收到了个人保班组、班组保区队、区队保全矿的良好成效。

该矿通过建立一套办法、组织一次培训、推出一批典型的“三个一”活动，真正做到“五精”管理从班组抓起、在岗位落实、推进班组精益生产，将班组长培养成为善于文化引领、精于“五精”管理、能于精益生产的基层优秀管理者。综采队在日常管理过程中通过将“安全管理、成本管理、生产管理、工序质量、创新工作、人力资源、精神文明”“七项考核”落实到班组，创出了2602工作面连续回采7个多月“零事故”的新水平。机电二区通过落实“建章立制规范化、安全管理本质化、设备维护精细化、质量达标动态化、生产现场文明化、材料管理程序化、小改小革制度化、员工教育培训自主化、班组管理民主化”的“十化”要求，创出了40个月连续运行无事故的新纪录。围绕岗位价值增值，机电设备维修中心通过“把两关（设备升井和设备下井验收关）、控中间（维修环节）、提质量（提高维修质量）”，使所维修的在用设备使用时间平均延长一倍多，维修费用降低了26%。

(3) 以实施班组自主管理为重点，充分发挥“一会、两长、三员”的重要作用

班组是企业最基本的管理单元。抓好班组自主管理，保证班组安全和稳定，是矿井发展的基础。梁家煤矿经过长时间摸索，逐步建立起“一会、两长、三员”的班组自主管理架构（一会：班组自主管理委员会；两长：一个班长、一个副班长；三员：一个安全管理员、一个民主管理员、一个学习督导员）。基层班组在自主管理委员会的领导下，以班组长为核心，以安全管理员、民主管理员、学习督导员为支撑，吸收生产技术骨干加入，围绕安全、绩效、质量、民主、文化、人才管理六项重点，定期召开班组民主会，集体议事，自主管理，公开透明。

在推行班组自主管理的过程中，梁家煤矿坚持了“四个注重、四个强调”：注重务实，强调可操作性和不搞统一模式；注重基础，强调行政管理和民主管理的融合；注重品位，强调关爱员工理念的渗透；注重稳妥，强调准备工作没做好不要急于实施班组自主管理，较好地调动和发挥了班组管理的主观能动性，使班组管理呈现出百花齐放、齐头并进的良好势头。

该矿还在全矿122个各类班组中，深入开展了优化标准“竞高”、精优操作“保安”、纪录刷新“赶超”、管理提升“历练”、节支降耗“挖潜”、岗位增值“创佳”、素养提升“登高”、创新创造“冠名”、拔尖人才“推崇”、爱岗敬业“奉献”十项卓越行动，提炼总结出“衣中军竞高作业标准”“瓦检员战庆斌84字安全操作口诀”“技术能手左旭日岗位素质提升五法”“综放队生产一班纪录刷新赶超行动指南”等30余项以员工和班组命名的班组自主管理“品牌行动”，多次召开班组自主管理交流推进会议，先后推广了近20多个班组的经验和做法。据统计，推行班组自主管理以来，来自班组的小改小革有153项、创新成果19项，受到实名制表彰的共达121项。

通过实施班组自主管理，“四个作用”切实得到了有效发挥：

● 班组长的核心作用得到有效发挥。随着班组自主管理职能的落实，班组长的思想境界、大局观念、管理能力、技术水平、表率作用、语言表达能力、沟通能力大幅度提升，责任心和主观能动性进一步增强，能主动而全面地去发现问题、思考问题和解决问题，使区队领导有更多的精力去研究工作、抓大放小，提高了工作效率。

● 班组管委会成员的作用得到有效发挥。班组管委会成员一方面在班组长的统一领导下，分工负责做好分管范围内的工作，另一方面及时听取各方面的意见建议，协助班长完善班组管理，做好员工的思想工作。

● 民主管理的作用得到有效发挥。充分发挥了班组民主会集体议事作用，增强了班务公开和与职工的交流沟通，保护和调动了班组职工的积极性。

● 老员工和技术骨干的“传、帮、带”作用得到有效发挥。以点带面提高了员工队伍的整体素质，培养了员工上标准岗、干标准活的意识。班组自主管理已经真正成为矿井管理不可或缺的重要组成部分，成为矿井发展的坚实基础。

(4) 以加强班组长的培养、使用、管理为抓手，积极培养创新型、复合型人才

班组长既是与工作现场和作业员工接触最广泛、联系最紧密、作用最直接的管理者，也是矿井各项管理理念、管理制度、管理标准、管理机制在现场的最直接的执行者，其工作作风、目标愿景、文化认同是否与矿井整体管理要求一致，直接关系到一个单位的工作绩效。对班组长既要发扬长处还要严格要求，既要加强教育还要有效管控，既要注重管理还要充分授权。

几年来，梁家煤矿一直高度重视班组长的培养、使用、管理。一是专门制定了班组长培训制度和培养规划，明确了培养“五精”班组长的工作方向和培养重点，定期举办不同内容和形式的培训班，做到“使用一批、备用一批、培养一批”。二是将班组长纳入到人才库进行管理，由人力资源科和区队按照“梯级管理”的原则分别建立班组长档案，按照“单位主控、专业调控、部门监控”的原则，做好班组长的绩效考核与测评。三是重视班组长的使用，各单位党政主要领导对班组长培养使用负有主要责任，既要教育培养、有效管控，又充分授权、突出自主；既不纵容袒护，又关心爱护。四是推行民主选举班组长，按照所制定的《关于建立民主评议班组长制度的指导意见》组织民主选举班组长，各单位也分别制定专门办法，提交单位职代会审议通过，报矿工会同意后实施。五是明确班组长待遇。班组长实行系数待遇，以班组员工工资或奖金为基数确定相应系数计发。系数的确定由区队研究提出意见、专业审查、矿上审批，然后由人力资源科统一执行。六是完善班组长的绩效考核。以专业和区队为主制定考核办法并每半年组织一次考核，考核结果作为年终总结评比和提拔使用的依据。

通过加强培养、抓好使用、严格管理，有力地推动了班组长管理职能的转变：从过去重生产轻安全的生产组织型，向坚持安全第一不动摇的本质安全型转变；从过去要进度、创水平的速度型，向注重工序质量管理的质量管理型转变；从过去重形式、轻内容的粗放型，向以人为本关爱员工的人本管理型转变；从过去只满足应付现场不注重提高自己综合素质的能干苦干型，向懂技术、会经营、重管理的复合型转变；从过去凭经验干活靠手艺吃饭的经验为主型，向注重学习、研究技术，还会做员工思想工作的能力为主型转变。近年来，矿井涌现出一大批优秀班组长，先后有多名班组长走向了区队领导岗位。

(5) 以实现“九零”目标为最高宗旨，努力实现全员的增值创效

梁家煤矿确立班组建设的最高宗旨就是要实现“九零”目标：安全优质高效，努力追求实现班组的“零三违、零事故、零伤害”；最大限度提高岗位操作和班组考核的量化度，实现班组生产现场的“零遗漏”；最大限度提高岗位操作的准确度，实现岗位作业“零失误”；最大限度提高岗位操作的精确度，实现岗位作业“零偏差”；最大限度提高班组各流程、环节、工序衔接的精益度，实现班组管理流程的“零滞障”；最大限度提高班组各管理环节和各作业单元的美誉度，努力追求实现“零浪费、零缺陷”。

在建设“五精”班组、追求“九零”目标的指引下，全矿所有班组、全体员工的创新创造热情被充分调动起来，上下同心，齐头并进，矿井呈现出“安全稳、生产顺、成本降、效益升、人气和”的新局面。

11. 金达煤炭公司创新班组安全管理模式发挥班组现场管理作用的做法

山东省滕州市金达煤炭公司地处滕北煤田北部，井田面积 14 平方公里，核定生产能力 69 万吨/年。公司于 1999 年 5 月 6 日注册成立，现有员工 1 000 人。公司先后被授予“山东省安全文化建设示范企业”“省级安全生产双基建设先进单位”“安全质量标准化矿井”等荣誉称号。

近几年来，金达煤炭公司不断创新班组安全管理模式，有效发挥班组现场安全管理的第一道防线作用，通过不断加强班组安全管理，进一步夯实矿井安全生产基础，由事后的“消防式管理”转变到事前的预防控制，促进了矿井安全生产形势的持续稳定、健康发展。

金达煤炭公司创新班组安全管理模式发挥班组现场管理作用的做法主要是：

(1) 加强班组安全文化建设，提高员工安全素养

安全文化是安全生产的灵魂，是实现安全生产长治久安的强有力支撑。基于这样的认识，公司从工作实际出发，在全公司开展了“安全文化理念”征集活动，精心提炼了安全是最大的政治、安全是最大的企业效益、安全是最大的个人利益“三个最大”的安全文化理念。公司总结编制了《安全理念手册》发到班组每位职工手中，用安全文化理念促进职工观念更新，改善职工心智模式，提升职工队伍的安全素质。

● 理念教育引导职工。为使班组职工养成遵章守法、按章作业的自觉习惯，公司在组织职工学规程、学措施的同时，广泛开展了人人查找“习惯性违章行为”征集活动，对征集的3 000余条稿件进行认真筛选、评定，最后综合为299件，归纳为顶板管理、机电提运、“一通三防”、放炮管理等专业，分类打印成册发至班组每一位职工手中。通过征集活动，让班组每一位职工真正意识到什么是违章、如何纠正违章，养成了查找并杜绝违章行为的良好习惯，增强了职工“搞好安全、从我做起”的自觉性。

● 亲情教育感染职工。公司充分利用亲情教育园地，着力搞好亲情教育，为班组统一制作了职工家庭“全家福”牌板挂在学习室，让员工每天下井前看一眼全家福，重温一遍亲人的嘱托，增强为家庭幸福珍惜生命的责任感。为每位职工建立了生日档案，每逢职工生日，班组都为职工过生日，并送去由班长和全班工友共同签名的生日祝福贺卡，把每个职工的生日变成了深刻的安全教育日，使员工在浓浓的亲情中感受到了生命、安全的重要性。

● 案例教育警示职工。公司在班组开展了事故案例教育展览和用身边的事教育身边的人活动，把矿井历年来发生的安全事故，编制成《警示录》，制作了案例警示展板，教育职工警钟长鸣，关注安全，关爱生命，唤醒职工内心对安全的需求意识，让每一位班组职工切实认识到安全是自己的事，使安全意识深深印在了每位班组职工的脑海里，较好地发挥了警示教育的应有作用。在职工上下井必经之处，公司制作了120余块安全文化灯箱和宣传牌板，安全警语随时提醒职工按章作业，确保平安。提高了职工的自主保安和互保、联保意识，实现了由“要我安全”向“我要安全”的转变。

● 技能教育提高职工。技能教育是提高职工操作水平的重要手段。公司本着“重技能、重操作、重实用、求实效”的原则，以提高现场操作人员的基本技能为重点，积极开展了各种形式的“技术大比武”“岗位大练兵”“素质大提高”活动，在历届比武大赛中，成绩显著，先后获得技术能手称号的员工共计27人次，其中8人次获得“枣庄市技术能手”，19人次获得“滕州市技术能手”称号；运输工区职工王开庆、机修工区职工张汝军分获枣庄市、滕州市“五一劳动奖章”。公司还对获得公司以上“岗位技术能手”称号的职工分别给予100～200元的技术津贴，通过这一举措，进一步激发了广大职工比技能、练绝活，争当技术标兵和能工巧匠的热情，促进了职工技能素质的提高。

(2) 加强班组安全责任建设，落实现场安全主体责任

班组长既是班组生产管理的直接指挥者和组织者，又是生产现场管理的第一责任人，对班组安全工作负有直接责任。因此，公司高度重视对“班组”这一最基层的单位和“班组长”这一最关键人员的管理。

● 健全班组安全责任体系。公司研究制定了《班组管理实施办法》，将136个班组分为生产、辅助、职能、服务4个类型班组，按照职能分别明确了基础、现场、安全、质量、技术等9项内容，赋予了班组长权力，明确了班组长的安全责任，有效地调动了班组长的积极性。

● 强化安全目标责任落实。公司本着“安全人人有责，层层抓好安全”的原则，将责任落实到岗位和个人，实行了全员按责任大小缴纳不同金额风险抵押金制度，采取了“个人保班组、班组保区队、区队保矿、以月保季、以季保年”的逐月累进递加形式兑现安全风险抵押金奖罚，形成了“联保互保”的风险抵押责任保证体系，使安全生产责任落实横到边、纵到底。

● 严把施工安全质量关。公司本着“谁施工谁负责”的原则，强化了现场安全质量管理，严格组织班组职工按照作业规程和质量标准施工。为严把施工过程中的安全质量管理关，公司在各班组设立了专职安全质量验收员，每班都安排一名跟班班长和验收员第一时间到现场监督检查工程质量，并对存在的质量问题，当天处理不过班，实在处理不完的，交由下一个班继续处理，直到完全符合质量标准为止。同时，实行工程质量责任标牌制，如巷道施工出了质量问题，公司将对照“责任牌”进行责任追究。掘进二班在巷道施工时因未按质量标准厚度喷浆，当班质检员在验收时并没发现质量问题，事发的当天被公司安全质量检查小分队发现，按照《工程质量奖罚办法》，对存有质量问题的掘进二班和当班验收员分别给予了500元罚款。由此，促进了矿井质量标准化水平的大幅度提升，进一步夯实了现场安全管理基础。

● 开展现场隐患排查工作。公司针对“煤矿事故大多是由于细节问题引起”的这一规律，坚持每班组织一次隐患排查，排查出的隐患和安全重点必须在当班安排解决，由每班的班长负责落实整改，坚持班排查、班治理，并填写《班组下井写实簿》建档登记，如当班不能解决的，当班班长可在现场交由下一个班长继续整改直到符合规程要求为准。做到了隐患不排除不生产，现场不安全不生产，防范措施不落实不生产。

● 有效地创建活动激励职工。公司坚持每月评选“三零”班组

（零违章、零事故、零缺陷）活动，并挂安全示范牌，每月评选一次，凡入选的班组，每次奖励500元；如连续获得示范牌3次以上的班，加倍奖励；年底入选按次数累计进入前10名的班，方能获得“十佳班组”参评资格；对连续3个月未获得一次安全示范牌的班组罚款2 000元。2009年以来，通过考核72个班组被评为“三零”班组，奖励资金3.6万元。各工区依照考核办法按月考核班组长，每月对最差一名班组长进行通报批评，连续两次或年内3次被通报的班组长，撤销其班组长职务，并取消其年度各类先进评选资格。同时，开展了“十佳班组长”评选活动，将“三零”班组考核结果作为年度评选“十佳班组长”的重要条件，通过抓“三零”班组创建和“十佳班组长”评选，使班组长的自发精神和团队协作意识明显提高，增强了班组成员的荣誉感、责任感和赶超意识，推动了班组安全管理水平的提升。

(3) 推行“六步骤”工作法，夯实现场安全管理基础

煤矿生产是一项实践性、创新性都很强的工作，特别是安全生产管理，需要做实做细。为此，公司在生产班组推行了“六步骤”工作法。第一步，由值班班长负责考勤，了解出勤人员思想动态，介绍上班工作情况和本班需要继续解决的问题，带领员工宣读誓词；第二步，在工作人员到达工作地点后，上下两个班的班长和安监员共同查看现场，进行现场交接班，当班班长再一次强调本班需要注意的安全问题，布置具体工作；第三步，当班班长检查本班工作地点、人员到岗情况，并由当班安监员在个人考勤簿上签字盖章；第四步，当班班长和安全员检查安全设施和机电设备是否灵敏、可靠，能否正常运行，签署是否同意使用意见；第五步，当班班长进行工器具的检查，签署是否合格、能否使用意见；第六步，当班工作完成后，由班长主持召开班后会，对本班任务完成情况及工程质量进行总结，并现场公布每位员工的当班得分，对存在的问题及未处理完的隐患经书面整理后交于下班。上述各个环节落实情况，班组长都要在《六步骤工作流程表》上签字，谁签字谁负责，谁承担相应责任。通过推行“六步骤”工作流程，使每位职工和班组长从上班点名开始到任务完成上井结束均在“六步骤”工作法的管理约束之下，确保了员工思想稳定，监管人员尽职尽责，设备运行状态良好，安全设施灵敏可靠，生产秩序井然有序，收到了较好的效果。

金达煤炭公司通过强化班组建设，夯实了安全生产基础，筑牢了安全生产防线，员工的安全生产意识得到了普遍增强，各类“三违”现象基本杜绝，推动了企业安全生产形势持续稳定。

12. 新兴煤矿发挥工会群众监督作用推进班组规范化建设的做法

贵州省贵阳市花溪区燕楼乡新兴煤矿是一家民营煤矿，创建于1984年，经过十几年的发展，已经从当年年产3万吨的小煤厂，发展成为年产15万吨的煤矿。现有员工237人，班组20个。

新兴煤矿自建矿以来，一直坚持依靠矿工办矿的理念，充分发挥工会对煤矿安全生产的群众监督作用，深入推进班组规范化建设，建矿25年来无重伤和死亡事故，多次获得全国、省、市、区安全生产先进单位称号，连续3年被评为全国“安康杯”竞赛优胜企业。

新兴煤矿发挥工会群众监督作用推进班组规范化建设的做法主要是：

(1) 建立管理机制，保障班组建设

新兴煤矿地处偏僻山区，地质情况复杂，灾害危害严重。虽然煤矿装备了液压支护、锚喷支护、刮板运输、视频监控、人员定位监控、瓦斯监控等设施，但是没有班组的落实，没有制度的保障，设备再好也保证不了安全，还必须依靠班组抓管理、抓运行，安全生产的目标才能实现。

● 建立完善安全生产管理责任制。由班组工会小组牵头，结合各班组实际，在充分讨论的基础上，依法依规制定完善了切实可行的《班组安全教育与培训制度》《班前班后隐患排查会议制度》《班组安全操作规程管理制度》《班组安全奖惩制度》《班组事故隐患排查制度》《班组事故统计报告制度》等18个制度，把安全生产管理责任制落实到班组，责任细化到班组成员。各班组还针对井下不同作业点的实际，制定了《生产安全事故应急救援预案》，并把对预案的演练形成制度、长期坚持，增强矿工“自救”本领。

● 建立完善安全生产目标责任制。由煤矿行政与各班组签订《班组安全生产目标考核责任书》，煤矿行政与煤矿工会签订覆盖到班组的《劳动安全卫生专项集体合同》，煤矿班组与班组成员签订《班组个人安全生产目标考核责任书》，将安全生产具体责任指标量化到班组、工会小组、岗位、操作环节、班组成员，并严格兑现考核奖惩。近3年共兑现安全生产奖励资金60余万元，2009年1—9月，有77人次因违章受罚4 970元。

● 建立完善安全生产督查责任制。为把安全生产工作沉到底、抓到位，防患于未然，新兴煤矿发动班组建立了《班组安全生产监督检查责任制》《班组劳动保护监督检查责任制》《班前班后安全生产隐患排查交底责任制》《日安全生产督查责任制》《周安全生产情况分析责任制》《月安全生产情况通报责任制》，并严格要求，狠抓落实。2009年以来，班组共排查出安全隐患86处，整改落实率100%。

(2) 推行民主管理，深化班组建设

班组安全生产民主管理，既是矿工最直接、最广泛、最经常、最有效的民主管理活动，又是筑牢群众性安全生产防线的最有效办法。新兴煤矿采取的措施主要是：

● 在内容上民主决策。围绕班组安全生产作业计划和指标及具体实施措施、班组安全生产及规范管理具体办法、班组长选举及其评议的要求等内容，结合班组实际，认真讨论，充分听取并吸纳班组成员有益意见，经大多数班组成员认可后实施；凡涉及班组成员切身利益的劳动纪律、奖惩办法等规章制度或办法，均提交班组全体成员无记名表决通过后实施，确保班组成员心往一处想、劲儿往一处使，实现齐心协力保安全的目标。

● 在操作上民主管理。新兴煤矿在工作中发现，《班组安全生产监督检查制度》仅仅是解决了安全生产“要我怎么做”的问题。于是，煤矿依靠班组工会小组建立了“班组劳动安全卫生群众监督组织”，由各班组成员分别民主选举2名经验丰富、责任心强的矿工担任班组劳动安全卫生群众监督员，并视其工作情况，每月给予100元定额和几百元甚至以上不定额相结合的劳动报酬，切实解决安全生产“我要怎么做”的问题。同时，充分发挥班组职代会小组、工会小组等群众性安全生产监督的优势，畅通“多数人管少数人”的安全生产渠道，依靠群众促进安全生产。2009年以来，班组成员、职工代表和群监员共提出安全生产合理化建议54条，采纳42条，改进生产操作工艺11项，产生直接经济效益40余万元。

● 在公开上民主透明。凡涉及班组个人收入及奖金分配办法，安全生产指标，当月班组成员完成安全生产作业计划指标，考勤、收入和奖惩结果，劳动合同、集体合同、劳动安全卫生专项集体合同等，全部透明公开，从而消除了班组成员之间的隔阂，化解了矛盾，理顺了情绪，使其一心一意谋求安全生产。

(3) 保障职工权益，推进班组建设

新兴煤矿始终把保障职工合法权益作为推动煤矿和谐发展的重要抓手，体现在班组建设中就是做到“四个坚持”：

● 坚持“三观察四必谈五必访”。作为零距离接触矿工的班组长和工会小组长，对矿工工作、生活、家庭及思想变化情况知根知底，其中一个采掘班在实践中摸索出了一套针对矿工“察、谈、访”的工作方法，并很快在全矿自发推广，对煤矿的安全生产起到了积极的保障作用。具体做法是：坚持观察矿工情绪变化、行为举止、健康状况，坚持矿工接受急难险重任务必谈、遇到工作困难必谈、出现工作失误必谈、取得工作成绩必谈，坚持矿工红白喜事必访、生病住院必访、家庭矛盾必访、重大困难必访、子女升学必访。

● 坚持落实矿工劳动及社会保障权益。落实矿工的劳动经济权益和社会保障权益，既是煤矿的法定责任和义务，也是深化班组建设的重要内容。操作上，由班组长逐一对矿工的相关信息进行登记造册，在班组公示核实无异议后上报矿里按规定兑现，同时接受班组每一个成员的监督，确保班组每一个职工的劳动报酬、休息休假、养老保险、医疗保险、工伤保险、失业保险等依法、及时、足额落到实处。目前，职工月平均工资收入达3 000余元。

● 坚持兑现矿工生活劳保福利。虽然是民营煤矿，但新兴煤矿始终认为，为矿工提供一个舒适的工作和生活环境，是保护煤矿利润源泉的明智选择。因此，煤矿陆续投入1 900余万元资金，用于兴建职工食堂、淋浴室、医务室、篮球场和有空调设备的职工宿舍、家属探亲楼，统一为每位职工免费发放棉被、床单，职工食宿全免费，按时发放工作服、毛巾、手套、肥皂、洗衣粉等劳保用品。同时，以班组为单元，把职工食宿管理纳入班组建设的内容，食堂炊事人员一律持证上岗，职工就餐、就寝实行准军事化管理；职工家属来矿探亲，由班组统一核实上报无误后，免费提供餐饮和“亲情房”；每天都有专业的跟班医务人员，随时为班组职工就医提供方便，对于确需到大医院就诊的，由班组长统一协调全力满足要求，做到小病不出班组，大病有保障；每年煤矿还专门拿出资金，支持班组工会小组开展健康向上、职工喜闻乐见的文体活动；对先进班组及优秀班组成员，每年节假日由班组组织其全程免费到国内外旅游。职工汤夕林的妻子来矿探亲后说：我们家夕林到新兴煤矿后，成了收入称心、工作安心、生活舒心、亲人放心的“四心（星）”级男人。

● 坚持学习培训。新兴煤矿始终秉承“学习培训”是职工最大福利的理念，不走过场，扎实抓好班组员工安全生产的素质提升工作。以省、市、区工会开展“安全生产大督查”活动和煤矿安全生产专项目标考核为契机，结合班组矿井实际，不断调整、充实和完善班组安全生产的各项规章制度；以班组“安康杯”竞赛活动为载体，通过组织班组矿工开展安全生产知识培训、技能比赛、“安全生产月”宣传教育和“参加一次安全生产技能比武，听一次安全生产知识讲座，开展一次安全生产事故警示教育，读一本安全生产好书”等“十个一”活动，并经常采取“请进来、走出去”等学习培训方式提高班组成员技能；以班组为单元组队参加省市煤矿工人技能大赛、预防煤矿瓦斯爆炸事故应急演练等活动，不断强化班组成员安全生产意识和提高自我保护能力。2006 年以来，煤矿开展班组安全生产知识培训达 68 期，培训班组长、群监员 360 余人次，培训班组矿工 4 800 人次。

(4) 聚集民俗资源，促进班组建设

新兴煤矿地处以苗族聚居为主、偏远落后的大山深处，近 70%员工是来自附近村寨的农民工，小学文化程度高达 54.6%，是煤矿安全生产最致命的隐患。为破解这一难题，新兴煤矿借地方民俗资源的方式，促进班组建设向纵深发展。

● 借“五老”资源。凡附近农村富余劳动力想到煤矿就业，班组长和工会小组长坚持走访，并多方面征求当地寨老、族老、老组长、老村长、老党员“五老”的意见，请他们帮助审查推荐，把游手好闲、好吃懒做、违法违纪、不守规矩等人员把关在外，从源头上消除安全隐患。为答谢“五老”的支持，并帮助弱势困难村民，逢年过节由班组长带领班组成员为其免费送煤上门，帮助他们解决生活困难。

● 借“亲朋”资源。由于地缘、血缘等原因，在矿上工作的员工与员工之间，不少存在着父子、兄弟、叔伯、姑表、同学、朋友等“特殊关系”。各班组充分利用这种既原始、朴素，同时又管用的相互监督、相互关照、相互提醒的“本能”责任和义务，引导、激励这种特殊的“亲朋”关系产生的“自发”监督和管理作用，实现班组职工对安全生产的群体性“自我约束”和“自我管理”。

● 借“师徒”资源。当地农村有两句俗话，叫做“严师出高徒”

和“一日为师终身为父”。各班组充分发挥这两句话的积极作用，深入开展班组安全生产一带一、一帮一的“师带徒”活动。新职工不足1年工作经验，不安排单独作业；有3年及以上工作经验，才能有资格选任正、副班组长和群监员。在传、帮、带活动中，实现了班组安全生产。

● 借“亲情”资源。各班组结合自身实际，定期或不定期邀请职工父母、妻子、儿女、兄妹等亲人到矿上与职工拉家常、叙旧事、话平安，并用班组工会活动经费为其亲人报销车旅费和发放“红包”，实实在在地深入开展亲情呼唤安全生产活动，让班组职工在感受天伦之乐的过程中，享受团圆的幸福，体会生命的珍贵，从而强化了班组职工安全生产意识，实现由“要我安全”向“我要安全”的升华。

煤矿企业强化班组安全建设做法与经验评述

我国煤矿大多属于地下开采的井工煤矿，井工煤矿危险性较高，因此煤矿采掘也属于危险性比较大的行业。煤矿井下作业工作场所潮湿、阴暗而且狭窄，地质条件、开采技术复杂，生产环节较多，受水、火、瓦斯、煤尘、顶板等多种自然灾害的威胁，不安全因素多。在煤矿从业人员中，农民工占有很大的比例，据统计，在全国约550万名煤矿职工中，农民工约占半数，主要在井下一线工作。因此，加强煤矿安全生产管理，强化班组安全建设，减少各类事故的发生，是煤矿生产中的一件大事。

(1) 煤矿企业井下存在的意外伤害分析

由于煤矿井下作业环境的复杂性和特殊性，存在各种各样的危险，例如瓦斯、火灾、水害等。为了防止职业危害，保护职工的身体健康，需要采取有效的措施进行保护，最大限度地消除劳动过程中危及人身安全和健康的不良条件，防止伤亡事故和职业病，保障煤矿职工身体的安全和健康。

煤矿井下存在的意外伤害主要有：

● 煤矿瓦斯灾害的伤害。瓦斯学名甲烷，矿井瓦斯是伴随煤炭生成的一种气体。在煤炭开采时，瓦斯会源源不断地向采掘空间涌出。如果瓦斯的压力较高，采掘工作接近这些地点时，瓦斯在压力的作用下就会突然大量涌出，造成爆炸事故。

● 煤（或岩）与瓦斯（或二氧化碳）突出的伤害。煤（或岩）与瓦斯（或二氧化碳）突出是指在地应力和瓦斯的共同作用下，在极短的时间内破碎的煤（或岩）和瓦斯（或二氧化碳）由煤体内突然喷出到采掘空间的现象，是一种严重威胁煤矿安全生产的主要灾害，不仅会破坏井巷，破坏通风系统，同时还会造成井下人员的窒息和瓦斯爆炸事故。

● 煤矿火灾的伤害。矿井火灾按照起火原因的不同可分为内因火灾和外因火灾。内因火灾是由于煤炭自燃引起的火灾，外因火灾是由外来火源引起的火灾。造成外因火灾的主要原因：由明火引起的矿井火灾，如井下吸烟、井下使用电（气）焊、井下使用电炉和大灯泡取暖等引起易燃物着火；由电气故障引起的矿井火灾，如电流短路产生的弧光、电火花、电缆放炮、设备过载运行导致设备发热等引起的火灾；由井下违章爆破引起的矿井火灾，等等。

● 煤矿水害的伤害。造成矿井突水的主要水源，主要有地表水、地下含水层、老空水、断层导水、岩溶陷落柱水等。矿井发生水灾事故的原因，归纳起来主要有三个方面，即自然因素、技术原因、人的行为。

● 煤矿顶板事故的伤害。顶板事故也被称为冒顶事故。矿山顶板事故是指由地压引起巷道和采场的顶板垮落引发的事故。顶板事故作为一种常见事故，不仅发生率高，而且在各类事故中所占比重最大。

● 煤矿爆破事故的伤害。井下爆破工艺主要包括打眼、装药、封孔、连线、爆破等工序。井下爆破引发的事故主要有：爆破崩人，跑烟熏人，爆破引起瓦斯、煤尘爆炸事故，爆破引起矿井火灾等。

此外，为防止炮烟熏人，爆破后现场人员不要顶烟进入工作面，一定要等炮烟吹净后再进入工作面工作，否则很容易造成炮烟中毒。

● 煤矿井下触电伤害。煤矿井下发生触电事故的主要原因：违章带电安装，带电检修，带电检查；不执行停送电制度，误停、送电；用电安全技术管理有漏洞，如设备及电缆漏电，保护装置失灵而没有及时修理或更换，等等。

● 煤矿窒息伤害。煤矿井下空气稀薄，氧含量低，同时在煤矿生产过程中，还会有许多有毒有害气体产生，这些气体不仅会使井下空气中的氧含量降低，易造成人的窒息和中毒，而且大多数气体还具有爆炸性。

● 煤矿粉尘的产生及危害。矿井粉尘又叫矿尘，它是煤矿在生产过程中所产生的各种细散状的固体颗粒，悬浮于空气中的矿尘称为浮尘，沉落下来的矿尘称为落尘。井下生产作业大多数都会不同程度地产生粉尘，如果不加预防长期大量吸入，会对职工的身体造成危害。

(2) 对煤矿事故发生过程和原因的分析

在煤矿生产过程中，由于井下生产作业环境存在的危险性，有时候不可避免地发生各类事故。如何能够避免事故，降低事故发生率，尽可能保证人员安全，是煤矿企业必须重视的问题。

在避免事故发生上，班组能够发挥积极的作用。班组成员在一起生产作业，在生产作业中遇到危险，遇到麻烦，遇到不明了的情况，如果班组长或者其他人员能够冷静分析，把安全放在第一位，那么，可能发生的事故就会避免；反之，不该发生的事故，可能就会发生。

下面来看几起事故发生的过程和原因，以及需要吸取的教训。

事例之一：执行规程走样造成的冒顶伤害事故

事故经过：

2000 年 8 月 2 日，四川某煤矿夜班人员进行生产。晚 22 时 30

分，当班工长组织召开了班前会，布置了当班工作任务，23 时人员入井作业。8 月 3 日 3 时 40 分左右，当班的职工伍某等三人推车进入碛头，然后伍某负责加固，其他人员负责装道心的工程煤。伍某在进行顶板加固时，既没有进行敲帮问顶，又没有恢复前探梁，导致空顶作业。在准备出工程煤的时候，顶板突然冒落一块巨大的矸石，将伍某、彭某压住，现场人员立即组织抢救，将石头搬开，把伍某二人救出。但是伍某因伤势过重，经抢救无效死亡，彭某受伤。

事故原因分析：

造成这起事故的主要原因：一是队级管理人员贯彻执行《作业规程》不力，对放炮前回缩前探梁等习惯性违章熟视无睹；二是现场操作人员没有认真进行敲帮问顶和正确使用前探梁，在没有处理事故隐患的情况下盲目进入碛头冒险作业。

事例之二：违章空顶作业导致煤矿顶板冒落伤亡事故

事故经过：

2004 年 2 月 25 日，某煤矿当班班长邱某向出勤的 14 人交代了当班工作任务（进班上割），并对机组人员作了分工。人员达到现场后，开始向上割煤，作业一段时间后，由于跟机工姚某违章空顶作业，掺打跟机支柱时，顶板冒落打伤其头部，经抢救无效死亡。

事故原因分析：

造成事故的直接原因，是跟机工姚某未严格按《作业规程》关于割煤机过破碎带的有关规定，违章空顶作业，结果顶板冒落导致死亡。造成事故的间接原因，是当班班长邱某未按规定待机掺打、补打支柱和处理安全隐患，仍然违章组织生产。此外，班组在生产过程中，重生产轻安全，职工安全意识淡薄，自主保安和互助保安意识差，也是造成事故的原因。

事例之三：作业班长麻痹大意导致的意外伤害事故

事故经过：

1997 年 7 月 31 日，山西某煤业集团五矿准备队班长张某，带领工人在井下工作面拆架。当班计划拆除49号、50号架。约14时左右，将49号架拆除后，张某组织人员拆除50号架。安排两人用单体柱辅助往外顶支架，让另一个工人躲在架旁隐身柱边，而他却麻痹大意，仍然坐在原位置观察50号架。当支架顶出40厘米左右，张某说："架拉出来了！"话音未落，拴在50号架前梁上的锚链连接环被拉断，回柱机钢丝绳钩头甩回，打在张某头部和左前臂上，由于颅脑重度损伤，张某不幸当场死亡。

事故原因分析：

造成事故的直接原因，是张某作为班长，安排其他人员躲在安全地段，而自己在明知有危险的情况下，却坐在了50号架前梁下，置身于危险之中，自主保安意识不强，以致锚链连接环被拉断，钢丝绳钩头甩回伤及本人。造成事故的间接原因，是管理人员对现场管理和安全教育不到位，在拆架条件不足，原定措施在现场无法执行的情况下，班组擅自改变拆架工艺，采用单体柱辅助顶架，回柱机直接调向的方法，但又未制定相应的安全措施。

在煤矿生产中，由于煤矿井下作业环境的复杂性和特殊性，具有很大的危险性，如果作业人员不注意安全，违章作业，就容易导致事故的发生。从白国周的事迹中可以了解到，白国周秉承安全第一理念，执守安全管理制度，任何情况下都把安全生产放在第一位，坚决做到不安全绝不生产。在22年的工作实践中，他不仅自己没有一次违章，而且还主动帮助工友增强安全意识，也因此成为煤矿安全的典范和基层班组长学习的楷模。所以，班组在煤矿生产中，一定要把安全生产放在第一位，一定要坚持执行必要的制度，如敲帮问顶制度、验收支架制度、岗位责任制度、金属支架检查制度、交接班制度、顶板分析制度等，注意做好安全预防、安全管理工作，这样才能防止和减少事故的发生。

(3) 班组在避免事故发生上的作用

班组在生产第一线，容易发生事故，与此同时，也能够避免各种事故。能否避免事故，关键在于班组长和班组成员是否具有很强的安全意识，是否具有扎实的安全知识和较高技术能力。许多事故征兆出现的时候，由于班组成员之间的相互提醒、相互关照，便可化险为夷，保证了人员的安全。所以，在遇到困难、遇到危险的时候，有没有班组骨干，能不能做好安全防范工作，结果是大不一样的。

下面来看几个由于班组成员之间相互关照、化险为夷的事例。

事例之一：危险来临时培训知识救了我们的命

发生在2004年2月26日的事情让我这一辈子都忘不了。从那以后，我更加感觉到了知识的重要性，在关键时候，知识可以救大家的命！

当时，我才参加工作半年，当天被安排上中班。来到北1823初采工作面，采面长92米，煤厚3米多，地质条件看起来很好，进班采机由距机28号液压支架往机尾割煤，煤壁煤炭整体推进正常。带我的徐师傅安排我撮浮煤。工作过程中我听到煤壁顶板上方发出“嘎嘎”的声响，开始，我还以为是割煤机器声，没有在意，但后来声响越来越大了，我就想起了进矿时培训老师讲过：“凡采高超过3米或片帮严重时，液压支架必须有护帮板，防止片帮伤人；如果有异常声响，应立即停止作业。”当时种种迹象都跟培训老师讲的情况很像。我越来越害怕，想马上告诉徐师傅让大家离开，可是又怕是自己经验不足会闹出笑话。可是，想到这可是人命关天的大事，大家的生命可比我的面子重要多了，于是赶紧跟师傅说了我的担心。师傅听了我的建议后，自己又细心地观察了周边的情况，立即下令停了割煤机，撤出人员。不一会儿，“轰隆”一声巨响，一起重大的冒顶垮塌事故发生了。还好大家都已经撤出来了。虽然这次事故没有伤人，但还是给我们带来了教训和启示，今后在工作时，一定要遵守操作规定。若工作面采高过高，支架要及时支护，收集工作面顶板压力变化基本参数和掌握周期来压基本规律，防止冒顶事故的

发生。（张长江口述，陈莲整理）

事例之二：班长关键时刻一句话保全三个人

刘文炳是重庆能投集团渝阳煤矿掘进三队丙组三班员工，1988年参加工作后，一直从事掘进工作，曾经担任过十几年班长，对工作现场存在的安全隐患、质量标准化工作了如指掌，有着丰富的掘进经验。

2007年12月21日中班，掘进三队丙组三班当班出勤8人，4人负责回撤所有设备和材料，其他员工负责切割巷放顶作业。全班员工到达作业现场后，立即分工作业，负责放顶作业的3名员工做好放顶前期准备后，开始用长钎子进行撬顶。由于顶板破碎，放顶一层接一层，整个顶板开始大面积掉矸，3人始终找不到顶，仍然用钎子继续找顶。但是他们不知道，危险正一步一步逼近，一场垮顶事故即将发生。就在此时，刘文炳从回风巷碛头出来，看见3名员工放顶位置四周顶板掉矸严重，与以往情况不一样，他凭着多年的掘进工作经验，判断出可能会有险情发生，立即上前劝阻，“立即停止作业，退出去观察一段时间再放顶。”于是，大家撤到进风斜坡的安全位置处，观察和等待顶板变化情况。大约过了20分钟，放顶区掉矸趋势更加剧烈，“轰隆”一声，整个顶板瞬间全部垮塌，产生的冲击气浪夹带着煤尘顺着巷道冲出，整个巷道顿时尘烟弥漫。刘文炳见此情景，喊了一声：快撤。4人快速沿着岩石轨道撤出。幸亏刘文炳的一句话，避免了一起垮顶伤人事故的发生，也挽救了现场三名工友的生命。（邓翠）

从发生事故与避免事故两个方面来看，提高员工操作技能，加强班组安全建设，培养一支安全意识强、技术水平高的员工队伍非常重要。有安全意识强的班组长，有技术能力强的员工，就能及时发现危险，避免事故；反之，事故就难以避免。因此，煤矿企业推进班组安全建设中，要注重实效，不要图虚名走过场。脚踏实地加强班组建设，经过一段时间的努力，必然会取得成效。

（二）冶金有色金属企业强化班组安全建设的做法与经验

13. 莱钢集团公司创建学习型班组促进班组安全建设逐步完善的做法

莱芜钢铁集团公司始建于1970年1月，是拥有总资产620亿元、产钢能力超过千万吨的特大型钢铁联合企业，2009年与济南钢铁集团公司联合组建为山东省钢铁集团公司。莱钢集团所属有25家子公司，职工3.9万人，先后获得“全国质量管理先进企业”“山东省管理创新优秀企业”“山东省AAA级信誉企业”等荣誉称号。

莱钢公司从1985年开始，就把班组建设作为企业管理的重要基础，常抓不懈，促进了班组建设工作的逐步完善和不断提高。2002年，基于对学习型组织理论的理解，公司提出创建学习型企业的愿景之后，开始了创建学习型班组的实践，并取得了显著的效果。

莱钢集团公司创建学习型班组促进班组安全建设逐步完善的做法主要是：

(1) 导入理念，强化培训，奠定思想基础

为了使职工尽快接受并熟悉学习型组织理论，莱钢公司从加强培训入手：一是积极组织职工参加学习型组织理论培训班、五项修炼、心智体验训练、品格提升培训、参观交流等多种活动，引导职工全面地学习和体验学习型组织的基本理论，形成了真信、真学、真用的氛围，培养了一批自己的培训师，开发出“品格训练”和“心智体验”课，运用“体验”和“互动”等开放形式，使参与者在整个培训过程中都成为主角，在活动和讨论中共享学习成果，有效激发了员工参与培训的积极性，从而也使得学习型组织理论迅速普及。目前，学习型组织基本理论和品格提升培训已基本覆盖全员。二是进一步加强对班组长的培训。在进行理论培训的同时，组织开展交流、参观、考察等活动，以提高认识，拓展思路，增强能力，使班组长真正成为学习型班组创建的合格带头人和积极推进者。

(2) 抓住关键环节，明确创建思路

莱钢公司结合创建学习型企业的要求和班组建设的实际，深刻认识、把握“学习是基础、改善心智模式是关键、创新是核心、持续发展是目的”四个关键环节。

● 学习是基础。就是引导职工树立新的学习理念，坚持学习工作化，工作学习化，把本职工作当做事业来追求，当做学问来研究，将传统的技术攻关、项目实施以及讨论、交流、总结等活动升华为团队学习，把班组岗位变成职工学习的课堂。

● 改善心智模式是关键。就是从改善职工的心智模式入手，引导职工树立“不归罪于外”“不自我设限”等先进理念，改善传统思维方式，培育积极心态，带动思维方式、管理方式和工作方式的转变。

● 创新是核心。就是通过普及“人人可创新，事事可创新，时时可创新；创新存在于细节处，创新存在于问题中”等新理念、新思想，在班组工作实践中广泛推广应用创新方法，提高职工创新技能，挖掘创新潜能，提升班组整体创新能力。

● 持续发展是目的。就是提升班组整体工作水平，努力把班组培育成为凝聚力、战斗力强的团队，引导班组创出一流的工作业绩，促进班组及其成员与企业共同持续发展。

(3) 搭建平台，丰富载体，推动创建工作全面展开

● 搭建愿景平台。在班组成员建立个人愿景的基础上，结合班组目标任务，共同建立班组的团队愿景，使建立愿景的过程成为将个人目标与组织目标有机融合的过程。在此基础上，明确班组的使命、价值观，与贯彻落实企业文化相结合，进一步形成和不断发展成员共同认可、具有班组特色的文化，班组凝聚力得以提升。在日常工作中，激励班组成员不断对照愿景检视个人和班组的工作、学习情况，并及时采取改进措施，保证全班组向着实现班组愿景的目标而共同努力。

● 搭建学习平台。营造学习氛围，拓展学习内容，丰富学习形式，形成了“每日一题”“反省周记”“连动学习”“互动式学习”“班组周点评”“深度会谈”“成果共享会”等形式多样的学习形式。坚持技术比武、岗位练兵不间断，形成了岗岗练、层层比、人人学的局面。

● 搭建创新平台。相继出台了《莱钢先进操作法管理办法》《关于进一步规范合理化建议的实施意见》和《莱钢群众性经济技术创新工程实施意见》等，为职工开展创新活动提供了政策依据。

● 搭建自主管理平台。制定下发了开展班组自主管理的实施意见，强化班组自主管理意识和能力。以“全员成本核算、全员安全管理、全过程质量控制、全面现场管理、全方位的思想政治工作”为主要内容，开展班组自主管理，实现了班组建设从“要我抓”到“我要抓”的转变，形成了事事有人管、人人都管事的局面。

● 搭建共享平台。每年召开学习型班组建设研讨会、班组长座谈会、现场交流会、优秀班组长讲座等，发现和推介典型，相互学习和交流，实现创建经验的共享。

(4) 制定标准，完善机制，促进创建工作的健康发展

莱钢公司在认真调研的基础上，把创建工作的各项具体任务抽象为可比较、可量化的目标和指标，建立考核标准，为班组指明了努力方向。2002 年，制定下发了《关于开展创建学习型班组活动的实施意见》，提出了学习力、创新力、自主管理能力和凝聚力的“四力”要求，又形成了《莱钢学习型班组评审验收标准》。2007 年年初，随着创建工作深入开展，公司制定了从建立愿景体系、学习体系、创新体系、管理体系四个方面入手新的学习型班组考核评价要素指标，推动了创建工作的持续改进和不断发展。

(5) 注重实际效果，不搞统一模式，给予班组更多的空间

莱钢公司创建学习型班组没有将这项工作与企业中心工作相脱离，不是把它作为游离于企业实际工作之外的独立的活动，而是坚持创建工作不搞形式，不拘泥于固定模式，在集团公司工会的统一部署下，各单位结合各自实际，发挥自身优势，赋予自身特色，保持了创建工作的生机与活力。

● 重视引导广大员工充分认识创建学习型班组的重要意义，激发班组和班组成员的自觉自发意识，真正产生开展创建工作的主动性和积极性。

● 重视激发班组的自主创新能力，引导广大班组把解决实际问题作为创建工作的切入点，在应用学习型组织基本理论分析现状、找出不足的基础上，设计和创新符合本班组实际、为班组成员接受的创建载体，并投身创建实践。

● 发挥典型的示范带动作用，培养和树立了以姜立松班为代表的一批“AAA”级学习型班组典型，并在全集团公司广泛宣传推广他们的创建经验和事迹，营造了学先进、赶先进、当先进的氛围，促进广大班组的共同提高。

莱钢公司在学习型班组创建过程中，通过不断总结经验，反思不足，积极探索和研究创建工作规律，推动了整体创建水平不断提高。公司每两年召开一次学习型班组推进会议，总结工作，查找不足，制定整改措施，并明确下一阶段的创建思路和重点。此外公司工会每两年举办一次学习型班组大赛或学习型班组长大赛，通过班组文化展示、班组管理创新成果展示、讲述班组故事、班组知识竞赛等，展示交流各个班组的创建成果和基本情况，进一步激发了广大班组的创建热情。（田克宁）

14. 杭钢集团公司工会构建和谐企业文化推进班组安全建设的做法

杭州钢铁集团公司创建于 1957 年，目前已经发展成为一家以钢铁为主业、多元发展的大型企业集团，拥有全资及控股子公司 37 家，具备 400 万吨钢的年生产能力。现有职工 1.69 万人，总资产 290.72 亿元。公司先后荣获“全国文明单位”“全国精神文明建设工作先进单位”“全国企业文化建设优秀企业”等荣誉称号。

近年来，杭钢集团公司工会在企业文化建设过程中，把培育高效能的班组团队作为工作的追求目标，通过开展“创建学习型组织，争做知识型员工”活动，将企业文化植根于班组，创新班组文化建设，努力构建和谐的企业文化。5 年来，先后评比表彰了“学习型班组创建奖”65 个，“知识型员工”60 名。通过文化建设推进班组建设，收到了很好的效果。

杭钢集团公司工会构建和谐企业文化推进班组安全建设的做法主要是：

(1) 建立学习和创新文化，提升班组创新力

杭钢集团公司工会认识到，把班组安全建设工作纳入到企业安全文化建设和安全管理的总体格局中，形成齐抓共管的局面，需要建立班组学习和创建文化，提升班组的创新能力。

● 营造学习和创新的氛围。首先，在班组普及“学习工作化，工作学习化”“人人可创新，事事可创新，时时可创新；创新存在于细节处，创新存在于问题中”的理念，以提高员工学习的主动性和创新的自信心。其次，根据不同层次员工的需求，结合各阶段的学习和工作重点，制订学习和创新计划。通过组织员工学习管理创新技巧和新技术，克服思维定式，促进直觉和灵感等非逻辑思维的形成。最后，班组内建立互动式的过程学习和创新模式，通过学习寻找解决生产和工作中难题的办法，提高员工的学习、创新能力和解决实际问题的综合能力。

● 丰富学习和创新的形式。在学习形式上，运用“头脑风暴法”，重视班组成员无限制的自由联想和讨论；在创新实践中，学习运用“移植法”，即将一个领域中的科学技术或者方式方法应用到另一个领域中的构思方法，从而为班组工作和生产创新带来突破性的进展。同时，围绕生产、安全、质量、节能减排、降水增效和经济技术创新指标，在班组内部形成“问题管理法”，把“问题”变成班组成员技术和工作创新的源泉，发掘蕴藏在员工中的积极性和创造力。

● 拓展学习和创新的空间。班组将岗位练兵、技术比武、先进操作法、技术攻关和项目施工等，升华为团队的学习和创新活动，拓宽在生产一线解决技术和工艺难题、开展技术创新的空间。引导组员立足岗位学习新知识、掌握新技术、钻研新本领、创造新技法、推出新产品，使班组成为企业自主创新的细胞。同时，班组建立知识、技能共享和技术创新的平台，实行“组员轮流带班制”“自学互助小组”等，使组员既掌握岗位技术理论和班组管理知识，又掌握先进操作技能，成为一专多能的技能人才。

(2) 推行制度和行为文化，提高班组自主管理能力

企业要实现安全发展，离不开班组的自身安全，因此，需要把班组安全建设作为企业生存和发展的根基，充分发扬职工群众的首创精神，激发职工的积极性、主动性和创造性，提高班组自主管理能力。

● 完善班组管理制度。结合工作实际，建立和完善班组自主管理的制度和程序。在建章立制过程中体现以人为本的思想，适应现代人受尊重和自我实现的高层次心理需求，通过明确组员应当遵守的规章制度和担负的责任，以及相应的权利，增强组员的全局意识和岗位责任，调动班组成员参与管理的自觉性、积极性和创造性，改变班长一人管理班组的状况，从而提升班组的管理绩效。

● 增强班组凝聚力。班组成员各有所长，也各有不足，班组秉承互助、共进的理念，通过开展自主管理，使用得当的方法，把各自的优点传授给其他成员，努力克服存在的问题和不足，使优势互补。班组内部建立起平等和谐的关系，在提高个人能力的基础上，发展班组成员的整体搭配，从而成为一个愿意为了共同的业绩目标、能相互承担责任的有竞争力的团队，使班组充满生机和活力，不断增强凝聚力。

● 注重班组长作用。一是抓好班组长的选拔、培养和教育工作。在选聘中，实行民主推荐、组织选聘或竞争上岗、3～5年任期目标制等。在教育中，注重班组长观念的更新，从传统的“指挥官”转变为能担负起学习、设计、指导和服务职能的班组管理“领头羊”。二是不断提高班组长综合素质，使其具有技术专长和人格魅力，以及运用知识解决班组实际问题的能力。三是班组长关心组员的思想、工作、生活与健康，为组员提供安全、文明、有序的生产环境，不断优化班组的工作环境。

(3) 培育“家”文化，打造一支优秀团队

加强班组建设是提升企业凝聚力和竞争力、实现企业现代化管理和自我发展壮大的客观要求。班组是员工从事劳动、创造财富的直接场所，员工在企业中的作用首先在班组中体现出来。因此，只有班组建设的水平提高了，企业才能充满生机和活力，这就需要培育员工的“家”文化，建设优秀的班组团队。

● 加强班组民主管理。班组文化注重民主管理制度建设，增强“企业是我家，我是主人翁”的理念。班组通过班委会、民主管理会、班务公开、员工论坛，以及班组职工代表向全体组员汇报制等行之有效的载体，及时向员工传达公司、生产厂、车间涉及员工切身利益的重要内容，并了解和掌握员工思想状况，注意倾听和反映意见与建议，切实做好员工思想工作，畅通民主管理渠道，架起企业与员工之间沟通的桥梁，保障员工的知情权、参与权、表达权和监督权，从而以劳动关系和谐、员工队伍稳定促进企业和谐发展。

● 加强班组内的沟通。结合组员个性特点，建立正式沟通渠道，如班前班后会等会议制度、团队学习等交流共享制度、家访谈心等思想工作制度。同时，班组也建立班长与组员，以及班组成员间的直接交流沟通渠道，形成组员之间相互理解、相互关心的氛围。在班组内既建立一人有难，大家帮助的和谐人际关系，也形成倡导和支持员工积极参加文化、体育及社会公益活动的鼓励机制，从而强化团队的家庭感，增强班组成员对集体的归属感和荣誉感，以及社会责任感。

● 加强“工人先锋号”创建工作。创建活动向班组的拓展和延伸，为班组文化建设注入了新的内涵和动力。班组在“创建”活动中，与学习型班组建设、争先创优劳动竞赛等工作紧密结合，制定量化考核指标，使各项活动融会贯通，提升整体水平，发挥整体效应。班组以创建“工人先锋号”为目标，以创一流工作、一流服务、一流业绩、一流团队为共同愿景，使“工人先锋号”活动成为班组引导员工的有效载体，最大限度地激发员工劳动热情和创造活力，在推动企业创新发展、和谐发展中打造优秀团队，创建先进文化，起好示范引领作用。（王健）

15. 马钢公司第一能源总厂夯实标准化工作加强班组安全建设的做法

马鞍山钢铁公司（以下简称马钢公司）是我国特大型钢铁联合企业和重要的钢材生产基地，其前身是成立于 1953 年的马鞍山铁厂，1998 年改制为马钢（集团）控股有限公司。现具备 1 600 万吨钢配套生产能力，员工近 6 万人，总资产 761 亿元。近年来，马钢公司先后荣获“全国五一劳动奖状”“全国模范劳动关系和谐企业”“全国质量效益型先进企业”等荣誉称号。

马钢公司所属第一能源总厂，近年来本着“抓基层、夯基础、谋发展、促和谐”的整体思路，以“建一流队伍，创一流班组，育一流员工”为目标，从夯实标准化基础工作做起，不断加强班组建设，全厂上下一盘棋，有效地推动了班组建设的快速、稳定、和谐发展。

马钢公司第一能源总厂夯实标准化工作加强班组安全建设的做法主要是：

（1）抓安全，把好班组建设第一关

企业的安全生产必须从班组抓起，因此班组是企业安全生产的第一关。总厂在开展班组管理过程中首先从班组员工的安全意识入手，改变员工有可能出现的麻痹大意思想。为此，每个班组要坚持开好班前会，结合生产作业状况，对照“班前会安全提示要点”，明确施工重点和注意事项，做到安全提醒不落项，及时给上岗职工筑起一道“防火墙”；坚持每周一次班组安全警示会，用事故案例警示员工时刻注意安全、珍惜生命；坚持每个工程项目结束后召开安全总结会，对生产管理过程中出现的“三违”现象，人人敢揭短、人人谈危害。持之以恒的安全教育，使员工都养成了“想安全事、说安全话、干安全活”的良好职业习惯。

(2) 抓规章，实现安全生产的保障

科学健全的规章制度是实现安全生产的保障。总厂把落实安全制度的执行情况作为考核班组及职工的标准，并制定出相关的安全管理条例，将安全要素分解到岗位，各项安全管理责任落实到个人，为安全生产提供了标准和依据。工作中，他们注重发挥班组长、安全员和工会劳动保护检查员的作用，严抓各项安全制度和标准的落实情况，要求职工上标准岗、干标准活，进一步增强班组长抓好班组安全工作的主动性和责任感，持之以恒地开展“安康杯”“青安杯”竞赛及“党员身边无事故，党员身边无违章”的“两无”活动，使“三违”现象和习惯性违章得到了有效遏制。

(3) 抓管理，设置绩效考核关

为了充分发挥班组职工创效的积极性，总厂按照岗位责任和工作量的大小，对检修岗位实行分岗位计分式量化管理，对运行维护岗位实施“操作无事故”考核和“千次操作无差错”劳动竞赛，奖优罚劣，真正体现责任、贡献与收入挂钩。同时，他们鼓励班组针对生产中遇到的各类问题建立 QC 攻关小组，开展小发明、小创造和小改小革及合理化建议等活动，总结提炼先进操作法，持续改进生产工艺，并在总厂进行广泛推广和应用，极大地提高了工作效率。

为了激发班组的工作热情和干劲，总厂相继开展了“达标创优增效”和检修单位的“保工期、保质量、保安全、保效益”及班组建设升级竞赛等形式多样的劳动竞赛活动，以班组为单位，建立劳动竞赛评比机制，加强班组管理的过程考核，对优胜的班组予以相应的物质奖励，并将考核结果作为班组升级竞赛的评比依据，予以冠名标杆、模范、先进和文明四个等级的奖励，极大地促进了每位职工奋勇争先、勇创一流的热情。

(4) 抓培训，人人要过素质关

通过长期有效的培训，不断提升班组的整体战斗力。作为企业发展的最前沿，员工的操作技能极为重要。为此，总厂以班组为单位，既把班组作为职工学习专业知识的培训基地和“充电器”，又当成职工技能提升的“孵化器”，并结合生产节奏快、学习时间难以保证的实际，坚持“三学”，即班前学、班后学、工余时间学。他们聘请专业技术人员或技师，以案例教学的方式，组织职工进行集中培训；对不在岗位的职工，班组通过开展“一日一题”和“一对一”活动组织职工进行互动学习，并给青工压担子、交任务、签订岗位师徒合同，开展“名师带高徒”活动，使青工尽快成为岗位技术能手。

为了增强培训的针对性和实效性，各班组坚持训练内容在岗位上查找、技能演练在岗位上进行、学练效果在岗位上体现，积极开展岗位大练兵活动，不断提高职工的岗位技能和操作水平。同时，他们充分发挥制度的激励约束功能，将职工考试成绩纳入奖金考核，促进职工学技术、练技能、强本领的自觉性。

把好班组建设四个关口，使马钢第一能源总厂的班组建设水平得到了极大的提高，为企业实现又好又快发展找准了支点。总厂在全力激活企业班组活力的同时，不断增强其完成生产经营任务和提高经济效益的能力，使企业的管理水平不断上升，营造了和谐发展的良好局面。(朱宇明)

16. 本溪钢铁集团公司开展创建学习型班组塑造创新团队的做法

本溪钢铁集团公司（以下简称本钢公司）是始建于1905年的全国最老的钢铁企业，改革开放以来，经过不断改造，现在已经发展成为具有年产2 000万吨铁矿石、700多万吨铁镁精粉、1 200多万吨生铁、1 200多万吨钢等能力规模，生产装备技术跻身国内先进水平的特大型钢铁联合企业。现有员工6.6万人，下设13个主体生产厂，16个全资子公司，2个控股公司，4个改制参股子公司。

本钢公司自2003年以来，开展了创建学习型班组工作。学习型班组进一步将员工的发展与企业的发展密切结合起来，将组织学习与实现共同愿景、体验人的生命意义密切结合起来，为推动企业的持续健康发展提供了持久动力和智力支持。公司自开展创建学习型班组以来，通过倡导“工作学习化，学习工作化”的工作学习观和“终身学习”的理念，完善制度，健全机制，丰富载体，使创建工作不断发展完善，塑造了许多“创新团队”，并且推动了班组的安全建设工作。

本钢公司开展创建学习型班组塑造创新团队的做法主要是：

(1) 理论联系实际，积极推进创建学习型班组工作

创建学习型班组是本钢公司组织围绕中心、服务企业大局的一项重要举措。要使创建工作产生良好效果，必须加强过程控制，保证方向的正确性，方案的可行性和方法的科学性。本钢公司在创建学习型班组工作中，注重过程，强调理论联系实际，使创建工作能够扎实有序进行。

● 通过理念的引入，实现学习型组织理论原理、方法与本钢公司实际有机结合。通过制订科学合理的创建方案，确保创建的方向性，阐述创建学习型班组的重要意义及所要采取的措施，使职工清楚地知道为什么做、做什么以及怎么做，从而产生内动力，保证创建工作不流于形式。

● 采用目标引导、选树典型、研讨交流等方式，及时推广创建学习型班组中的典型经验和好的做法。本钢公司鼓励基层单位和班组进行各种有益的尝试和探索，把握方向，但不设限制。基层单位涌现了很多好的做法，很多典型经验和做法被汇编成册，予以推广。

● 坚持把自身的探索实践与学习借鉴兄弟单位的经验做法相结合，通过总结反思、持续改进，使创建工作条理清、任务明。本钢公司每年召开“创建学习型班组，加强班组建设”工作推进会或现场会，总结工作中的经验、问题和不足。针对问题和不足，组织干部职工到兄弟等单位考察学习。另外，组织开展了班组长知识竞赛和竞聘班组长的工作试点。

● 以创建学习型班组为基础，大力推进“五型”班组建设，探讨研究创建学习型班组和创建“五型”班组的关系，使之互为条件、互相渗透、互相促进。同时分别设立学习型班组和“五型”班组创建考核标准，全面推进班组建设工作。

(2) 系统运作，采取“三位一体”方式创建学习型班组工作模式

通过几年来的工作实践，本钢公司逐步摸索出“三位一体”创建学习型班组工作模式。即在理论上注重消化理解吸收学习型组织理论原理，在公司层次上逐步建立并完善创建机制和工作制度，在班组层次上建立和完善学习型班组的支撑体系，三者互动，共同为创建工作提供强有力的保障。

具体内容：一是注重理解和融合学习型组织的“五项修炼”（自我超越、改善心智模式、团队学习、建立共同愿景、系统思考）。其中，学习是基础，改善心智模式是关键，创新是核心，持续发展是目的。自我超越和改善心智模式通过帮助员工建立和实现个人愿景得以实现。二是建立完善活动领导机制、日常工作机制、激励和约束机制，保障创建工作顺利开展。对创建学习型班组工作的组织领导做到党政工领导全面重视，在创建活动中切实担负角色、履行职责。在日常工作中强化监督检查，适时进行表彰奖励。三是架构学习型班组的四个支撑体系（愿景体系、学习体系、自主管理体系、创新体系）。建立引领班组及成员共同成长的愿景体系，能够反思、反馈、共享的学习体系，依托愿景形成的有自主管理意识和自主管理能力的自主管理体系以及促进班组发展、进步、超越的创新体系，使创建工作系统化、科学化。

对创建学习型班组工作，本钢公司从理论上进行澄清，从制度上进行规范，从体系上清晰划分，形成了一整套比较完整的创建模式。同时在日常运行管理中注重强化整个创建系统的 PDCA（计划—实施—检查—改进）闭环控制，使创建学习型班组工作绩效得到持续改进，创建学习型班组工作得到持续稳步发展。

(3) 继承与创新有机融合，保证创建工作的连续性

本钢公司是一个具有百年生产和发展史的企业，有很多宝贵的经验和深厚的文化底蕴，有很多好的做法在创建学习型班组工作中得到了传承和发扬。在传统优势上，本钢公司进一步丰富群众性学习活动载体，构筑职工学习平台。针对不同层面职工群体特点，加强教育培训阵地的建设，充分利用技师学院、培训中心、培训机构、职工之家等阵地，设计专业培训、多种专业技能培训等活动载体，吸引职工群众广泛参加。通过学校教育培养、企业岗位培训、个人素质提高等方式，加快高技能人才培养。按照企业人力资源的发展要求，面向基层，立足班组，大力开展技术创新、岗位练兵、技术比武、技能竞赛等活动，推动企业重视并加强职工技能训练，调动广大职工获取知识、更新知识、提高技能的积极性、主动性和创造性。同时加强班组文化建设，鼓励班组建设学习文化、创新文化、安全文化，将创新意识融入班组日常工作的方方面面，变成鼓舞学习和创新的班组标志、班组格言、班组共同愿景，实现班组文化与创建工作的完美结合。

本钢公司探索和加强班组学习方面的研究。各班组制定了切实可行的班组学习长远规划、近期目标、实施办法和保证措施，坚持每日一题、每周一课、每月讲评。深入开展拜师学艺、兼工种作业活动，结成师徒对子、互学对子，签订师徒合同、互学合同。采用一事一议、一事一学、互动式学习、反思式学习、交流式学习、讨论式学习、团队式学习等有效方式，使职工达到“精一会二学三”的目的，从而形成在班组管理上人人参与、学习上人人为师、工作上人人进取的良好氛围，同时把企业当前重点工作有机地融入创建学习型班组工作中。在班组中大力开展“节能降耗，挖潜增效”劳动竞赛活动，把“是否通过学习提高技能，开展自主创新，达到节约增效目标”作为公司级学习型标杆班组和模范班组考核标准之一，把创建学习型班组的着力点放在班组技术创新上，通过技术创新，实现降低生产成本的目的。鼓励职工发挥聪明才智，开展发明创造、技术革新和修旧利废等活动，人人争做技术能手、人人争当节约标兵。这样既实现了管理内容上的创新，也实现了管理效果的突破。

创建学习型班组工作是企业持续发展的希望工程。只有以科学理论为依据，立足实际，不断地探索研究工作方式和方法，创新工作内容，创建学习型班组工作才能得到持续健康发展，才能在创建学习型企业中尽显优势。（于清波）

17. 攀钢集团公司把班组建设作为提升企业核心竞争力基础的做法

四川攀钢集团有限公司（以下简称攀钢集团）于 1965 年春开工建设，目前已形成年产铁 830 万吨、钢 940 万吨、钢材 890 万吨以及其他产品的综合生产能力。攀钢集团的经营理念是：诚信；让顾客满意，让职工满意，让社会满意。为用户创造价值，让用户满意；企业创效，职工增收，让职工满意；守法尽责，造福社会，让社会满意。

近年来，攀钢集团深入贯彻落实科学发展观，坚持以人为本，把班组建设作为提升企业核心竞争力的重要基础，作为实施企业战略管理的重要内容，积极探索新方式、新方法和新途径，加强了班组建设，促进了企业发展。

攀钢集团把班组安全建设作为提升企业核心竞争力基础的做法主要是：

（1）高度重视，明确目标，加强班组控设的领导

班组的好坏，不仅影响着企业的总体管理水平，也直接决定了企业的各项安全管理措施是否落到了实处，安全管理能否收到效果。因此，作为企业领导和管理部门，必须高度重视，明确目标，加强班组的领导。在推动班组建设上，攀钢集团采取了这样一些措施：

● 深入开展班组调查研究工作。由集团公司工会、企管部等部门组成联合调查小组，深入各基层单位和班组进行调研，通过召开座谈会、抽样调查等方式，充分听取对加强和改进班组建设的意见和建议，为有针对性地加强班组建设打下了坚实的基础。

● 建立了党政统一领导，行政主管部门牵头，工会组织协调，各相关部门配合推进的班组建设领导机制。明确要求各子、分公司确定一名领导具体负责领导班组建设工作，并配备热心班组建设、具有实践经验的专兼职班组管理人员，负责班组建设的日常管理工作。隆重召开了班组建设推进大会，就进一步加强和规范班组建设进行了安排部署，形成了加强班组建设的强大声势和良好氛围。

● 明确了班组建设目标。即按照改革发展的要求，努力把班组建设成为安全、文明、优质、高效、节约的生产单元；凝聚人才、培养人才的重要基地；党组织、工会组织与职工群众密切联系的基层单位。

（2）完善制度，健全机制，提高班组建设的规范化水平

为了建立健全班组建设工作机制，制定了《攀钢集团公司班组建设管理条例》，明确了班组建设管理的指导思想、目标、组织领导、班组设置原则及其基本任务和要求，统一规范了班组长任职的基本条件及其选配程序、学习型班组评选程序、班组建设费用和奖励等内容。公司还进一步规范班组建设的管理，明确了班组需要建立的各项专业管理制度要求；班组达标评价标准、评定及申报程序；班组软硬件设施配备标准；班组建设经费、奖励标准及开支渠道等。明确把生产、质量、成本、安全、培训确定为班组管理的五项基本职能。进一步优化和规范班组记录，规定原则上班组记录设置三本账，即班组工作日志（含生产、安全、质量、设备等），班委会议记录（含政治学习、民主管理等），班务公开记录（含经济责任制考核等）。

为了切实加强班组长队伍建设，公司着力从提高班组长的领导力、执行力和创造力入手，切实加强班组长队伍建设。一是明确了班组长任职的基本条件、选配程序和相关待遇，建立班组长培养、选拔、使用、评价等机制，探索开展了班组长直选工作。二是切实加强班组长的培训。提出 2008—2010 年，用 3 年时间将班组长全面轮训一遍。三是成立了班组长联谊会，并定期开展各类活动，组织班组长参加了国资委在欧洲和清华大学举办的中央企业班组长培训班，每年组织班组长赴国内知名企业进行学习考察，开阔了班组长视野，提高了班组长的综合素质。

（3）抓好载体，创建品牌，推进班组建设迈上新台阶

攀钢集团以创建学习型班组为主要载体，在班组中开展了“创建‘四型’班组、争当‘工人先锋号’”活动，积极推进学习型、创新型、安全文明型、和谐型班组建设，努力把班组建设成为能创造一流工作、一流服务、一流业绩、一流团队的“工人先锋号”。

● 积极开展学习型班组建设，着力提升职工综合素质。明确了学习型班组的创建标准及评选方式。将学习型班组创建分四个等级，即学习型合格班组、学习型先进班组、学习型红旗班组和学习型红旗班组标杆。学习型合格班组、学习型先进班组的评选由各子、分公司评定。集团公司负责学习型红旗班组、学习型红旗班组标杆的评定。在班组广泛开展读书自学活动，通过开展读书报告会、读书知识竞赛、讲座、短期培训班、读书沙龙、读书辩论会等多种形式，引导职工读书自学，精一门、会两门、学三门的浓厚学习氛围蔚然成风。职工的文化水平不断丰富、技术技能得到进一步提高，涌现出了获全国读书自学成才奖的攀钢职工李贵华和夏禄清等一批技术专家和技术能手。

● 积极开展创新型班组建设，着力提升职工自主创新能力。在班组中开展了“创建创新示范班组，争当创新能手”和“提合理化建议，评选金点子”活动，建立自主创新小组 3 822 个，广泛开展“提一条合理化建议，学习一门新技术，改革一项新工艺，刷新一项新纪录”的班组创新竞赛，促进了班组的持续创新。2008 年围绕节能减排、降本增效、科技创新等重点工作，组织班组职工完成群众性创新课题 9 133 项，提出合理化建议 47 138 条，采纳实施了 16 087 条，创经济效益 2.7 亿元，其中有 6 项节能减排合理化建议获全国总工会节能减排优秀合理化建议，公司还被全国总工会评为优秀组织单位。

● 积极开展安全文明型班组建设，着力提升基础安全管理水平。以开展“安全信得过”班组竞赛为主要载体，以深化完善工会小组劳动保护检查员签字制度为重点，教育引导职工养成“上标准岗、干标准活、进行标准化操作”的良好作业习惯，不断提升职工的安全文明工作水平。在班组创造性地开展了“职工安全民主对话会”，加强了车间、班组之间以及不同岗位、不同工种之间的安全交底、沟通和协调，为提升班组安全工作水平、有效维护职工的安全健康权益作出了贡献。

● 积极开展和谐型班组建设，着力建设劳动关系和谐企业。一是深入开展班务公开，充分尊重职工的民主权利，建立班组良好的沟通氛围与沟通平台，构建和睦的人际关系，营造温馨愉快的工作环境。二是努力培育具有攀钢独特文化、凝聚所有职工精神内涵和价值取向的班组理念，大力弘扬“艰苦奋斗，永攀高峰”的攀钢精神和改革创新的时代精神，加强了爱岗敬业、诚实守信、遵章守纪、团结和谐、开拓创新为主要内容的班组文化建设。三是不断加强班组的团队建设，大力培育同心同德、尽职尽责、相互协作的团队精神，逐步建立“勤奋学习、开拓创新、遵章守纪、团结协作、创造一流”的良好班风，塑造攀钢班组良好整体形象。（刘新会）

18. 吉林钢铁公司开展“现代班组安全建设”活动的具体内容与做法

吉林钢铁公司前身为明城钢铁总厂，2001 年建龙集团收购该厂并建立了吉林市建龙钢铁有限责任公司，自此企业进入了快速和跨越式发展阶段，目前已经成为能够生产 110 万吨铁、110 万吨钢、100 万吨带钢的综合型钢铁加工企业。现有员工 6 532 人，总资产 127.49 亿元。先后获得“吉林省民营经济纳税金星企业”“吉林省再就业明星企业”“吉林省模范集体”等荣誉称号。

吉林钢铁公司在生产实践中认识到：班组是企业管理最基本、最基层的组织单元，也是企业安全管理的最终落脚点，班组安全管理工作的好坏直接影响着企业安全生产管理水平和各项经济指标的实现。因此，加强现代班组安全建设是企业加强安全生产管理的关键，同时也是减少各类事故最切实有效的办法。为此，公司于 2007 年 8 月开展了“现代班组安全建设”活动，为确保此项活动得以长期有效开展，又制定了七项具体措施。几年来，“现代班组安全建设”活动的开展取得了丰硕的成果，员工变过去“要我安全”为“我要安全”，安全管理再上新台阶，开始为最终实现个人无违章、岗位无隐患、班组无事故的安全管理目标而努力。

吉林钢铁公司开展“现代班组安全建设”活动的具体内容与做法主要是：

(1)“现代班组安全建设”活动的主要内容

吉林钢铁公司在开展“现代班组安全建设”活动中，拟订了三年活动达标计划，以此保证安全生产平稳提升及达标。具体目标是：

● 第一年度：全公司162个一线生产班组在第一年度中安全班组合格率达到80%（129个）；良好班组达到60%（97个）；优秀班组达到30%（48个）；标兵班组达到5%（8个）。

● 第二年度：安全班组合格率达到90%（145个）；良好班组达到75%（121个）；优秀班组达到40%（64个）；标兵班组达到10%（16个）；

● 第三年度：安全班组合格率达到100%；良好班组达到85%（137个）；优秀班组达到50%（81个）；标兵班组达到15%（24个）；每一年度中合格率不达标的单位处罚20 000元；单位一把手处罚2 000元。

具体要求是：评比分数达85分的班组为合格班组；评比分数达90分的班组为良好班组；评比分数达95分的班组为优秀班组；评比分数达98分以上的班组为标兵班组。

公司每半年验收总结评比一次，对获得优秀的班组奖励5 000元，对获得标兵的班组奖励10 000元，合格和良好的班组不奖不罚，不合格的班组处罚1 000元。

（2）开展“现代班组安全建设”主要做法

吉林钢铁公司为保证“现代班组安全建设”活动的顺利开展，专门制定了《“现代班组安全建设”活动方案》，成立了由公司领导和生产单位一级主管组成的活动领导小组，制定了“安全班组”检查评比标准，并对各参赛单位提出具体要求。

为使活动顺利开展并收到实效，公司根据活动方案内容及检查评比标准，对162个参加活动的班组长分两批进行培训考试，并通过他们进行班组全员安全培训。

开展“现代班组安全建设”活动的主要做法是：

● 班组安全知识学习。企业安全文化不仅是指企业员工的安全意识、安全知识、安全习惯、职业道德、安全价值观念，更是企业整体文化的一部分，也是企业生产、现代安全管理的主要特征之一。

公司于2008年5月投资4万余元，为班组购买了各类安全教育书籍，如《安全生产管理知识》《班组安全建设方法》《企业员工安全意识普及教材》《安全生产知识问答》《安全质量标准化》《快乐安全管理》等。完善充实了班组学习内容，为现代班组安全建设提供了精神食粮。从2008年下半年开始，尤其是开展活动以来有计划地组织班组人员学习，用安全知识武装头脑，指导实践，促进工作。为了使学习效果更加明显，每月月末公司按班组人员15%比例对各单位学习情况以闭卷形式进行验收考核，并将验收考核成绩纳入现代班组安全建设活动评比。截至目前，已经进行了八次安全学习验收，从作业长、技术工人到普通员工都参加验收考核，总体上效果较为理想，真正达到教育全员、提升班组整体安全意识的目的，进而为巩固发展全面建立适合本企业的安全文化奠定基础，推动“现代班组安全建设”活动向纵深发展。

● 检查评比。公司生产计划处每月逢十进行联合安全检查，安全员每日对各分厂生产现场违章违纪、安全隐患进行日常监督巡查及不定期夜查。逢年过节还要进行节日专项安全检查。每次联查由生产计划处组织并牵头，由各单位的安全员及专业工程师组成联合检查小组，利用一定时间在全公司范围内开展专业安全联合大检查，分机械、起重机械，压力容器、煤气设施，电气设备，现场、车辆及危险源（点），班组安全台账、活动记录，环境保护六大方面，进行专业对标检查。对检查中发现的安全隐患能及时整改的做到及时整改，不能马上整改的，下发隐患整改通知限期整改，与此同时各单位把每一项整改落实到人头，真正做到有检查、有落实、有整改、有考核。自公司开展“现代班组安全建设”活动以来，得到了全公司各单位的积极配合，并且收到了良好的效果，各单位对不能立即整改的项目要做好日常监护，确保安全生产。

● 公司生产计划处设有“现代班组安全建设”活动评比台账，检查结果按标准折成分数纳入活动评比台账，每月在公司安全例会上公布一次，并以此作为活动评比依据。

● 总结表彰。根据活动方案规定，2008 年 2 月公司召开表彰大会对活动第一阶段评比出的 3 个标兵班组和 20 个优秀班组奖励了 13 万元；9 月 10 日又对活动第二阶段评比出的 5 个标兵班组和 28 个优秀班组奖励了 19 万元。同时对 6 个不合格班组进行了处罚。

(3)“现代班组安全建设”活动的成效

“现代班组安全建设”活动开展以来，已取得了一定成效，可以通过数字对比显示出来。2007 年 8 月参加验收人员 450 人，不合格 19 人，合格率为 95.5%；2008 年 8 月参加验收人员 406 人，不合格人员 5 人，合格率为 98.8%。安全生产事故明显下降，2007 年发生事故 4 起，其中重伤 2 人，轻伤 2 人，而 2008 年 8 月只发生了一起一人轻伤事故。

自从开展“现代班组安全建设”活动以来，员工的安全意识、自我保护能力得到大幅度提高，违章违纪率、安全事故率逐步下降。“人人要安全，人人管安全”蔚然成风。人心安稳，生产顺利，企业效益与日俱增。为创建平安和谐企业打下了坚实基础。“安全是效益”这一现代安全管理理念得到了逐步凸显。(王宏)

19. 永昌铅锌公司开展“十星级文明班组”创建活动推进班组建设的做法

云南永昌铅锌股份有限公司隶属于云南冶金集团公司，前身为龙陵县勐糯铅锌矿，始建于 1958 年，于 1990 年至 1996 年进行大规模改扩建后，成为集铅、锌产业采选、冶炼为一体的国有控股冶金企业，1998 年 12 月改制并更名为云南永昌铅锌股份有限公司。目前公司拥有资产总额 10.23 亿元，有四个分（子）公司，年产电锌 2 万吨、硫酸 1.8 万吨、硅铁 5 万吨、工业硅 5 万吨。

永昌铅锌公司领导通过生产实践认识到，班组是企业最基层的组织机构，是企业落实各项方针、改革措施、完成各项管理目标任务的“前沿阵地”。班组管理的好坏，关系到整个企业管理水平的高低，关系到企业各项改革措施能否真正落到实处，关系到各项经济技术指标能否顺利完成，关系到企业生产经营总体目标能否如期实现。因此，抓好班组精神文明建设，提升员工素质、培育班组团队精神、营造和谐的企业文化，不是一句空话，而是一个必须抓紧抓实抓好的系统工程。因此，公司开展“十星级文明班组”创建活动，推进班组建设，并取得了很好的效果。

永昌铅锌公司开展“十星级文明班组”创建活动推进班组建设的做法主要是：

(1) 开展“十星级文明班组”创建活动的由来

永昌铅锌公司在生产过程中，始终坚持物质文明和精神文明建设一起抓的思想，在狠抓生产经营工作的同时，高度注重精神文明建设，使员工的思想素质、科学文化素质和文明程度得到大幅度提高。公司领导根据当时全厂90%以上都是青年员工的实际，采取一系列行之有效的办法，使精神文明建设贴近员工、贴近实际，情理交融。在继承过去许多好传统、好作风、好方法的基础上，不断研究新情况，总结新经验，探索新路子，使精神文明建设和思想政治工作有机结合，促进了班组管理和企业发展。

思想政治工作和思想建设本来就是精神文明建设中的一个有机组成部分，但是一段时间因各种原因，公司精神文明建设和思想政治工作无形中在弱化，许多员工纪律涣散、违章违纪、闹矛盾破坏团结、不进取工作拖沓等现象较为突出，给企业各项管理工作带来较为严重的不良影响。公司虽然按规章制度对出现这些不良现象的员工进行相应处罚，但没有达到预期效果，传统的思想政治工作也无济于事。

针对这种情况，为寻找思想政治工作的新方法、新载体、新途径，永昌铅锌公司在认真研究班组管理、员工素质状况等实际情况后，以培育团队精神和员工核心竞争力为目标，采用“以提升员工素质增强团队能力建设，以团队能力的增强促进员工素质的提高”

的创建思路和工作方法，大胆引“星”入班组，在厂内创造性地开展以“安全星、遵规星、团结星、形象星、爱岗星、创新星、科技星、指标星、设备星、卫生星”为主要内容、基本覆盖班组（企业）各项管理的“十星级文明班组”评比活动。在企业中走出了一条搞好班组员工思想政治工作和企业两个文明建设的新路子，班组思想政治工作显示出了旺盛的生命力。

（2）制定“十星级文明班组”评比办法

为扎实做好“十星级文明班组”评比活动，公司在认真分析研究班组管理现状和班组员工实际情况的基础上，制定出了评选标准、方法、步骤和具体措施，并成立了以党支部书记任组长，各党小组长、各车间领导为成员的评比活动领导小组，以班组为基本单位分片实施。领导小组结合实际，制定出《“十星级文明班组”评比办法》，下发各车间、班组进行广泛宣传，并按照班组自行申报、领导小组检查汇总、考核会评审通过、公布评审结果、授星挂牌、兑现奖惩的程序进行。每月开展一次评选活动，评选情况记入班组管理档案，作为年终评比先进班组、个人、劳模（标兵）的依据。全年终评，班组只要有一个月达不到九星（磨浮、实验室八星）的，取消先进班组的评比资格。

“十星级文明班组”评比活动，对班组员工进行了全面的综合教育，体现在班组管理、班组成员工作的方方面面，也体现在班组成员生活的方方面面。评比活动坚持高起点、严要求，在评比过程中，力求做到“五到位”，即宣传到位、检查落实到位、奖惩兑现到位、帮教措施到位、评比条款修改完善到位，使评比活动实实在在，收到实效，避免了“搞形式”“走过场”现象的发生。

（3）开展“十星级文明班组”评比活动的成效

“十星级文明班组”评比活动，评出了团结、评出了干劲、评出了班组和员工今后的奋斗目标。通过评选，把广大班组长及员工的积极性调动起来，许多在班组管理中过去难于解决的问题也迎刃而解了。

评比活动一开始，有一个班组员工迟到早退等违规现象时有发生，班组工作场地卫生不达标，生产技术指标也完成不好，通过“十星级文明班组”评比，该班的问题暴露了，“遵规星”“卫生星”“指标星”均被摘下，成为得星较少的班组，并受到了厂部和车间的双重处罚，这使该班班长和班组成员受到很大震动，并决心“收复”丢失的“三星”，通过全班的共同努力，半年后该班评到了十星。

在“十星级文明班组”评比活动中，还涌现出了许多争“星”、保“星”的动人故事：一个职工经常和同事闹小矛盾，班组因而失去了“团结星”，这个员工认识到“闹矛盾不仅影响了自己和别人的和谐相处，而且给班组丢了‘星’，毁了班组集体荣誉，我是罪魁祸首，以后我再也不和别人闹矛盾了”；一个有打架斗殴不良恶习的员工在一次聚餐（酒）后，与身边同事发生了口角，在准备动手打对方之时，突然想到《“十星级文明班组”评比办法》上有“……有打架斗殴现象的班组，扣‘遵规星’和‘团结星’……”这样的规定，立即控制住了自己将要伸出去的手；另一个员工平时不爱打扫岗位设备卫生，他认为打扫卫生是女员工的事，不是男人的事。通过车间的日常检查，发现他所在岗位的设备、场地卫生较差，因而他所在的班组的“设备星”“卫生星”双双被摘。从此，他的思想有了转变，变为“干好班组内的每一项工作是每一个班员的义务，不单独是谁的职责”。

通过几年来的实践，“十星级文明班组”创建活动产生了显著效果：

● 增进了班组与班组之间和班组员工之间的和谐团结，增强了班组成员集体荣誉感，提升了团队精神。从开展活动以来，班组员工在工作和生活中和谐友爱，团结协作，相互尊重，相互学习，相互提高。《“十星级文明班组”评比办法》规定“班组员工出现闹矛盾情况的，扣该班组‘团结星’”，为了班组集体的荣誉，为了不因

"一粒老鼠屎（自己）弄坏一锅汤（班组）"，班组成员之间讲团结、讲和谐的多了，闹矛盾、相互仇恨的少了，以前常因一些鸡毛蒜皮的事动不动就大吵大闹甚至大打出手的班组成员变得相互尊重、相互帮助、团结协作、友好相处。班组内部呈现出了一片欣欣向荣的和谐"景象"。

● 督促了班组成员遵章、守法。为了确保班组"遵规星"，在员工中形成了自觉遵守规章制度和国家法律法规的良好风气，过去的一些诸如违章操作、迟到早退、酒后上班等违反劳动纪律的现象全部消除，偷盗、酗酒闹事、打架斗殴以及黄赌毒等不文明现象也销声匿迹。有一位员工，曾经有偷鸡摸狗的不良恶习，在开展"十星级文明班组"创建活动中，他对此的看法是："因自己而破坏了一个班的名誉，不值得"，便下决心改掉自己的不良恶习，并努力工作，使自己实现了由"劣质员工"向"优秀员工"的转变。

● 激发了班组员工的技术创新热情。为了拿下"创新星"，电工班充分发挥他们专业特长，积极开展技术创新活动，对脱水岗位过滤机给水手工操作系统进行改造，将手动操作改为自动控制，既简化了操作，保证了过滤机给水的正常供给，又确保了"创新星"依然星光灿烂。磨浮 203 班也不示弱，针对铅回收率较低的实际，全班统一思想，对提高铅回收率指标展开了技术创新活动，结果使铅回收率在原来的基础上提高了 3 个百分点，在为企业创效 30 万元的同时，又重新挂上了"创新星"和"指标星"。各班组呈现出了"争星""保星"的良好局面。

● 促进了班组员工思想、文化素质的提高。"十星级文明班组"创建活动的开展，使更加文明、科学、健康的工作（生活）方式进入了班组，感化着每一位员工，大大提高了班组成员的思想文化素质，爱厂、爱家、爱业（敬业）、爱集体，讲究社会公德、职业道德、集体观念已成为一种风尚。

● 促进了班组现场管理。为了确保"卫生星"，员工讲究卫生、爱护环境的意识得到进一步增强。员工积极清理工作场地卫生，美化岗位内外环境，杜绝了顺手丢垃圾、杂物等不良现象。走进班组，处处场地干净整洁、物品摆放有序，员工精神面貌良好。

“十星级文明班组”评比活动的开展，不仅增强了班组成员集体荣誉感，提升了团队精神，推进了班组（企业）管理，提高了员工素质，创新了班组（企业）思想政治工作，而且使两个班组分别成为了“云南省百佳创新型班组”“团省委青年文明号”；有三个班组分别被云南冶金集团总公司授予“青年文明号”“模范职工小家”“先进班组”称号；有五个班组分别被云南永昌铅锌公司表彰为“先进班组”。通过开展“十星级文明班组”评比活动，班组（企业）管理水平得到了大幅度提高，班组和企业的活力都得到很大的增强。（赵进发）

20. 金川集团公司选矿厂工会立足班组构建安全管理新模式的做法

甘肃金川集团有限公司是采选、冶炼、化工配套的大型有色冶金、化工联合企业，生产镍、铜、钴等稀有贵金属和化工产品以及有色金属深加工产品，镍和铂族金属产量占全国的90%以上，是全国最大的镍钴生产基地，被誉为全国的“镍都”。目前公司已形成年产镍15万吨、铜40万吨以及其他稀有金属矿产的综合生产能力。集团公司所属选矿厂于1965年建成投产，主要负责处理矿石的破碎及浮选工艺，主要使用破碎机、球磨机、振动筛、皮带、浮选机等设备，为不断满足发展的需求，经多次扩建和技术改造，现在年处理镍铜矿石能力达到560万吨。

近年来，选矿厂工会根据《安全生产法》中“工会依法组织职工参加本单位安全生产工作的民主管理和民主监督，维护职工在安全生产方面的合法权益”的要求和《企业工会安全生产责任制》，结合生产实际，充分发挥工会在企业安全生产中的积极作用，维护广大职工在生产工作中的身体健康和生命安全，促进企业的安全生产。

金川集团公司选矿厂工会立足基层班组构建安全管理新模式的做法主要是：

(1) 加强目标考核，完善责任制度

选矿厂工会为了强化基层安全管理，与各基层分会签订目标责任书，从分会主席、班长、班组安全员入手，确定考核内容，明确相关责任，并将管理人员与安全责任区挂钩考核，实行奖金分配、评先树优安全一票否决制。同时，工会协助基层建立完善的班组安全管理工作制度，结合班组安全员工作细则，设置专门的班组工会安全劳动保护监督员，制定严格的管理和运行机制，给予工会安全劳动保护监督员更大、更直接的监督权力，从而形成车间、班长和班组安全员的检查与工会劳动保护安全监督员的监督相结合的安全管理模式。

(2) 立足基层班组，强化安全监管

选矿厂工会立足基层、立足生产实际，按照《工会法》《劳动法》《安全生产法》等有关法律法规，抓好安全工作的落实，把工会安全工作纳入法制化的轨道。另外，切实抓好工会劳动保护干部的培训教育，使他们熟悉和掌握开展劳动保护工作所需要的法律法规等知识，以在班组推行工会劳动保护安全监督员为切入点，对工会劳动保护安全监督员实行授权授牌制，由班组工会小组长担任班组的工会劳动保护安全监督员，独立开展班组安全监督管理工作。同时规范工会劳动保护安全监督员的工作，与各相关部门定期和不定期深入生产现场进行安全生产检查，联合安全环保科开展多种形式的宣传教育和安全工作竞赛，使职工由原来“要我安全”向“我要安全，我懂安全，我保安全”转变。

(3) 突出以人为本，树立全员安全意识

培养职工良好的安全意识和正确的安全生产管理理念非常重要，选矿厂工会围绕生产和管理需要，对职工安全工作有总体的部署和具体的要求，基层分会创新班组安全管理工作，在各班组开展“安全一周一主题”“安全一月一主持人”活动，打破班组安全工作全部落在班长一人头上的局面，使大家都成为班组安全管理工作的主角。安全风险大家共担，可以有效地提高职工的安全防范意识和责任心。严格执行岗位操作标准，实行安全“一记三查”制度（班组安全监督员违章违纪登记制、岗位班查、班组日查、车间周查制），认真落实劳动生产保护制度，加强每周安全活动的实效性，使职工从思想和认识上保持高度警惕性，形成全员参与安全管理、安全监督的氛围。

(4) 围绕班组建设，推动安全工作向纵深发展

为使安全工作真正实现“纵向到底”，选矿厂工会围绕标准化班组建设工作，将班组建设工作向安全管理延伸，把安全责任管理纳入标准化班组建设中，班组安全组织、安全互保要健全，班组记录要翔实，并结合班组建设动态管理升降考核，对发生事故的班组实行摘牌制。基层分会依照企业标准化班组建设考核细则，对班组安全工作实行一票否决制，出现事故的班组扣除班组浮动效益工资，使职工利益与安全工作紧密结合在一起，这样不但推动了安全工作的开展，也拓宽了班组建设的内容，提升了班组综合管理水平。

在生产实践中，选矿厂工会利用每月的政治学习时间，在班组深入开展职工安全教育，实行班前安全动员会、班后安全总结会、每天作业区安全汇报会以及车间调度会的形式，对班组长、作业长、车间职能人员和班组成员进行安全生产责任意识、安全管理、规章制度的教育，并根据基层实际，制定规范的安全生产措施学习规定，切实做到思想、感情、组织、责任、措施五到位，从而创建良好的安全生产氛围，促进了企业的安全生产。（董云发）

冶金有色金属企业强化班组安全建设做法与经验评述

冶金行业和有色金属行业都属于资源能源密集型产业和基础产业，在我国国民经济中占有重要的地位，都是我国国民经济重要的基础产业。冶金企业和有色金属企业生产的主要特点，是企业规模大，生产工艺流程长，包括矿石开采、矿石冶炼及产品的最终加工，需要经过很多工序，因而也就存在着许多意外伤害的危险。

（1）冶金企业生产危险性与意外伤害分析

冶金行业与其他行业相比较，由于企业规模大、人员众多，因而管理幅度和管理难度都较大，易发生人员伤亡重大安全事故，从而表现出一些与其他行业明显不同的特点。冶金生产过程中的主要事故类型为煤气中毒、火灾和爆炸，高温液体喷溅、溢出和泄漏，电缆隧道火灾，煤粉爆炸等。

在冶金企业生产过程中，生产设备设施因素、人员操作失误因素以及职业危害因素，都会造成人员的意外伤害事故。

● 生产工艺的复杂性决定了危险因素的复杂性。冶金生产过程中既有生产工艺所决定的高热能、高势能危害，又有化工生产所具有的有毒、易燃、易爆问题和深度制冷及高温、高压问题，还有一般矿山作业、机械加工、建筑、运输生产中容易发生的机械伤害、起重伤害、中毒窒息、火灾爆炸等危险性。

● 生产设备设施的复杂性决定了生产的危险性。冶金生产过程中既有矿山作业必需的各类爆炸、掘进、运输、提升、破碎、通风、选矿等设备，也有机械加工必需的各类机床和通用起重设施，基建作业必需的搅拌、碾压、浇灌设备和塔吊、升降机，焦化生产和制氧、制氢所必需的各类反应（分馏）塔、反应器、加热炉和储罐、储槽，还有钢铁生产特有的高炉、转炉、电炉、各类轧制设备、专用起重设备等。各种设备在生产、检修过程中，都存在着不同程度的危险性。

● 生产过程对辅助系统的依赖程度高所造成的生产危险性。钢铁生产是一个连续性生产过程，不论从生产角度还是从安全角度考虑，其主体生产设备对辅助系统的依赖程度都很高。如突然停电，特别是较长时间停电，铁水、钢水可能在炉内凝固；又如供蒸汽、供氮气系统压力过低，都可能使煤气设备在生产及检修过程中发生事故；而消防系统如果存在严重缺陷，可能因火灾预防不力或扑救失败而造成重大人员伤亡和财产损失。

● 人员操作方面的因素。人的不安全行为和物的不安全状态互为因果。有时是设备的不安全状态导致了人的不安全行为，人的不安全行为又会促进设备不安全状态的发展，事故的发生往往不是简单的人与物两个系列轨迹交叉的结果，而会呈现非常复杂的情况。下列情况往往会引发事故的发生：光线不足或工作地点及通道情况不良；设施、设备、工具、附件有缺陷；防护、保险、信号装置缺乏或有缺陷；个人防护用品缺乏或有缺陷；违反操作规程或劳动纪律；教育培训不够，不懂操作技术和知识；对现场工作缺乏检查或指导有错误等。

● 生产中存在的主要职业危害。冶金企业生产中主要的职业危害因素是：高温和强辐射灼热、粉尘危害、一氧化碳中毒，以及其他伤害。

(2) 有色金属企业生产危险性与意外伤害分析

人们通常把金属分成两大类，即黑色金属和有色金属。除了铁、锰、铬以外，其他的金属都算有色金属。有色金属行业与钢铁冶金行业具有许多共同的特点。

有色金属矿山开采分为露天开采与井工开采，涉及地质、采矿、通风、运输、安全、机械和电气、爆破、环境保护及企业管理等多方面内容。与其他行业相比，采矿业劳动强度大，作业条件差，不安全因素多，工作场所及工作本身都具有一定的危险性。井下生产工作空间狭窄，井下有毒有害气体、矿尘、火灾、水灾、顶板事故、井下爆破、机电设备等都直接威胁矿工的生命安全和身体健康。有色金属矿山发生事故的类型主要是坍塌、透水、冒顶片帮和物体打击等。

1）露天矿山开采的主要危害

● 爆破作业造成的意外伤害。爆破作业中有较多的不安全因素，包括爆破准备、药包加工、装药、起爆、爆后检查等。爆破地震波、冲击波、飞石可对人及建筑物造成危害，早爆和盲炮处理可引起大的安全事故。

● 机械运行造成的意外伤害。穿孔机、潜孔钻、牙轮钻行走作业时，由于露天作业条件恶劣可引发各种安全事故。还存在电铲作业时机械室内、电铲作业范围内、电铲向汽车装载、作业台阶岩块悬浮倒挂、盲炮等不安全因素。

● 交通运输造成的意外伤害。露天矿铁路运输中撞车、脱轨、道口肇事，行驶过程的制动，调车时的摘挂车等均可引发事故。矿用汽车运输作业时的制动失灵、夜间照明不良、路况不好、行驶过程中翻斗自起等均可导致事故。露天矿带式运输作业中，由于保护罩不当，人员靠近胶带行走等也会引起伤人事故。

● 用电造成的意外伤害。露天矿使用的三相交流电、采场移动设备的高压胶缆，各种接地保护失灵、各类电气设备的安装检修等存在不安全因素。

● 边坡稳定及防排水造成的意外伤害。露天矿边坡的滚石、塌方、滑坡等事故对矿山生产及机械设备人身安全危害极大，凹陷露天矿由于暴雨等灾害性气候可引起采场淹没。

2）地下矿山开采的主要危害

地下矿山开采导致的意外伤害，主要有爆破、火灾、水灾、顶板、中毒、尾矿库事故。

● 矿山爆破事故的意外伤害。爆破事故在矿山伤亡事故中占有较大的比例，主要有以下类型：炸药储存保管中造成的事故；炸药燃烧中毒事故；点炮迟缓和导火线质量不良造成的事故；盲炮处理不当造成的事故；爆破后过早进入现场引起的事故；过早进入现场会造成炮烟中毒事故；爆破时警戒不严造成事故；早爆事故；相向掘进巷道时的事故等。

● 矿山火灾事故的意外伤害。矿山火灾不但会破坏采矿工作的正常进展，恶化井下作业条件和污染地面大气，而且还可能造成严重的人员伤亡事故，降低可采矿量，提高生产成本。矿山火灾可分外因火灾和内因火灾两种。相比较地面火灾，井下火灾比地面火灾危害更大，井下人员不但在火源附近直接受到火焰的威胁，而且距火源较远的地点，由于火焰随风流扩散带有大量有毒有害和窒息性气体，使人员的生命安全受到严重威胁，往往酿成重大或特大伤亡事故。

● 冒顶片帮事故的意外伤害。在采矿生产活动中，最常发生的事故是冒顶片帮事故。冒顶片帮事故大多数为局部冒落及浮石引起的，而大片冒落及片帮事故相对较少，因此，对局部冒落及浮石的预防，必须给予足够的重视。

● 中毒窒息事故的意外伤害。爆破是矿山生产的主要作业之一。当炸药爆炸时，除产生水蒸气和氮外，还产生二氧化碳、一氧化碳、氮氧化物等有毒有害气体，它会直接危害矿工的健康和安全，因此，爆破后人员不能立即进入工作面。

● 常见职业危害因素的伤害。我国金属非金属矿山常见的职业危害因素有：氮氧化物中毒、一氧化碳中毒、铅锰及其化合物中毒、矽肺、石棉肺、滑石尘肺、噪声性耳聋及由放射性物质导致的肿瘤等，另外噪声与振动危害、高温作业的危害也比较严重，对作业人员的伤害较大。

(3) 冶金和有色企业强化班组安全建设实用做法参考

在企业强化班组安全建设中，不同的企业根据实际情况，采取了多种多样的方式方法。这些方法，有的是经过实践证明确实有效，需要进一步发扬光大；有的则是借鉴其他企业的做法，需要引进消化。需要注意的是，在本企业或者其他企业，都有许多以前曾经采用过的方法，被实践证明有一定的成效，因此，最好不要采取简单的摒弃的态度。实际上，以前被证明有效的方法，往往具有很强的生命力，依然还能发挥重要的作用。

下面来看一些企业所采取的班组建设实用做法。

● 唐钢工会立足班组抓宣教增强职工自我防护意识的做法

唐钢工会认为，安全生产的各项工作最终要落实到基层班组，落实到每个职工头上，因此，提高广大职工的安全意识、安全技能和自我防护能力，是保障职工安全、实现安全生产的重要环节。唐钢工会把面向基层班组，广泛开展宣传教育活动作为一项重点工作来抓。通过组织班组职工学习，提高职工的安全意识，各级工会组织充分利用板报、橱窗、标语，大张旗鼓地搞好安全宣传工作，并通过组织开展班组职工岗位安全知识普及和安全教育培训，丰富职工的安全知识。宣传教育形式包括：制作各种安全知识专栏、板报、漫画，制作大型安全宣传标语，组织观看安全录像，开展安全知识竞赛，组织安全演讲活动，举办安全知识培训班。通过这些宣传教育活动，营造了浓厚的安全生产氛围，有力地促进了安全生产工作的开展。唐钢工会还组织开展了“安全卫士”评选活动，对避免事故发生的职工，工会坚持当场兑现奖励并张榜公布予以表扬，从而进一步增强了活动的激励效果。近年来，通过在班组开展“安全卫士”活动，职工参与安全管理的积极性明显提高，形成良好氛围。

● 中铝河南分公司在班组开展“缺陷管理”活动的做法

中铝河南分公司为了巩固提高现场标准化管理水平，在班组中开展了“缺陷管理”活动，旨在消除工作中的各种“缺陷”，尤其是消除物的不安全状态，进而完善规章制度、工艺和技术标准。所谓缺陷，主要是指影响现场安全生产的各种隐患。公司把“缺陷管理”作为一项日常工作来开展，设立了60万元“缺陷管理”奖金，鼓励广大员工从身边小事做起，查找并整改“缺陷”。对查出的问题，建立了由下至上上报“缺陷报告书”、由上至下下达“缺陷整改指令书”的“缺陷管理责任制”，按照“三定四不推”（定人员、定期限、定措施；凡自己能解决的，班组不推给工序、工序不推给车间、车间不推给二级单位、二级单位不推给公司）原则，坚持做到小隐患不休班、大隐患不过夜，通过“整改指令书”的形式，责成专人逐级整改，从而有效消除了事故隐患。

● 首钢水厂铁矿重视“软件”建设，强化安全管理的做法

首钢水厂铁矿是一座露天开采的特大型黑色冶金矿山。该矿在生产过程中，把安全生产作为增强凝聚力、塑造企业形象、提高经济效益的头等大事，特别注重“软件”建设，在严格务实上下工夫，创造了安全生产的新局面。

在“软件”建设方面，铁矿积极为职工办实事。重型矿车是采矿生产的主体设备，也是安全生产的关键所在。针对矿车司机受环境影响，睡眠不足，疲劳驾驶容易出事故的问题，投资20多万元，对汽运楼进行整修改造，作为矿车司机的休息室，实行军事化管理，定点休息、定点起床，为矿车司机创造了清洁舒适的睡眠环境；并且在每个休息室都安装了空调，解决了夏季热浪袭击难以入睡的问题。铁矿经过调查和征求意见，将后夜接班时间由零点后移到2点，这样既躲开了“瞌睡期”，又将后夜班连续作业的绝对时间由8小时改为6小时，为保证矿车安全高效运行起到了至关重要的作用。铁矿采矿场有7.2平方公里，运矿公路纵横交错，漫山遍野的车和人多年来一直随意而行，交通事故经常发生。铁矿从实际出发，创立了采矿厂行路规则，重要部位安放了水泥隔离墩，在公路转弯处设置了凸镜和鲜明的警示牌，在主干公路还加装了固定照明设施，夜间生产亮如白昼，实现了良好的交通运行秩序。

（三）石油石化企业强化班组安全建设的做法与经验

21. 洛阳石化总厂探索基层工作新途径推行班组“五化”管理的做法

洛阳石化总厂于1977年年底开工建设，1984年部分建成投产，1993年全面建成并通过国家竣工验收；之后边生产边建设，投入产出滚动发展，生产规模不断扩大，经济实力与日俱增，目前已经发

展成为集炼油、化工、化纤为一体的特大型石油化工企业。长期以来，洛阳石化总厂努力实现物质文明、精神文明的协调发展，先后荣获“全国五一劳动奖状”“全国模范职工之家”“全国职业道德建设先进单位”等荣誉称号。

近年来，洛阳石化总厂不断探索基层安全工作的新途径，以建立新形势下安全管理的有效机制，通过反复实践，创立了“五化”安全管理。具体包括“规范化”的安全活动、“系统化”的岗位练兵、“多样化”的劳动竞赛、“制度化”的安全检查和“标准化”的考核体系。“五化”管理法的实施和发展，有效地推动了装置安全生产的顺利进行。

洛阳石化总厂探索基层工作新途径推行班组“五化”管理的做法主要是：

(1) 坚持规范化的安全活动，不断强化职工安全意识

洛阳石化总厂在推行班组“五化”管理中，首先是加强对职工的安全教育。安全是企业永恒的主题，教育职工树立“安全第一”的思想，是开展规范化安全活动的宗旨。

对安全活动的规范化，目的是提高职工的安全意识。在已发生事故的调查中，由于安全意识差而酿成的事故占有相当大的比例，事故的致因理论和实践表明，构成事故有三个因素：即人员—机物—环境。一般讲，事故大都是“人的不安全行为”与“机器或物质的不安全状态”在同一时空相遇而发生的；少数事故是“人的不安全行为”遇到“环境的不安全条件”发生的；极少部分事故是“机物的不安全状态”处于“环境的不安全条件”下引发的。因此，有效地消除“人的不安全行为”“机物的不安全状态”及“环境的不安全条件”，就能保证安全生产无事故。其中，消除人的不安全行为最为重要，而要消除“人的不安全行为”就必须提高人的安全意识。安全活动规范化，把安全活动作为班组管理的一项重要内容，是提高安全技能的一个方法，落实制度的一个措施，经济考核的一个方面。使“要我安全”向“我要安全”转变，进而形成人人关心安全，形成自我规范的良好气氛。总厂除对车间的日常安全管理规范化以外，更着重强调班组安全活动的规范，做到“四落实一齐全”，即活动的内容、形式、地点、时间落实，活动记录齐全。事故演练活动，要求做到演练“五齐全、三保证”，即演练方案、组织、结果、总结、存在问题齐全，保证质量，保证效果，保证实用性。

总厂对年初制定的安全工作计划、周四安全大检查、班组责任区安全承包、每周一的立体巡检设立了严格规范，使职工进入工作场所就处于一种浓郁的安全氛围中，养成良好的安全生产意识，时时注意安全，处处留心安全，操作先想安全，从而把安全生产变成自觉行动，把安全隐患消灭在萌芽状态。

(2) 坚持系统化的岗位练兵，不断提高职工技术水平

职工技术素质是装置安、稳、长、满、优生产的决定性因素，是职工战斗力的集中体现。只有高技术素质的职工队伍，才能适应新形势下安全生产的需要，为此，总厂大力开展“六个一”岗位培训练兵活动，加强对不同职工的层次培训和系统培训。

“六个一”岗位培训包括每日一题、每周一讲、每月一抽考、每季一普考、半年一测试、每年一评比等。通过“每日一题”“每周一讲”等经常性练兵活动，使职工对生产中不断出现的异常情况多思考、多提问、多讨论、多提高，从中找出操作存在的问题，使好的操作方法能很快在车间班组推广；通过“每月一抽考”“每季一普考”，不断加强新工人和新转岗工人的培训，通过引导性的技术培训，达到独立顶岗，一岗多能；通过“半年一测试”，对每个操作人员学习摸底，并结合实际调整培训重点，使职工学习有一个正确导向；通过“每年一评比”，选出岗位技术尖子，作为总厂年终评选“活流程”“十佳职工”的依据，鼓励能人上岗，岗位成才。真正使所有职工精一岗、会二岗、知三岗，最后达到系统操作的水平。

总厂还结合生产实际，有针对性地开展“三想一演练”活动，加强职工对突发事故的预防、预警和预处理能力。“三想一演练”包括回想事故、吸取教训，联想事故、做好预防，预想事故、心中有数和预演事故、临阵不慌等。总厂还把系统教育、定向培训、日常练兵等方法作为基层单位基础工作来考核，坚持“六个一”岗位培训制度，健全了安全知识考试、考核制度，形成了安全知识、技术、能力的层次教育体系，使职工在赶、学、比、超的氛围中不断提高综合技术素质，从根本上预防事故的发生。

(3) 坚持“多样化”的劳动竞赛，提高安全生产的积极性

洛阳石化总厂在多年的安全管理实践中，深深地感到纯粹的安全说教容易使职工产生一种消极、麻痹心理，于是以形式多样的劳动竞赛为载体，把职工的注意力引导到安全生产上来。采用年初制定年度安全劳动竞赛方案，每一阶段结合集团公司的大主题开展相应的活动，活动的开展则突出三个特点。一是突出季度性的特点，根据季节变化，开展与之相适应的活动，有助于平稳生产。二是突出党政工团齐抓共管安全生产的特点，全方位开展劳动竞赛。党支部重点开展“党员模范岗”活动，充分发挥党员在安全生产中的模范带头作用。工会重点抓好班组劳动竞赛和劳动保护工作，调动班组职工工作积极性。团总支重点以“青年安全岗”活动为载体，团结和带动团员青年为装置安全生产保驾护航。三是突出群众性、日常性的特点，开展了“三个争当、两个样板、一个竞赛”活动。即争当“操作能手”，搞好平稳操作；争当“安全卫士”，查改事故隐患；争当“优秀司泵工”，搞好机泵维护。其他如平稳操作仪表画直线样板竞赛、交接班日志规范化书写样板竞赛、百日安全无事故竞赛等，都收到了良好效果。

(4) 坚持“制度化”的安全检查，及时消除事故隐患

现场管理是基层安全工作的重要组成部分，又是衡量一个单位管理好坏的主要标志，有群众性和动态性的特点。为此，实际工作中洛阳石化总厂坚持日抽查和周四小岗检相结合，及时查改现场问题，确保现场管理保持在良好状态。

日抽查除严格落实生产岗位巡回检查制外，还要求车间管理人员，上班之后去现场，下班之前在现场，车间值班人员现场检查每班不少于 4 次，工艺考核每班不少于 3 次，及时查改隐患，确保现场有人巡检，问题有人发现，隐患及时治理，事故杜绝发生。周四小岗检活动，每周 1 次不断线，由车间领导、工程技术人员、安全员、班组长等组成联合检查组，对装置安全、设备、生产等方面进行全面检查，最后对查出的问题汇总通报反馈，坚持“三定”原则，即定整改人、定整改时间、定复查人，使工作得到有效落实。周四小岗检活动，既发现新问题，又复查老问题，每周 1 次，循环往复，以此推动现场管理工作的稳步提高。

(5) 坚持“标准化”的考核体系，层层落实安全责任制

长期以来，在系统论观点的引导和启发下，洛阳石化总厂认真剖析石化企业基层管理的特点，结合自身实际情况，探索出了适合自身发展的管理考核体系，经过不断完善与发展，形成了一套“标准化”的考核体系。在安全子系统中，确立了“遵章守纪、安全活动、隐患整改、劳动保护、巡回检查”五个主要控制点，对每个控制点又建立了相应的考核办法及措施，在管理上采取“日检查、周公布、月综评奖兑现”的方法来推动这种管理机制的正常运行。另外，车间管理人员与班组实行联锁，参加班组活动，掌握班组情况，沟通信息，有针对性开展工作。为了保证考核的公正、公开、公平，提高职工发现和处理隐患的积极性，专门成立了隐患评估小组，对发现的隐患，分级给予个人奖励，为发现隐患职工所在的班组安全加分，有效激发了职工的安全工作热情，杜绝了事故的发生。

“五化”安全管理，作为对基层装置安全工作的探索，取得了一定成效，在集团公司安全大检查中得到了很高的评价，并且在企业安全管理中创造了优异的成绩。(兰国有、杨志强)

22. 瑞星化工公司开展创建安全合格班组活动实现安全关口前移的做法

山东瑞星化工公司属于大型化工企业，成立于1970年，成员单位有化肥公司、药业公司、化工安装公司、化工研究院，主要产品有尿素、淀粉、葡萄糖、甲醇、甘油以及各类油田、皮革、造纸助剂等。总资产20亿元，职工3 500人，先后被授予“全国氮肥生产先进单位”“山东省管理示范企业”“省级重合同守信用企业”等荣誉称号。

自1997年以来，瑞星化工公司持续开展创建安全合格班组活动，通过班组安全建设，促进各项安全管理措施的落实，提高企业的总体安全管理水平。对班组安全建设工作一年一个台阶地逐渐深化和完善，安全合格班组达标率逐年提高，有效控制了人的不安全行为和物的不安全状态，真正实现了安全关口前移、重心下移。

瑞星化工公司开展创建安全合格班组活动实现安全关口前移的做法主要是：

（1）认真做好班组长的安全管理工作，确保班组的优化配置

班组长是企业生产活动中的兵头将尾，是安全管理的最基层指挥官和执行者，班组长的安全工作质量直接影响着企业整体的安全工作状态。因此，在开展创建安全合格班组活动中，着重抓好班组长的安全管理工作，加强班组长的安全教育，提高班组长的安全素质，严格班组长的选拔任用。

瑞星化工公司每年都要举办1～3期班组长脱产安全教育培训班，强化班组长的安全教育，使他们不断提高安全技能。到目前为止，公司所有班组长已经全部接受专业脱产安全培训，为安全合格班组建设奠定了坚实的基础。在班组长的选拔任用上，公司制定出了一套完整的考核竞争机制，采取定期和不定期的方法，把那些不懂安全、违章指挥、冒险蛮干的班组长及时替换下去，选拔任用有一定文化知识、技术基础、操作本领、懂安全、会安全的人员，充实到班组长队伍中来，这种动态的管理确保了班组人力资源的优化配置，为安全合格班组的建设提供了保障。

（2）扎实开展班组安全活动，实现安全管理的网络化

● 抓好安全班组资料建设活动。每个班组都有3本记录，即班组安全例会记录、班组安全教育记录、班组安全检查记录。从班组安全例会记录上可以查证，公司召开的安全会议，下发的安全文件、规定等，是否通过公司、车间、大班贯彻到班组，落实到每个职工的实际行动中去；从班组安全教育记录中可以查证，公司下发的学习资料、事故案例等，班组长是否组织职工学习；从班组安全检查记录中可以查证，班组长是否组织职工积极查找身边隐患，及时消除事故苗头，做到人人身边无隐患。

● 抓好班组安全教育活动。坚持“班前讲安全、班中查安全、班后总结安全”制度，每个车间在接班室内都有一块安全教育黑板，由各大班调度员主办，每周1期，安全科抽查考核；每个分公司都在醒目位置设有安全教育专栏，由安全科长主办，每旬1期，安全生产部抽查考核。通过开展以上活动，把班组安全活动搞得扎扎实实，夯实了安全管理的基础工作。

（3）抓好班组“反习惯性违章”活动，消除习惯性违章行为

习惯性违章是导致事故发生的重要原因，是人的不安全行为的主要表现，是安全管理的关键课题。习惯性违章指挥、习惯性违章作业在化工企业生产活动中几乎每天都有，每一个行为就是一个事故隐患，随时都有导致事故发生的可能，事故没有发生只是侥幸。因此，自2004年2月开始，瑞星化工公司在班组中开展“反习惯性违章”活动，以此纠正和消除员工的习惯性违章行为。

● 扎实做好活动的宣传教育。让班组员工真正明白习惯性违章行为是什么、根源是什么、为什么反、如何反、活动目标是什么等，消除侥幸心理，消除人的不安全行为。

● 认真做好班组规范作业，严肃考核。依据国家相关规定和标准，公司专门编写下发了《部分安全作业规范及罚则》，人手 1 本，作为排查习惯性违章的依据，遵章作业的标准。《部分安全作业规范及罚则》中对每类作业因习惯性违章而发生的事故案例作了分析，对相关的违章行为定出明确的考核标准，把“反习惯性违章”活动纳入制度化管理，把每个班组的活动情况纳入安全专项奖考核，同时纳入班组长安全责任追究制，让习惯性违章无生存空间。

● 及时总结，持续改进。通过在班组中开展“反习惯性违章”活动，不断查找习惯性违章行为，认真分析习惯性违章原因，及时采取并改进反习惯性违章活动对策，有效控制习惯性违章人员，加强反习惯性违章教育，消除人的不安全行为，利用班组安全例会做好总结和改进，扎实推行创建安全合格班组活动“PDCA”循环管理法，充分体现人本化管理，实现事故的科学预防和员工安全环境的优化。

(4) 细化考核，奖惩兑现，提高创建安全合格班组的积极性

瑞星化工公司积极加大班组安全投入，充分利用经济杠杆的调节作用，调动班组成员做好安全工作的积极性和自觉性。具体做法是：每个班组每月完成安全目标，组长可以得到 60～100 元、组员可以得到不低于 15 元的月度安全专项奖；每个班组全年完成安全目标，考核合格后奖励该班组 100 元。为此，公司在文件中明确了考核细则和评比办法。出现否决项，取消该班组安全合格班组评比资格。对于无否决项的班组，年底对照标准自查后向车间申请，车间审查后向本单位申请复查，安全环保科依据日常的考核记录，仔细检查后向安全生产部推荐，安全生产部复查后报安委会审批，公司对安全合格班组予以通报表彰和奖励。安全合格班组实行动态管理，每年复查 1 次，复查不合格的，取消安全合格班组的称号，并对班组长通报批评。安全合格班组否决考核法和年度申请、复查动态验收法的持续推行，约束并激励了班组成员，提高了他们做好安全工作的积极性和自觉性。

23. 华北油田公司第一采油厂创建“团队安全型”班组保障安全的做法

华北油田是中国石油天然气公司所属分公司，主要从事石油天然气勘探和生产、储运、勘探开发及规划研究等业务，共拥有 54 个油气田，油气集输管线 3 500 多公里。年原油生产能力 450 多万吨，天然气生产能力 6 亿多立方米，现有员工 1.38 万人。

第一采油厂为华北油田公司下属企业。在多年的生产过程中，第一采油厂建立了较为完善的管理制度，生产一直处于稳定的状态，但是用高标准来衡量，仍然存在着许多问题，如员工安全意识淡薄，职业技能水平较低，习惯性违章时有发生等。为了实现零事故的目标，第一采油厂决定借鉴杜邦安全文化管理经验，创建“团队安全型”班组，来保障生产作业的安全，提高企业的安全管理水平。

第一采油厂创建“团队安全型”班组保障安全的做法主要是：

(1) 对创建“团队安全型”班组保障安全的认识

第一采油厂通过生产实践认识到：制度只能告诉人最低的标准，而文化则能激励员工不断超越自我，形成正确的自觉意识和习惯，实现本质安全。文化的力量在于：产生凝聚力，使员工产生共同的精神追求和信仰，使个人信念、行为习惯、价值取向等与企业的发展有机结合，最终促成全员恪守的内部伦理，形成合力，促进管理工作不断发展；加强战斗力，优秀的企业文化培育优秀员工，优秀的员工创造优秀的工作业绩；提高员工的责任感和职业道德，增强员工自律意识，从而树立良好的企业形象；它还为企业发展提供无限的延续力。

统计数据显示，石油石化行业近年来超过 88%的生产事故与违章有关。违章操作、违章指挥几乎成为痼疾，而且 90%以上的责任事故都是责任人心存侥幸、有令不行、有禁不止、安全措施未做到位造成的，即绝大部分与事故有关的违章都发生在基层班组。这与被誉为“世界上最安全公司”的杜邦，对中国石油集团所做的安全文化评价报告中所得出的结论是一致的：中国石油集团暂时处于安全文化管理发展的“自然本能、严格监督、自主管理、团队管理”四阶段中“严格监督”的早期阶段。

为了把 HSE 管理（健康、安全、环境三位一体）的理念落实到基层，把风险管理的过程表现在结果，实现 HSE 业绩的全面提升，对于生产单位而言，最有效的办法就是确保基层组织的细胞——班组的良好 HSE 业绩。只有每个基层班组都实现“零伤害、零损失、零污染”的 HSE 目标，整个企业的 HSE 业绩才会得到保证和见到效果。因此，以杜邦式的安全文化建设最高阶段为目标，强化班组建设，创建“团队安全型”班组是非常有意义的。

(2)“团队安全型”班组建设过程和方法

创建“团队安全型”班组的目的，是让安全文化深入人心，使安全意识融入企业内部每个角落，所有员工构成一个充满凝聚力和荣誉感的团队，彼此通过工作内外的相互关心和帮助，实现安全为生产、生产讲安全的目标，从而杜绝各类事故的发生。

“团队安全型”班组建设方法主要是：

● 典型引路，积累经验。从整体考虑，第一采油厂从树典型、抓先进入手，结合“五型班组”的评比，明确提出把涵盖全厂注、采、输、工程施工、井下作业专业的 5 个专业先进班组作为试点，培养“团队安全型”班组，作为样板，制定标准，分步实施，不断推进，积累经验。

● 营造良好的创建氛围。大力营造班组建设的安全文化氛围，为后续工作做好铺垫。在年初制定了该项创新建设的整体规划之后，相关部门和单位联合举行了“第一采油厂创建团队安全型班组启动仪式”。随后，又结合输油作业区组织全体班组长参加的主题为“积极创建团队安全型班组，提升作业区管理水平”的安全学习会，对“团队安全型”建设进行了宣传。围绕杜邦公司的十大安全理念，精心编排便于员工理解、易于记忆的宣传画。在厂网页的“安全园地”

专栏定期公布项目建设的进展情况，扩大活动的影响面。

● 把握好员工的培训。在企业，员工是安全文化传播的主体，是整个生产过程的核心要素。为了培养广大员工安全第一的观念和团队意识，使先进的安全理念扎根在每个员工心中，使员工转变不良的安全态度和行为习惯，自觉自发地创造安全、维护安全，实现从“要我安全”到“我能安全”的思想转变，第一采油厂扎实开展了送安全书籍到基层活动，购买了集团公司《反违章禁令学习手册》220本；聘请集团公司专家来厂对全厂的岗位长进行了全面而深入浅出的基层风险因素识别培训。同时送实验班组去先进企业进行学习，聘请专业机构对重点班组进行全方面指导、评估，推进“团队安全型”班组管理进程。

(3) 推行岗位安全工作新行为，增强班组凝聚力和战斗力

推行岗位安全工作新行为，最为明显的变化，是增强了班组凝聚力和战斗力。

● 建立良好的人际关系和作业氛围。推行“三不”行为，即不压抑，在班组里员工间相互支持、密切配合、互保联保，形成纵横交错的安全防护系统；不客气，直接指出对方的不规范行为，直呼其名，警示他人；不猜疑，在班组不用担心谁会误解谁，员工间经常交流工作情况，及时消除工作上的猜疑和不满，增强沟通和信任，营造出良好的安全工作空间。

● 建立岗位“家谱”与“亲情卡”。在纵向上，详细记录在岗人员的信息并建立数据库，增强员工的集体荣誉感、团队意识；在横向上，结合载有在岗员工家庭成员基本信息的“亲情卡”，及时了解工友工作外的生活状况，增进沟通，相互帮助，把员工的工作外安全与工作内安全有机地结合在一起。

● 建立“班组长论坛”。为加强班组建设，不断提升班组长管理水平，使班组长队伍与建设一流企业相适应，建立了“班组长论坛”这一平台。定期举办主题论坛会，邀请担任过多年班组长和从事安全工作的同志结合工作实际，运用身边的安全事故案例，对事故原因进行剖析，对好的做法进行介绍，并就如何加强班组文化建设和班组管理提出对策和建议，使与会班组长得到启迪和教育，拓宽视野。

● 加强班组安全管理，完善 HSE 管理体系。通过梳理完善 HSE 管理体系，发现作业大队、工程大队的 2 个试点班组属于新划入第一采油厂的单位，为了解决其安全管理问题较多，体系不成熟的问题，第一采油厂及时梳理、加速融合，使其尽快与油田公司体系文件接轨，并组织相关人员学习，加强专职安全监督的培训。

● 调动班组学习体系文件的主动性和积极性。对试点班组进一步加强 HSE 体系文件的学习和运用，完善岗位风险因素识别，突出应急预案的操作时效性。在岗位内实行“班组长”轮换制，每周由一名班组成员担任岗位长，组织本岗各项工作，查隐患、反三违。通过对组织工作的体验，增进班组长与班员之间、班员与班员之间的相互理解、相互信任，增强班员的安全意识、职业技能、沟通能力、协同配合能力。最终使每个班组员工真正成为了一个符合安全标准的员工，巩固了“自我管理”（第三阶段），而且强化了团队意识，凝聚了集体力量，收获了“团队安全”。

● 层层落实岗位责任制。在站长向作业区主任签订安全环保目标责任书的基础上，班组长向站长签订安全环保目标责任书，员工向班组长签订安全环保目标责任书，明确安全责任，将安全环保目标落实到站、落实到岗位、落实到个人，形成互相帮助、互相促进、人人保安全的安全保证体系。

● 完善岗位交接班制度。岗位交接班是落实风险管理，实现过程控制的重要环节，在规定时间内保质保量地完成岗位交接已成为确保安全生产平稳运行的重要保证。

● 强化组织领导。创建“团队安全型”班组，需要严密的组织领导，党政工团齐抓共管才能确保创建工作顺利进行。在本次班组创建活动中，质量安全环保科负责总体协调；工会、党群工作部负责安全文化的策划、宣传；企管法规科负责生产现场规范管理、HSE体系的梳理完善；人事组织部负责项目的整体培训；各采油作业区、输油作业区、作业大队、工程大队等“团队安全型”培养班组所在单位负责创建具体措施的落实工作。在各级领导的大力支持下，各职能部门和相关单位积极配合、集思广益，有效地保证了创建工作的圆满实施。

第一采油厂在此基础上，通过典型引路，以点带面，准备用3～5年的时间，通过安全长效机制建设，促使全厂一线生产班组的安全管理上台阶，从严格监督阶段逐步上升到团队自我管理阶段，提高企业整体安全生产的水平。（及德全、李国瑞）

24. 河南油田第二采油厂致力于班组长队伍建设提高人员素质的做法

河南油田于1970年开始勘探，1972年成立南阳石油勘探指挥部，后更名为河南石油勘探局，现为中国石化集团所属分公司，2000年10月改制后，随中国石化股份有限公司分别在纽约、伦敦、香港、上海四地成功上市。目前河南油田下设33个二级单位，有职工3.33万人，已经建设成为集石油勘探、油气开发、精细化工、基本建设、规划设计、机械制造于一体的综合性石油化工基地。

第二采油厂为河南油田公司下属企业。近年来，该厂改进班组学习，加强班组管理，进一步提高班组执行力，并致力于“兵头将尾”——班组长的培养、选拔和考核，采取强化培训提高素质、落实问责提升执行力、优化队伍添活力等措施，强化班组建设，收到了很好的成效。

河南油田第二采油厂致力于班组长队伍建设提高人员素质的做法主要是：

（1）技能充电，班组长现场培训

提高班组长的素质对于企业建设至关重要。第二采油厂要求班组长必须要具备三种素质：一是政治素质。班组长要具备强烈的事业心和使命感，自强不息、顽强进取、坚持原则、大胆管理，善于协调干部和职工之间的关系。二是技术业务素质。班组长必须胜任班组的业务领导工作，具有丰富的技术业务和工作经验。三是管理素质。对管辖的人员、设备等科学管理，做到人尽其才，物尽其用。

为达到这个目标，该厂采取以会代训等手段，厂领导亲自抓、亲自讲，在强化业务技能特训的同时，有计划地组织班组长学习班组管理、HSE 管理等方面的业务知识，重点培训班组长的自主管理、科学管理的意识和能力。同时创新管理，采取班前会由班长轮流主持的形式，增强班组长的分析能力和管理能力，为提高班组长的业务素质和组织管理能力搭建了平台。坚持开展班组之间的基础工作“互查、互检”活动，使班组长在学习中相互促进，在竞争中共同提高。

如今，该厂的班组长既是现场生产的组织者和指挥者，也是一名合格的现场操作培训者。从 2005 年进入塔河油田以来，各班组长担负起了新入疆职工的现场培训重任，先后培训了新入疆职工 150 余人。懂技术、有能力，有着丰富的现场管理经验的班组长队伍也带动了整个职工队伍建设。2008 年 8 月，在塔河采油二厂技术比武中，派出的 3 名选手包揽前 3 名，并获得了团体第一名的好成绩。

(2) 落实问责，班组长干好干坏不一样

第二采油厂为实现企业经营管理目标，以班组管理作为基本单元，下放部分管理权力到班组，赋予班组长现场生产指挥权、工作调配权、违章违纪处罚权、轮换休假审批权等，增加班组长的责任，并进行精确岗位描述，定岗定责，同时分别按管理职能和权限对班组长进行考核，责权利相统一，严格按“三不推”原则，即“个人能解决的不推给班组、班组能解决的不推给队里、队里能解决的不推给项目部”开展工作，强力实施班组长问责制，将问题消灭在班组，工作目标落实到班组，推动班组长自觉开展工作。

在班组长考核管理上，该厂建立了《班组长安全职责》《班组长管理考核实施办法》等一系列管理制度，每月进行一次综合考评、每季进行一次民主测评。建立了班组长考核档案，将班组安全生产指标、质量指标、“三违”、出勤等方面记录，作为年终考核和聘任的主要依据。对贯彻上级指示不力、服务质量低劣、工作作风不深入、工作责任心不强或出现其他严重错误的班组长严肃处理；对思想不进取、工作无作为的班组长依照程序进行解聘。

2006年以来，该厂先后因执行不力等原因撤换了3名班组长，同时，先后有2名班组长被提拔为采油队安全副队长，4名班组长被聘用到甲方采油队生产运行组、厂调度室等部门重要生产管理岗位，班组长干好干坏真正做到了不一样。

(3) 组织任命，保证班组长的权威性

在班组长的选拔使用上，第二采油厂采取能者上、庸者下的措施，对班组长轮换空缺岗位进行竞聘，保持了队伍的活力。

该厂有目的地去观察、锻炼和培养一些政治觉悟高、思想上要求进步、为人正直、廉洁奉公、业务熟练、安全意识浓厚、对待工作高度负责、有敬业及创新精神者作为班组长的后备人选。在班组长选拔任用上，按照基层班组长上岗须具备的专业技术、安全管理、问题解决、现场组织4种能力要求，通过民主荐举、竞争上岗等方式，确定班组长人选，经考察审核合格后，下达正式任命。为提高班组长的政治待遇，把班组长纳入干部序列管理，班组长和站长从优秀职工中选拔，享受副队长待遇，将班组长的工资待遇与职工拉开差距，严格规定聘用与解聘程序，做到解聘班组长必须经所在单位集体研究，任何人没有权力随意撤换。同时赋予班组长现场管理、违章处罚、劳动组织调整等五大权力，保证了班组长的权威性。对优秀班组长除给予激励、提拔重用外，还经常召开座谈会，听取他们的心声，鼓励他们关心企业、建言献策。同时，从工作、生活等各个方面予以关怀，极大地激发了班组长工作的积极性。

第二采油厂不断完善和建立班组长动态竞争激励机制的做法，激发了班组长队伍的活力，现场管理水平稳步提高，以过硬的技术和优质的服务取得了良好的业绩，并且确保了企业的安全生产。（王明堂）

25. 阜新能源化工工程公司实施班组安全管理标准化“样板间”的做法

大唐阜新能源化工工程有限公司组建于2009年7月初，主要是为加强专业队伍建设，控制检修维护成本，提高保运质量，保障装置可靠性而成立的专业公司。主要业务是为能源化工企业检修维修服务，下设10个管理部门以及分公司。

阜新能源化工工程公司从2010年开始，积极开展班组安全管理标准化创建工作，并选择班组进行“样板间”试点建设。经过一年的运行，班组安全管理标准化“样板间”建设取得了显著成效，班组各项安全生产技术指标明显提升，实现了班组安全管理的标准化和规范化，有效地控制了事故的发生，为保证企业安全生产起到了极大作用。

阜新能源化工工程公司实施班组安全管理标准化“样板间”的做法主要是：

(1) 制定实施方案，提供制度保证

为保证班组安全管理标准“样板间”创建活动顺利开展，公司制定了详细的实施方案，成立了创建“样板间”领导小组，对开展安全管理标准化“样板间”建设的各个阶段的工作进行策划部署并提出具体要求，组织各项目部对实施方案认真学习，落实管理责任，使每位员工掌握“样板间”的建设标准和要求。

(2) 分阶段进行创建活动

阜新能源化工工程公司创建班组安全管理标准化“样板间”主要经历了学习、策划、实施、整改、推广五个阶段。

● 学习阶段：创建伊始，由于班组成立时间短、人员素质参差不齐、班组建设经验较少，具体怎么搞大家都不十分清楚。为此，公司组织部分班组长到系统内兄弟单位参观学习，通过学习班组长们对“样板间”有了直观印象，学到了班组建设的先进经验和管理方法，为创建工作奠定良好的基础。

● 策划阶段：结合公司实际情况，综合在各单位学习的实施标准和建设成果，本着“高标准、严要求、操作性强”的原则，精心组织和策划本单位实施方案，突出体现化工检修特点和班组特色。

● 实施阶段：班组按“样板间”实施方案组织实施，物资到位，对办公室进行整理、整顿、清扫、清洁，班内物品定置摆放，上墙内容统一建立，对现有档案资料进行整理，补充和完善新资料，建立了新台账。

● 整改阶段：公司安全管理标准化建设领导小组对各项目部班组安全管理标准化“样板间”建设进行阶段性检查和跟踪纠偏，使其不断得到整改完善和总结提高。

● 推广阶段：公司总结“样板间”建设成果经验，在“样板间”选出一个优秀的班组作为典型，组织各班组长参观学习，开展横向交流，借鉴成功经验，逐步在全公司范围内推广。

(3) 改善班组办公环境、软件建设方面的工作

班组建设包括软件和硬件两个方面，软件建设包括个人行为标准、劳动纪律、规章制度、技术技能、安全意识、工作意识、组织机构、民主生活等。在软件建设方面做了如下工作：

● 在“样板间”班组建设之初，“样板间”班组结合自身特点，按公司和项目公司制度要求编写本班组管理规定办法和考核细则，通过完善管理制度，使班组工作有章可循，并逐渐形成用制度管人、约束人的自我管理机制。

● 建立健全班组组织机构，充分发挥班组五大员的作用。安全员、技术员、宣传员、考勤员、材料员责任明确、各负其责，共同完成班组管理。

● 加强安全培训，每月不定期组织专业技术和安全知识培训，举行技术问答、考问讲解，同时深入现场进行疑难问题技术指导；开展师带徒形式进行专项培训，提高班组整体安全、生产技能水平；坚持每日一案例学习。每周定期召开班组安全日活动。

● 对“三讲一落实”实行动态管理，每天按时召开班前、班后会，落实措施、防范风险；每月进行一次“三讲一落实”月度总结和本月安全情况分析。“三讲一落实”工作注重规范操作、注重实效、重点突出、强抓落实。

● 每月召开一次班组民主管理会议，深入讨论班组重大事项、奖金分配方案、评选先进、人员分工、检修方案等。充分发挥集体力量，为班组献计献策，做到班务公开，充分调动了班组参与管理的积极性，培养了员工主人翁意识。

（4）改善班组办公环境，做好硬件建设方面的工作

硬件包括现场设备、材料、工器具、劳动保护、办公用品、各类资料、台账等。在硬件建设方面公司做了如下工作：

● 设备管理。班组所辖设备分工明确，责任落实到人。建立完善设备台账、检修台账和技术资料，实行规范管理。坚持巡回检查，发现问题及时上报处理，将事故隐患消灭在萌芽状态。

● 材料、工器具管理。建立工具台账、材料台账，设专人负责；定置摆放，定期检查工器具完好状况和检验情况；公用工具借用严格实行逐级签字制度。

● 办公设备实现定置化管理，推行6S（整理、整顿、清扫、清洁、素养、安全）管理模式。物品摆放明确，标志清楚，卫生清洁等，使6S管理显现成效。

● 班组建设各类台账分类摆放。做到清晰明了，查找方便，台账维护由专人按时负责，及时填写，填写规范，接受监督考核。

一年以来，阜新能源化工工程公司通过开展创建安全管理标准化样板间建设，班组环境得到明显改善，作业人员行为进一步规范，员工安全生产意识不断增强，夯实了班组安全管理基础，企业本质安全建设水平不断提高，实现了安全生产稳步推进。

26. 克拉玛依钻井公司用安全文化引导和促进班组安全建设的做法

克拉玛依钻井公司是中石油西部钻探工程有限公司下属的一家工程技术服务单位，现有生产班组 628 个，主要分布在国内准噶尔盆地、塔里木盆地和海外 8 个国家，具有生产规模大、作业场点多、施工战线长、风险高的特点。

钻井公司领导深刻认识到，安全生产是一项系统工程，加强班组安全文化建设是实现安全生产的关键环节，只有把班组安全文化建设纳入安全生产这一系统工程中来，实现安全生产才有坚实的基础。因此，公司始终把班组安全建设放在重要的位置，把班组看做是安全生产的基础和控制事故发生的前沿阵地，认真细致、脚踏实地抓好班组安全建设，从而推动企业安全工作的有序进行。

克拉玛依钻井公司用安全文化引导和促进班组安全建设的做法主要是：

(1) 加强员工培训，提高员工安全素质

近年来，钻井公司每年都制定员工培训工作要点，与生产经营任务一同安排、一同检查、一同考核，确保培训时间、人员、内容和效果“四落实”，把加强员工培训，提高队伍素质，作为确保安全生产的根本举措。

● 坚持全员培训。每年冬季停钻期间，钻井公司组织一线职工集中培训。从 2001 年至今，钻井公司累计培训近 5 万人次，每人每年参加培训的时间达到 20 天。

● 注重关键岗位培训。钻井公司连续 2 年组织钻井队班组长（司钻）共 320 人，送往相关院校进行为期 20 天的安全理论知识学习，接受现代安全管理培训；选拔近 500 名一线生产骨干，用 5 年时间分 5 批送到石油院校脱产 1 年学习钻井专业课程。同时还邀请专家、教授来公司举办安全风险管理等专题知识讲座，对管理人员和班组长进行培训。

● 积极开展现场再培训。为了提高员工的实际操作水平，巩固课堂培训效果，针对不同工况、不同人员，通过岗位练兵等形式进行现场再培训。有的班组实行“建立一份档案、指定一名师傅、联点一名干部、运行一套培训计划”模式；有的班组采取“日培训、月考核、年比武”的运作模式；有的班组坚持“五个一”（一日一题、一周一讲、一旬一考、一月一赛、一季一评）培训方式。

● 创新培训方式。钻井公司组织开发了《HSE 培训教材》和“钻井操作指南”软件多媒体教材，《HSE 培训教材》网络版已经投入使用。

（2）推进班组安全文化建设，形成共同安全价值观

钻井公司注重在全公司上下形成共同的安全价值观。通过对公司安全生产工作的梳理、总结，以及对现代安全管理理论的学习、领会，提炼出了以“安全生产，从我做起”为核心的安全文化价值观，使职工认识到抓好安全生产，关键在领导，重点在现场，要害在岗位。

● 搭建全员参与安全管理的平台。在基层生产班组，钻井公司开展了“员工轮流当安全员”活动，达到自我教育、提高的目的；钻井公司选举产生了“职工健康安全代表”，成为员工健康安全权益的代言人。在生产现场推行了“STOP 卡”，赋予岗位人员拒绝违章指挥和冒险作业的权力，并对优秀“STOP 卡”进行奖励。

● 利用多种形式营造氛围。钻井公司采用 HSE 简报、典型事故漫画册、安全专题文艺演出等有效载体，讲述安全故事，吸取教训，并广泛开展“安康杯”知识竞赛、“青年安全示范岗”、致员工一封“安全家书”、征集安全嘱托语等活动。

● 提高安全生产执行力。钻井公司广泛深入地开展了学习型、安全型、清洁型、节约型、和谐型“五型”班组创建活动，制定了

《班组长建设管理办法》，重点明确了班组长选拔标准、岗位职责、考核内容以及有关制度。钻井公司坚持每年从理论和实践两个方面对班组长进行能力评价，加大了人才培养的力度。

钻井公司完善了班组长激励机制，建立了班组长津贴制度，与班组长的出勤、任务完成、安全生产等业绩指标挂钩，按月进行动态考核。钻井公司每 3 年进行一次“优秀班组长”评比表彰，对在一线工作 15 年以上的班组给予重奖。

(3) 进行职责划分和界定，落实班组安全责任

钻井公司坚持“谁主管谁负责、一岗一责”的原则，为落实好班组安全责任，采取了以下措施：进一步完善了岗位责任制，对岗位安全责任作了具体描述和明确，形成了“事事有人管、层层有人抓、人人有专责”。

对照 HSE 安全管理体系各要素的控制要求，对实际运行中问题较多的环节进行了职责划分和界定，进一步明确了责任主体及责任人。严肃纪律，严格监管，将岗位人员的安全责任履行情况、违章情况纳入个人档案，作为奖惩、提拔、晋级的重要依据。对发生的各类事故和未遂事件，坚持“四不放过”的原则，进行责任追究。

(4) 强调“五个坚持”，提升班组管理水平

为了保证 HSE 管理体系的有效运行，钻井公司强调“五个坚持”。坚持对体系文件不断修订、完善。钻井公司先后组织了 3 次修订，形成了 35 个程序文件、72 个作业文件，确保了文件的有效性和适用性。坚持内审和外审相结合。钻井公司每年接受认证机构的监督审核。

坚持全面运行“两书一表”(《HSE 作业指导书》《HSE 作业计划书》《HSE 检查表》)。为保证“两书一表”的指导性、可操作性和实用性，体系运行初期由公司统一编写，以后逐步转为由项目组、钻井队编写。同时还坚持推进 HSE 达标升级工作。钻井公司编制了“钻井队 HSE 达标标准”，共 780 条，制定了达标验收管理考核办法。为了接受社会监督，在钻井公司内部网站，建立了体系管理专栏，用于内部交流。钻井公司每年向社会发布“年度 HSE 报告”，各单位每季度在公司内部发布“HSE 报告”。

钻井公司通过不断加强班组安全管理，基层现场表现发生了明显变化，在观念意识方面，公司领导和员工始终坚持把安全生产工作放在各项工作的首位，坚持“不安全不生产，不安全不操作”，“带血的进尺一米不打，带血的效益一分不挣”。在管理方式方面，由事后的“消防式管理”转变到事前的预防控制，分析违章现象发生的规律，分析事故的深层次原因，从根本上完善制度和措施。加强班组安全管理也取得了很好的效果，钻井公司在工作量逐年增加的情况下，“零事故”钻井队比例在逐年提高。（田富林）

石油石化企业强化班组安全建设做法与经验评述

石油石化企业生产具有高温高压、易燃易爆易腐蚀的特点，与其他行业相比，生产过程中潜在的不安全因素更多，危险性和危害性更大，因此，对安全生产的要求也更加严格。目前，随着生产技术的发展和生产规模的扩大，企业安全已经不再局限于企业自身，一旦发生有毒有害物质泄漏，不但会造成生产人员中毒伤害事故，导致生产停顿、设备损坏，并且还有可能波及社会，造成其他人身中毒伤亡，产生无法估量的损失和难以挽回的影响。

（1）石油石化企业生产危险性分析

在石油石化企业产品的生产、储存、运输、使用过程中，涉及许多危险化学品。危险化学品是指那些一旦处置不当就容易导致爆炸、火灾、中毒、污染、氧化腐蚀等安全事故，对人体、物品及环境造成危害或破坏的化学品。石油石化企业在生产经营以及储存、运输、使用等环节，由于自身的特性所决定，具有这样几个特点：

● 生产原料具有特殊性。石油石化企业生产使用的原材料，以及半成品和成品，种类繁多，并且绝大部分是易燃易爆、有毒有害、有腐蚀性的危险化学品，这不仅在生产过程中对这些原材料、燃料的使用、储存和运输提出较高的要求，而且对中间产品和成品的使用、储存和运输都提出了较高的要求。

● 生产过程具有危险性。在石油石化企业的生产过程中，所要求的工艺条件十分严格，甚至称得上苛刻，有些化学反应在高温、高压下进行，有的要在低温、高真空条件下进行。在生产过程中稍有不慎，就容易发生有毒有害气体泄漏、爆炸、火灾等事故，酿成巨大的灾难。

● 生产设备、设施具有复杂性。石油石化企业的一个显著特点，就是各种各样的管道纵横交错，大大小小的压力容器遍布全厂，生产过程中需要经过各种装置、设备的化合、聚合、高温、高压等程序，生产过程复杂，生产设备、设施也复杂。大量设备设施的应用，减轻了操作人员劳动强度，提高了生产效率，但是设备设施一旦失控，就会产生各种事故。

● 生产方式具有严密性。目前的石化生产方式已经转变为高度自动化、连续化生产，生产设备由敞开式变为密闭式，生产装置从室内走向露天，生产操作由分散控制变为集中控制，同时也由人工手动操作变为仪表自动操作，进而发展为计算机控制，从而进一步要求严格周密，不能有丝毫的马虎大意，否则就会导致事故的发生。

随着化学工业的发展，石油石化企业生产的特点不仅不会改变，反而会由于科学技术的进步得到进一步强化。因此，企业在生产过程和其他相关过程中，必须有针对性地采取积极有效的措施，加强安全生产管理，防范各类事故的发生，保证安全生产。

(2) 石油石化企业强化班组建设目标分析

石油石化企业在班组（特别是生产班组）的安全管理中，特别需要做好两方面的工作：一方面是制定有关班组安全管理的规章制度，用规章制度的形式，落实班组安全生产责任制，规范班组的安全管理工作，使班组的安全管理工作逐渐规范化、科学化；另一方面是支持、鼓励、引导班组开展形式多样、丰富多彩的安全生产活动，以安全生产活动促进班组的安全教育、安全检查、安全工作。班组是企业的“细胞”，先进的班组、优秀的员工是企业的财富，是安全生产的保障。在企业强化班组安全建设上，需要培育出大量的先进班组和优秀员工，有了这些先进班组和优秀员工做基础，企业的安全生产才具有保障性。

下面来看抚顺石化石油三厂分子筛脱蜡车间王海班先进事迹。

王海班是抚顺石化公司石油三厂分子筛脱蜡车间的一个班组，1993 年由 3 名大专生、3 名技校生和 6 名中学生组成。十多年来，王海班坚持以人为本的管理方式，从大处着眼，小处入手，创造了骄人的业绩，先后获得中国石油“百面红旗”单位、“全国五一劳动奖状”“中央企业学习型标杆班组”等一系列殊荣。

1）以人为本的班组管理，用小手笔写出大文章

王海班管理的突出特点，是以人为本，严格管理。为了规范班组的管理工作，王海班共制定了“员工行为准则”“班组定置管理规定”“交接班制度”等 30 多项管理制度，以此来约束班组成员的思想和行动。这些规章制度，不仅写在纸上、挂在墙上，而且落实在严格的执行上。公司内流传着许多关于王海班管理严格的故事，其中“咸菜和浓茶”，就是一个关于王海班控制夜班犯困的办法。倒班工人最难熬的是子夜零点班，一些人认为打个盹儿谁也控制不住，只要不影响生产无所谓。而王海班每逢夜班，大家都吃咸菜喝浓茶，没有一个发困的。王海班的每一个成员都敢坚定地向其他人保证自己上夜班从没打过盹儿。曾经有个工作人员不相信，趁自己值班的时间探视了几次，发现果然如此，十分佩服。

2）做到事情有章可循，处理问题有凭有据

王海班的另一个特点，是做到事情有章可循，处理问题有凭有据，保证工作量化考核、分配公开公平。量化考核方法是以车间下达的各项指标为依据，以企业各项规章制度为准绳，以班组日常工作为基础，以安全生产、完成指标、劳动纪律、工作表现 4 个方面

为主要内容，按照百分制的方式对班组成员进行考核，逐月公开考核评分，以得分多少计发奖金。这套考核方法使班组各项工作有据可查，每件事情有章可循，处理问题有凭有据，令人服气。2001 年 6 月，从外单位调来一名新员工进入王海班，实习期满上岗一段时间后，他的操作水平还是上不来。根据月动态综合考核情况，经班委会研究，对这名员工的月综合奖进行了相应的扣罚。这名新员工很不服气，但是当他看到当月全班综合考核表后，他服气了，并在以后的工作中仔细观察，虚心向其他员工学习，从中找出差距，使自己的操作技能很快得到提高。王海班严格的管理手段、和谐的班组环境，不但在班组的管理中收到了显著成效，还降低了能耗物耗，推动了生产指标的创新。

3）严守安全生产最前沿，做到技术过硬

在石化企业，安全生产是头等大事。作为炼化企业员工，必须每天面对高温高压、易燃易爆、有毒有害等几乎所有的危险因素。王海班在实践中总结出了一套“王海班安全生产管理法”，概括为“技术过得硬，流程原理通，预案常学习，安全有保证”。为了进一步提高安全水平，他们根据生产实践，总结归纳出了确保安全生产的班组精细操作“三步十二法”，即事前操作六明确，事中操作三确认，事后操作三到位。多年来，他们严格执行“三步十二法”，成功化解了装置遇到的两次停水、三次停电等重大事故，为企业避免了数百万元的经济损失。

班组是企业的“细胞”，是企业所属的基层单位，把班组建设好，建设成为遵章守纪、安全可靠的先进班组，建设成类似于王海班这样的班组，那么企业的安全生产以及其他各项工作，无疑会有很大的进步。可以说，先进班组的建设离不开企业的推动，而先进班组又是推动企业进步的动力。

（四）电力机械企业强化班组安全建设的做法与经验

27. 北京高井热电厂开展“三讲一落实”班组安全流程化管理的做法

北京高井热电厂是大唐国际发电股份有限公司的直属电厂，位于北京市石景山区西部，始建于1959年，1974年全部建成投产，目前装机为6台110兆瓦热电联产机组，供热面积超过1 200万平方米，占北京市总供热面积的十分之一，主要担负着北京西部用户直供电的任务。

2006年，高井热电厂为了有效遏制不安全现象的发生，强化安全生产管理，不断提高安全生产水平，通过广泛调研和论证，开发了“三讲一落实”班组安全流程化管理方法。通过几年来的实践，“三讲一落实”不断改进完善，现在已经成为加强生产一线班组的有效管理方法，提高了班组安全管理的水平，同时也提升了企业的安全品质，有力地促进了企业安全生产稳步发展。

北京高井热电厂开展“三讲一落实”班组安全流程化管理的做法主要是：

(1)“三讲一落实”的内容与定位

“三讲一落实”的内容是：“讲任务、讲风险、讲措施、抓落实”，主要是指班组在组织生产工作过程中，在讲工作任务的同时，要讲工作过程中的安全风险，讲安全风险的控制措施，抓好安全风险控制措施的落实。

“三讲一落实”体现了四个定位：

● 功能定位。“三讲一落实”是班组现场安全作业的“导航仪”，能够引导员工按照“讲任务、讲风险、讲措施、抓落实”的先后顺序、正确步骤，理清每项作业的工作思路，找出有针对性的规章、条款遵照执行。

● 对象定位。“三讲一落实”强调并坚持在任何作业开始前，都要重复这个流程，因此，能够最大限度地保护每一名进入作业现场的员工。流程使员工增强了安全意识，重温了安全知识，控制住自身的作业行为，避免了工作的随意性，把以事为本的管理变成以人为本的管理。

● 效能定位。“三讲一落实”可以防控“三头”（安全源头、事故苗头、作业人头）风险源。大量数据表明，生产安全事故多发生于作业现场、作业过程及作业人员身上。因此，“三讲一落实”就是基于每一处作业现场，用流程控制住进入作业现场人员的意识和行为，在第一时间把住安全源头，在第一地点防住事故苗头，在全过程中守住作业人头，从而实现安全管控的目标。

● 应用定位。“三讲一落实”简单规范、动态灵活。“三讲一落实”是活的流程，即使是两次相同的作业，但由于作业的时间不同、人员不同、环境不同、气候条件不同，“三讲一落实”的具体内容也会有所不同。因此，“三讲一落实”规范不是教条，虽简单却不机械，是一个完全动态的过程。

(2)“三讲一落实”的创新意义

“三讲一落实”将作业安全管理过程高度归纳、概括为4个模块，即班组在组织生产工作过程中，按照“三讲一落实”的流程，讲工作任务，讲作业过程的安全风险，讲安全风险的控制措施，做好安全风险控制措施的落实。

4个模块的具体要求是：班长要在组织班组工作时，严格遵守“三讲一落实”的工作流程。讲任务要明确、具体；讲作业安全风险要严格按照安全工作规程、现场规程及重点反事故措施和各级（单位）《危险点分析与控制措施管理办法》，并结合人员精神状态、天气变化情况与各相关专业衔接等因素，明确重点风险；讲作业安全风险控制要有针对性、可操作性强，并明确如何落实，由谁负责；落实工作有检查、监督，有指导、点评，确保每个关键环节留下管理痕迹，有据可查。在“三讲”过程中技术员及工作负责人要进行补充和完善。各班工作负责人在工作现场，要对本组工作人员再次按照“三讲一落实”的要求强调每项工作的安全风险及风险控制措施，在落实中加强指导。

通过4个模块的流程化控制，有效避免了安全管理的“丢、漏”项，使全员安全管理的可操作性、可评估性更强。在“三讲一落实”的实施和应用过程中，坚持做到“简单的事情重复做，重复的事情坚持做”。通过激励机制、协同机制的建设，保证“三讲一落实”这一简单的方法能够在每天的工作中得以不断重复。通过电子班务或班组日志等管理平台，规范全员的安全作业行为。

“三讲一落实”是对企业制度与文化进行有效对接的尝试和创新。“三讲一落实”依据的是企业安全生产的各项规程、规章等制度文件，表现形式是可操作性强的流程化管理方法，员工通过对这种方法的熟练运用和坚持使用，培育了安全意识、养成了安全工作习惯，完成了让纸面制度变成文化落地生根的过程，将制度与文化进行了有效对接，既维护了制度的刚性，又发挥了文化的渗透力，达到了事半功倍的效果。

“三讲一落实”不是僵化不变的教条，不变的只有4个模块的流程，使用者可以根据不同环境、不同工作、不同作业人员开展不同方式的讲任务、讲风险、讲措施，根据不同的实际情况抓好现场各项措施的落实。

(3)“三讲一落实”的具体实施方法

为了具体实施“三讲一落实”，高井热电厂成立了专门组织机构，建立领导小组及办事机构，明确职责和分工，对“三讲一落实”的推广、完善、深化、监督、评优等进行全面管理，根据企业的发展与时俱进地进行适当调整，落实了各级责任。

实施“三讲一落实”，需要完善五大机制，建立自适应系统。五大机制是指培训机制、问责机制、监督机制、激励机制、协调机制。五大机制的具体内容是：

● 培训机制完善了“充电”功能。通过脱产培训、轮岗交流、实战培训等环节，最大限度地激发每个员工的活力，提高员工参与安全管理的能力和主动参与的意识。

● 问责机制完善了“诊断”功能。通过“三讲一落实”与“两库两制”（问题库、专家库，督办制、结案制）的有效结合，使发现问题的机制得到进一步深化，建立起了发现问题有机制、问题管理有平台、解决问题有专家、整改落实有专人、督办监督有人管、结案处理有章程的闭环机制。

● 监督机制完善了“督导”功能。“三讲一落实”重点在落实，通过对落实环节的有效监督，促进员工良好行为的养成。监督机制实现垂直监督，一级抓一级；成立了厂级安全生产督察组；充分利用并完善监督平台，对各项安全生产实际工作的实施进行实时监控和全过程管理，形成闭环。通过垂直监督的管理方式，促进形成了全厂安全生产责任自下而上层层负责的良好局面。

● 激励机制完善了“推力”功能。高井热电厂建立了完善的评优制度，班组每日班后会对人员执行情况进行点评，车间对班组执行情况进行评价、打分，形成月度动态排行，对执行较好的车间、班组、个人进行物质奖励，增强其执行“三讲一落实”的荣誉感。同时，建立良性的人才成长激励机制，从而提高员工主动参与企业安全管理的意识。

● 协调机制完善了“助力”功能。在“三讲一落实”的推进过程中，党政工团协同推进。党群系统充分发挥舆论导向的作用，使“三讲一落实”的目的、意义、作用深入人心；安全监督部门发挥安全专业管理的作用，对班组安全日活动、日常安全管理工作进行指导；生产部门认真研究如何将好的管理方法运用到实际工作中，通过反复实践提出改进建议，促进管理方法的进一步完善；人资部门、企划部门通过督察督办制度、考核评优制度、培训制度的实施，做好辅助和服务工作，使全厂工作更加系统化，形成工作的合力。

(4) 抓好“三讲一落实”五个环节，达到持续完善

抓好“三讲一落实”五个环节，即抓好思考准备环节、抓住班前会组织环节、抓现场落实环节、抓住 PDCA 环节、抓住人人参与的环节。

● 抓好思考准备环节，不打无准备之仗。班长对班组的全天工作进行提前准备，准备内容包括“3W2H”，即 What——工作任务是什么；Where——每项任务的风险在哪里；Who——参加作业的人员是谁；How——如何防控风险；How many——有多少需要改进和完善的地方。

● 抓住班前会组织环节，做到有的放矢。班长在组织班前会时要本着“清理、清楚、充分”的原则进行。清理：带领班组人员清理思想，想自己是否已经进入工作状态；想自己一天的安全目标是什么；想措施落实如何达到 100%；继而放松心情，清理干扰，快乐工作。清楚：班长在布置工作任务的时候让组员清楚“4E”，即 Every Thing——说清楚每项任务；Every One——说清楚每位负责人、参与人的责任；Every Where——讲清每项作业的工作地点，强调重点工作的特殊性在哪里，与其他专业的接口点在哪里；Every Time——讲清作业任务完成的时间结点。充分：班长在布置工作任务后，要让工作负责人、班组成员充分地发言，使全员共同思考每项工作的风险和措施，共同抓好落实工作。工作负责人要首先讲风险、讲措施，班长、技术员、安全员、班组成员进行补充，使风险和措施尽量全面、详尽。

● 抓现场落实环节，实现到位做实。抓现场落实环节强调重复、提醒和落实到位。重复：在工作现场，各班工作负责人要再次强调工作任务，请具体工作人员重复讲述工作的安全风险及风险控制措施，工作负责人必须进行必要的补充。提醒：在工作中，小组成员要相互提醒，消灭由于疏忽、麻痹、走神等原因引起的工作失误。落实到位：工作人员做完工作措施后要自查，工作负责人就地检查，班长对每组工作进行检查和点评，生产保证体系中的各级领导抽查监督。

● 抓住 PDCA 环节，追求持续改善。“三讲一落实”行成 PDCA 循环，使工作成效得到不断攀升。计划制订之后，每次的“三讲一落实”就要不折不扣地通过各个环节去实现。同时，要不断总结“三讲一落实”执行的结果，注重效果，找出问题并对总结检查的结果进行处理，成功的经验要加以肯定推广，并使之标准化。失败的教训要加以总结，以免重现。

● 抓住人人参与的环节，达到全员提升。对班组而言，每个人都严格按照“三讲一落实”的流程进行生产；对管理而言，每个人都按照“三讲一落实”的工作流程，梳理工作，确定重点，落实措施，最终实现上至厂长、下到班组成员都将“三讲一落实”作为重要工具，保证岗位安全。（沈刚、戴义勇）

28. 长春热电一厂以“安康杯”竞赛活动为载体促进班组升级的做法

国电吉林龙华长春热电一厂始建于 1908 年，2007 年归属国电集团公司，目前共有 3 台机组，总装机容量为 17 万千瓦，年发电能力约 10 亿千瓦时，担负着约 500 万平方米供热面积，现有职工 1 165 人。长期以来，该厂坚持服务于长春经济建设和百姓生活，坚持走技术改造、热电联产之路，积极发展城市集中供热，为长春市提供了稳定热源，也为改善城市环境和节能减排作出了重要贡献。

多年来，长春热电一厂一直把班组安全管理作为一项重要基础工作，长抓不懈。特别是 2000 年以来，该厂以“安康杯”竞赛活动为载体，从班组安全生产、文明生产、安全培训、基础管理、精神文明建设与民主管理等方面入手，积极开展班组升级工作，提高了班组综合管理水平。到 2010 年，该厂已连续 10 年实现安全生产目标，荣获中华全国总工会、国家安监总局授予的全国“安康杯”劳动竞赛优胜企业称号。

长春热电一厂以“安康杯”竞赛活动为载体促进班组升级的做法主要是：

(1) 强化班组管理，健全组织，确保工作开展

为强化班组管理，2000年年初，长春热电一厂设立了以厂长为组长的班组建设领导小组，计划部、工会等相关职能部门为班组建设领导小组成员单位，各分场也成立了以党政领导为组长，班组长为成员的分场班组建设领导小组，形成了厂、分场、班组三级管理组织，健全了厂、分场、班组三级组织机构。班组长直接负责本班组的班组建设工作，形成了行政主管、工会配合、职能部门参与的班组建设领导体系。

为严格落实各级人员安全生产责任制，各分厂以签订安全生产责任书的形式，将安全生产指标细化分解，落实到班组，责任细化到岗到人，形成“人人扛指标、层层担责任”的安全工作格局，确保安全管理“横向到边，纵向到底”，不留死角。同时，长春热电一厂每月还进行安全生产情况通报，提高各级人员执行安全生产规章制度的严肃性，有效地保证了安全生产。

(2) 制定班组升级建设实施细则，完善标准，规范管理

1999年，吉林省电力系统颁布了省内电力系统创建一流班组的若干规定。长春热电一厂按电力系统颁布的规定，于2000年出台了《班组升级建设实施细则》，从安全管理、文明生产、设备管理、科技进步与职工培训、基础管理、精神文明建设与民主管理6个方面，规定了各单项百分制考核内容，明确了班组升级必备条件，单项评分达到80分、90分、95分以上的分别为合格、先进、优秀班组，各项评分必须都达到100分才能够被评为一流班组。如果班组期间发生设备障碍和人身事故，班组无权参加全年的班组考评活动，即细则规定安全指标为零。

为提高班组管理水平，企业加强对班组升级的日常管理，每季度对班组进行复查验收，每半年进行考评，全年进行总评，确保班组管理水平不断提升。在全年总评的过程中，严格按照《班组升级考评办法》进行等级评定，如果班组发生设备障碍和人身事故，班组即无权参加全年的班组考评活动，将被列为考评不合格班组，限期进行整改提高。长春热电一厂检修部锅炉分场本体班在班组升级评比中曾经多次名列前茅，但是在2010年班组升级评比中，该班组被评为不合格班组，原因是班组全年曾发生2次一类障碍。通过严格的班组升级考评，极大地提高了长春热电一厂的安全管理水平。2010年，在全厂66个班组中，共评出一流班组16个，占全厂班组总数的24%；优秀班组18个，占全厂班组总数的27%。

为提高安全生产工作规范化管理水平，每年4—5月和9—10月，长春热电一厂从人员、设备、制度、作业环境等各方面，开展春秋两季安全大检查活动，全方位堵塞安全生产漏洞，提高安全生产水平。在2010年的安全大检查活动中，企业从完善安全管理制度入手，先后修编了管理规章制度64种、生产制度148种、生产管理标准95种、安全规程6种，制定了《预防制粉系统爆燃控制措施》等多项规章制度，修编完善了应急预案52个，为设备安全可靠运行提供了保障。企业以开展安全大检查活动为契机，加大设备排查治理和日常检修维护力度，将设备按专责划分到班组，落实到个人，确保设备隐患及时发现处理，提高设备健康水平。本着“应修必修、修必修好”的原则，加强设备日常维护，加大设备巡视检查力度，随时掌握所辖设备的状况，确保设备处于良好的状态。2010年，共处理设备缺陷2 419处，提高了设备运行的安全性。

长春热电一厂从加强班组安全管理入手，严格执行“两票三制”（检修作业实行工作票、操作票；运行管理实行交接班制，设备定期试验、轮换制和设备巡回检查制），以制度规范班组人员的操作行为，确保安全责任落实到人，实现了安全生产的闭环管理。以执行工作票为例，任何一项检修作业，都必须由班组工作负责人办理工作票，工作许可人对作业现场安全措施确认后，在工作票上签字。

工作开始前，工作负责人进行作业危险点分析，对参与作业的每一个人进行安全交底，所有参与作业人员必须在工作票上亲笔签字后，才允许开工作业，从而有效地保证了检修过程中作业人员的人身和设备安全，实现了安全管理的规范化、制度化，提升了企业安全管理水平。

(3) 以班组长为重点，加强人员培训，提升安全技能

2005 年以来，长春热电一厂按照电力系统“劳动、人事、工资”三项制度改革的政策要求，重要岗位均实行聘任上岗制度。企业将聘任班组长作为一项重要工作，把懂经营、会管理、技术精、业务能力强的优秀工人通过竞争选拔到班组长岗位上。2005 年以来，在基层 66 个班组中，先后有 30 名工人通过竞聘走上班组长岗位，在企业安全生产中发挥了重要作用。

长春热电一厂还将充分发挥班组长的积极性、主动性和带动作用，作为提升班组管理水平的一种手段，加大班组长的日常培训。根据班组自身特点，开展了形式多样、富有成效的培训活动，提升班组长的安全技能，确保把好安全生产的第一道关口。如运行分场作为机、炉、电运行单位，担负着企业安全、经济运行的重要责任，属于企业安全生产的最前沿。为提高班组长的管理水平，运行分场每月都开展至少 2 次考问讲解和 2 次反事故演习，每年完成 3 000 余次考问讲解和反事故演习，提高了值班员处理突发事件的实战能力。

为实现班组成员安全素质的全面提升，长春热电一厂每年采取“导师带徒”的培训方式，“一帮一”开展日常培训，明确培训内容及培训进度，采取自学、授课、现场答疑、岗位示范、现场指导等方式，取得了较好的培训效果。2010 年，共有 107 对师徒签订了培训合同，通过在日常工作中的相互学习、带动，师徒的技能水平都有较大程度提高，有力地提升了班组成员的业务水平和安全技能。(孟祥辉、刘英莉)

29. 永安火电厂以“三无”为目标开展班组安全建设深化管理的做法

福建永安火电厂始建于1958年，是以发电为主、供热为辅的国家大二型企业。总装机容量35万千瓦，拥有员工1 500余人，厂最高年发电量达26亿千瓦时。近年来该厂先后获得“福建省标兵企业”“省文明单位”“省五一劳动奖状”“省首批安全生产合格单位”“省模范职工之家”等荣誉称号。

近些年来，永安火电厂先后开展“安全文明生产创水平达标”活动和“创一流企业”工作，企业的各项经济技术指标和管理水平都得到显著提高。在此基础上，该厂结合班组实际，进一步开展了以“个人无违章、岗位无隐患、班组无事故”为目标的班组安全管理，进一步深化班组安全管理工作，加强和谐班组建设，确保团队合力在班组百分之百形成。

永安火电厂以“三无”为目标开展班组安全建设深化管理的做法主要是：

(1) 控制人的不安全行为，做到个人无违章

班组是企业最基层的单位，是安全管理的基石与落脚点，是控制事故的最前哨，也是控制人的不安全行为、做到个人无违章的关键。为了有效地控制人的不安全行为，永安火电厂采取了以下措施：

● 控制人的不安全行为。认真学习《反违章管理办法》，广泛深入地开展“零违章，零违纪”“纠三违”活动，落实员工安全立体防护到位标准，动态监督考核管理，有章必循、违章必纠，培养遵章守纪的良好习惯。设立违章曝光栏，张贴违章者的情况，或将违章现象在厂内新闻网与电视曝光，让违章者受到自我谴责，达到我要安全、不能违章的目的。通过岗位安全教育，专业技术、技能培训，取证上岗，掌握安全规章制度，操作、工艺规程，达到我懂安全、避免违章之目的；以开展班前危险预知活动，进行岗位作业演练，掌握岗位《安全技能手册》《安全工器具使用手册》，全面推行标准化作业，达到我会安全、控制违章之目的；通过安全科技进步，加大安全管理的技术含量，不断增强防护设施，依靠高新科技手段弥补人的过失，力争本质安全、杜绝违章之目的。

● 推行危险点预控。对生产中的每项工作，根据作业内容、工作方法、设备、环境、人员素质等情况，超前分析和查找可能产生危及人身或设备的危险点，在作业现场悬挂危险点牌，牌中详细标明存在的危险因素、切实可行的预控措施、安全责任人等，提醒人们注意不安全因素，严禁违章行为。同时，作业时实行《危险点预控卡》制度，检修部门在办理工作票时由工作负责人填写预控卡，并在开工前向工作班成员交底，运行部门在操作人写票时安排监护人填写预控卡，并由监护人在持票操作前向操作人宣读，知险避险，筑牢反违章防线。

● 应用安全心理学方法。利用生物节律临界，根据岗位人员的情绪变化，合理安排作业人员；对安全操作要求较高的岗位作业人员建立心理档案，密切关注与了解员工心理状态和思想动态，对有思想情绪的作业人员及时进行询问，把导致不正常心理因素搞清楚，对症采取措施；对生活有困难的员工，尽可能关心、帮助，消除其后顾之忧，避免带情绪上班而导致违章作业事故。

（2）加强设备巡检，做到岗位无隐患

班组是安全生产管理的基础单元，也是所有安全生产工作的基础和落脚点，对于事故隐患的排查和事故的预防也同样如此。永安火电厂在设备设施管理上，努力构建以“人员无伤害、系统无缺陷、管理无漏洞、设备无障碍、风险可控制、人机环境和谐统一”为基本要求的本质安全型企业，要求班组职工成为具备充分的安全技能，善于发现隐患，排除故障，防患于未然的安全型职工。

● 辖属设备零缺陷。加强设备巡检，提高值班巡检与设备点检质量，针对季节性气候变化、作业环境改变等可能造成的影响，对重要设备、关键部位、薄弱环节以及危险源作重点检查，及时发现隐患并消除。推行设备点检定修制，并逐步过渡到状态检修制，设备设施检修、维护质量到人，质量到岗，超期服役与淘汰设备安排资金技改，绝不允许不合格产品进现场、检修质量验收通不过的设备投入运行、存在隐患的设备带病运转，力争运行设备零缺陷。

● 作业环境零隐患。一是设施齐全，设备无泄漏。生产现场设施有轴必有套、有轮必有罩、有台必有栏、有坑必有盖，地面防滑，照明、通风良好，危险区域警示标志醒目，安全标语规范，密封泄漏点控制在0.3%以下。二是色标清晰、定置管理、环境整洁。生产现场有物必有区、有区必有挂牌、挂牌必分类，按图定置，图物相符，物品堆放井然有序，作业场所清洁文明。

● 个人行为零缺点。学习海尔的OEC（即日事日毕日清日高：每天的工作每天完成，每天的工作要清理并每天有所提高）管理方法，当日事情当天做完，当天清理不留缺陷，并不断提高。以人的安全行为对象，以我为主线，从我的岗位上查找不安全因素，拟定相应对策并落实，达到行为规范化、作业标准化；以个人行为零缺点为目标，注意分析、纠正自身的不安全行为，在生产、施工（检修）中处理好“我、你、他”的关系，做到我不伤害自己、我不伤害他人、我不被他人伤害，提高个人防护能力。

(3) 做到超前预防管理，实现班组无事故

永安火电厂把安全文化建设落实到班组，大力倡导“企业安全发展、班组安全生产”的理念，提升班组管理水平，努力做到超前预防管理，实现班组无事故。

● 超前预防管理。一是用因果图预测法。依据本班组历年事故追忆情况、本系统同工种班组近年事故情况，用因果图调查研究事故发生前的状态，找出可能引起事故的原因，并按工作中人的不安全行为与物的不安全状态进行分类整理，系统排列，确定安全工作重点。在此基础上，明确各岗位作业过程中自控、互控、他控和联控的内容、责任和手段，落实执行。发现不安全行为立即制止，发现作业环境存在隐患积极排除，发现设备存在缺陷认真修理，同时积极提高危机排除能力。通过岗位练兵、技术比武、反事故演习、事故处理预案演练，提高异常处理应变能力，避免异常扩大演变为事故。

● 夯实基础。安全管理全面渗透。建立健全班组安全责任制，坚持谁主管谁负责，谁在岗位谁负责的原则，落实安全包保责任状，目标到位、责任到人、闭环控制、偏差管理。按少而精、实用、必要为原则配齐班组安全规章制度和有关安全文件，加强学习，严格遵守。在人员素质上，进行学历教育，提高员工基本素质；安全教育，提高安全意识与安全技能；岗位培训，提高业务技能，避免工作缺陷，排除险情，及时发现隐患，正确判断异常处理，提高预防事故能力。在设备管理上，集中财力、物力，改善班组技术装备，提高安全保证系数。在环境整治上，加强综合治理，采取有效措施把物与环境在不安全状况时可能发生的随机事件转化为安全状态，最终达到班组无事故的目的。(叶明荣)

30. 中平能化集团电务厂创建学习型班组强化班组安全管理的做法

中平能化集团电务厂担负着平顶山矿区的供电任务，18 座变电站遍布整个矿区，供电线路有 65 条，合计 276 公里；全厂 17 个基层单位，54 个班组，886 名职工，拥有大中专以上学历的占职工总数的 57.9％，专业技术人员占职工总数的 26.67％，高中级职称人员占职工总数的 17.03％。

作为技术密集型企业，电务厂在深化企业安全文化建设的同时，坚持“宣传、引导、规范、推进”的原则，以创建学习型班组为突破口，以提升职工素质为落脚点，以促进安全供电和企业发展为目标，形成了 OPM 精细化、日常工作军事化、岗位描述程序化、手指口述规范化、现场作业标准化的“五化”管理模式，班组的管理水平、职工素质、学习力、创新力有了进一步提高，为安全供电夯实了基础。

中平能化集团电务厂创建学习型班组强化班组安全管理的做法主要是：

(1) 加强领导，确定主题，开展活动，注重实效

电务厂自1996年以来，不断深化企业安全文化建设，坚持精神文明建设，采取一年一个新主题，先后开展了“班组建设年”“团队学习年”“本质安全年”等系列主题活动，确保了班组建设常抓不懈，有力地助推了企业发展。

在班组安全建设上，确立了“提升技能素质、培育新型职工”和“强化企业管理年”两大主题，提出了管理一流、设备一流、人才一流的目标，设立专项培训奖励基金40万元，并加大培训投入，已经专业培训职工达1 500多人次。所属各单位，围绕主题，立足岗位，集思广益，自行编制了针对性强、可操作性强的培训教材，受到职工的普遍欢迎。

在班组建设上，还按照“五化”管理模式，根据质量管理、职工职业健康管理、环境管理“三大管理体系”规定和《电务厂班组考核细则》，制定出128个《OPM全方位精细管理实施细则》，包括班组长、工会小组长责任制；民主评议、评选班组长制度；班组民管、生活会学习培训制度、卫生管理制度以及各项操作制度和物品、工器具定置摆放制度等，使班组管理制度化、规范化、科学化，促使企业管理上水平。此外，还要注重班组长的选拔、培训和落实待遇。实施了公开选举班组长，竞选演讲——为职工提供了展示才华的平台；民主评议——公开、公正、公平；行政聘任——当选者取得了领导信任，赢得了职工认可。每年制订班组长培训计划，明确目的、时间和考核内容。积极落实和逐步提高班组长待遇，目前已有两位班长享受副科级待遇，先后有15名优秀班组长走上了车间技术主管、工会主席、副主任、支部副书记等岗位。

（2）突出安全抓管理，夯实基础，完善激励机制

班组安全有发展。在班组建设中突出安全抓管理，坚持循序渐进的原则，重点抓好“五防”工作，落实“五个到位”。电务厂自2004年开展“班组建设年”以来，班组建设从合格班组到信得过班组，到自主管理班组；从推行OPM精细化管理，到OPM＋军事化管理；从OPM＋军事化管理，到“五化”管理模式，形成了具有本企业特色的班组建设文化，“五个到位”安全管理法经验，也受到人们的重视与好评。

电务厂不断完善学习＋激励机制，积极推行了“岗位准入”“首席员工”等制度，并对自学取得大专以上学历的在工人岗位的职工每月加发10元奖金。目前有60余名职工正在接受继续教育。建立了“职工技术学习工作室”，组建了“综自技术攻关团队”，为职工学技术钻业务，打造一流的职工队伍提供平台。涌现出了“鹰城职工技术明星”徐全国，“平顶山市职工技术明星和技术能手”“市五一劳动奖章”获得者翟国栋，“市技术创新能手”张冰等青年职工，“平顶山市节约标兵”孔繁建等技术人才，并有多个班组荣获了“市创新型班组”和“创新示范岗”称号。集团机电行业“技术大拿”田志军深入开展导师带徒活动，发扬传、帮、带的好传统，用在实践中积累的经验，整理编写了一套《变电站综合自动化培训教材》，成为厂导师带徒活动的先进典范。

（3）丰富载体，打造“亮点”，以创建“学习型班组”为目标

多年来，电务厂以创建“学习型班组”为最终目标，建立以学习、反思、交流、共享为主要内容的班组学习机制，落实每日读一小时书，每周写一篇读书心得，每月读一本好书，每季度进行一次读书交流，每年撰写一万字读书笔记的“五个一”工程；坚持举办班组建设经验交流会、班组故事、团队学习、“班组建设之我见”征文等文化大赛活动。《平顶山矿工报》曾以《两千万字笔记说明什么》为题，头版头条详细报道了电务厂开展读书活动的情况，并给予高度评价。

坚持引导职工牢固树立起“终生学习、团队学习”的理念，坚持不懈地开展创建学习型班组活动，做到班组学习活动有亮点。运一车间班组持续开展安全明星、青工明星、学习明星、岗位明星“四星”评选活动，不断引导职工学习；电调班组开展了青工读书、团队学习理论辅导、学习力测试、知识答题竞赛、理念实践小游戏等系列活动，并重点加强“每周三题”深度会谈活动；车队班组开展班组、个人与个人之间的比车容车貌、比保时保量、比交通安全的“三比活动”；运二车间月台变电站针对站上青工多、理论较强、实践较弱的特点，设立“培训讲堂”，设置学期学分制的考核激励新措施，把职工学习考核变扣分为加分，变被动为主动，营造了浓厚的比学赶超的学习氛围，也为电务厂培养了一批综合自动化系统知识拔尖人才。

电务厂还把民主管理、群众安全、劳动竞赛、技能大赛、关爱职工等工会工作融入班组管理，实施开展职工身心健康工程，大力开展“争明星班组”活动，做到月考核，季度评比奖励，形成党委领导、行政主抓、工会运作、部门配合，党政工齐抓共管的工作格局。加强了班组的硬件配置，对班组桌椅、更衣柜、空调、电脑等进行了更新。变电站职工住进了旅馆化宿舍，使用上了专用厨房，配置了现代化厨具，并每人每月配发3斤鸡蛋。为班中不能离开现场的作业班组人员提供每人15元标准的班中餐，并提供咖啡，确保职工连续工作中头脑清醒，实现安全生产，营造以厂为家、以班组为家的氛围。目前，许多职工都以班组为“家”，不惜花自己的钱或从自己家里拿来物品点缀和装饰班组，使班组更加亮丽，管理也更具人性化，文化氛围也更加浓厚，由此实现了班容班貌亮，基础建设强、创新意识强，思想素质过硬、专业技术过硬、安全生产过硬的“一亮两强三过硬”创建目标。

31. 华泰重工制造公司加强生产班组管理建立安全生产防线的做法

湖南华泰重工制造有限公司创建于2003年8月，是由中联重工科技发展公司和长沙鑫丰投资公司共同投资组建的现代化企业，总投资12亿元，厂房面积8万平方米，主要致力于散状物料输送设备、港口自动化设备、起重机械设备及散状物料输送系统工程的研发、设计、制造、销售及总承包。

华泰重工公司作为一家重工制造企业，不仅员工劳动强度大，而且危险性大，极易发生各种人身伤害事故。为了预防事故，保障人员和设备设施的安全，华泰重工坚持“安全第一，预防为主，综合治理”的方针，努力改善安全生产条件，强化现场安全管理，狠抓安全隐患的排查和整改，严肃查处“三违”行为，加强对生产班组的管理，建立安全生产的第一道防线，从而有效地遏制了安全生产事故的发生，杜绝了重伤、死亡、急性中毒、火灾爆炸以及重大安全事故，确保了公司的安全生产。

华泰重工制造公司加强生产班组管理建立安全生产防线的做法主要是：

（1）加强安全生产的组织领导，确保企业安全生产到位

安全生产是人命关天的大事，不仅关系到华泰重工的财产和员工生命的安全，而且关系到华泰重工的可持续发展战略。因此，华泰重工公司领导对安全生产工作非常重视。为了加强安全生产工作的组织领导，华泰重工成立了由公司总经理任主任委员，各业务副总经理和部门主要负责人任委员的安全生产委员会，负责公司安全生产监督管理的领导工作。公司安全生产委员会下设安委会办公室，并配备了2名专职安全管理人员，负责公司安全生产、消防安全、环境保护和职业卫生的日常管理工作。

根据高新开发区安全生产监管部门的要求，华泰重工制定并建立了公司安全生产管理制度、安全检查制度、安全教育制度等24种安全管理制度，编制下发了各工种和设备的安全操作规程，建立了安全生产责任制，明确了各级各部门和各级各类人员的安全生产责任，将安全指标层层分解落实到每一个人，做到“安全生产人人有责”。同时，还编制印发了安全检查记录、安全教育记录、安全会议记录、班组安全记录和事故调查分析记录等原始记录台账，建立了安全教育、隐患整改、安全检查和事故调查处理等安全管理档案。

(2) 加强班组安全管理，打好安全管理的前哨战

班组是企业安全生产的前沿阵地，抓好班组安全生产建设，对于保证和促进企业安全生产具有十分重要的意义。为了加强班组的安全管理，华泰重工公司下发了《关于加强班组安全管理》的通知，要求班组必须开展班组安全检查和安全教育活动，并印发班组安全记录本。班组长每天组织班前、班中和班后安全检查，各岗位要对所使用的设备、工具进行检查。检查情况要如实填写在班组安全记录本“班组安全检查记录”栏内。隐患的报告和整改情况则填写在“隐患整改记录”栏内。班组还要对新入厂工人、复工员工及变换工种员工进行岗位教育，新工人要定人带班，直至其能完全独立安全操作。同时，在每天班前会时要强调安全注意事项。每周组织一次安全日活动，全面分析班组安全生产情况，及时学习上级发布的安全通报、指示等，做到活动内容丰富，有针对性、有实效。安全日活动如实记录在“班组安全活动记录”栏内。通过加强班组安全建设，推动了公司的安全管理。

为了强化现场安全管理，华泰重工公司还建立了班组、车间和工厂三级安全保证体系，实施班组日查、车间周查、工厂月查和专职安全管理人员经常性巡回检查相结合的安全检查制度，全方位查堵“三违”行为，违章必罚。同时狠抓事故隐患的整改落实，对检查中发现的隐患要求立即整改，不能即时整改的则下达《隐患整改通知书》限期整改，暂时整改不了的，则采取切实可靠的监护措施，在确保安全的前提下进行生产。

(3) 加强员工安全培训，提高预防职业危害能力

华泰重工公司特别注重对员工的技术培训、安全知识培训以及职业安全知识的培训，以培育安全理念为突破口，全面提高广大员工的安全素质，以实现安全生产的目标。公司建立了安全教育制度，在员工中广泛开展安全教育和培训。新入职员工必须进行公司、车间和班组三级安全教育与培训，经考试合格后才能上岗操作。对长期脱离工作岗位、调动工种的人员按规定做好复工和转岗的安全教育。对采用新工艺、新技术、新材料以及使用新设备的工人及时进行“四新”安全教育。特殊工种作业人员必须按规定进行专门培训和定期复审，经考试取证后才能独立操作。

华泰重工公司还加强对有毒有害作业人员的健康管理，规定所有从事有毒有害作业人员必须进行上岗前、在岗期间的职业健康检查，严把入门关，从而规避了职业病赔偿风险。同时，加强生产作业现场的通风除尘措施，为员工配备防护口罩，改善劳动条件，预防职业危害。在高温季节，华泰重工制定了防暑降温措施，给员工发放风油精、清凉油以及藿香正气水等防暑药品，为员工提供中药凉茶和绿豆汤，发放高温费，等等，通过一系列的安全保健措施，确保了高温季节的安全生产。

华泰重工强化安全生产监管，在安全生产方面做了大量工作，取得了一定的成绩，2006 年被长沙市高新开发区评为安全生产先进单位。(朱阅会、何小明)

32. 东风商用车公司车身厂提升班组五种能力促进全面发展的做法

东风商用车公司的前身是 1969 年开始建设，1975 年正式投产的第二汽车制造厂（1992 年更名为东风汽车公司）中重型商用车制造业务，2003 年东风汽车公司与日本日产汽车公司合资组建东风汽车公司后，东风汽车公司原中重型商用车资产及业务全部进入东风汽车公司，成为东风汽车公司中重型商用车事业部。公司业务主要为

“东风”品牌中重型载货汽车、专用车、客车、客车底盘及发动机、驾驶室、车架等总成零部件与铸锻毛坯件的生产与销售，年生产能力30万辆，拥有7个专业厂、10个子公司，员工总数近3.5万人，固定资产超过150亿元，是国内目前规模最大的商用车生产基地。

车身厂为东风商用车公司下属单位，现有班组148个，其中直接生产班组81个，间接生产班组67个。近年来，车身厂坚持以人为本与严格管理相结合，从实际出发，加强班组建设，持续提升班组执行力、创造力和创新力，把以提升五种能力为核心的持续班组建设，落实到深化企业管理、构建和谐工厂当中，使班组建设成为工厂持续发展的牢靠基石。

东风商用车公司车身厂提升班组五种能力促进全面发展的做法主要是：

(1) 加强制度建设，夯实基础管理，提高班组执行力

为切实有效地加强班组建设工作的组织领导，车身厂成立了以厂长、书记为组长的“班组建设工作领导小组”，成员单位由工会、DCPW推进科和人事科等职能部门及各车间负责人组成，下发《关于进一步加强班组建设工作的通知》《车身厂班组长管理办法（暂行）》和《关于开展班组建设星级达标评价工作的通知》等有关班组建设管理的文件，明确了各自职责；建立“厂领导班组联系点制度”等系列制度，从制度上保证班组建设工作的有序推进。

为建立班组建设长效工作机制，车身厂还制定了《车身厂班组建设星级达标评价标准》，将星级达标分为一到三星级三个级别，分别从班组管理、员工培训和群创改善等9大方面进行评价。通过建立班组星级达标评价标准，使班组建设做到：内容指标化，要求标准化，步骤程序化，考核数据化，管理系统化。

(2) 整合班组、优化班组长素质，提升班组应变力

车身厂以提高组织结构的合理性和提高工作效能为出发点，按照注重实际、利于管理和精干高效的原则，根据功能、工序、工艺和设备布局，加大对全厂班组的整合力度。通过 CFT 小组整合运作，工厂班组由原来的 164 个整合到 148 个，减少班组 16 个。并且统一了班组名称，规范了班组人数设置，即直接班组人数不低于 18 人，间接班组人数不低于 10 人。

为了优化班组长的选拔，车身厂按照班组长选聘条件，采取公开竞聘、领导推荐、民主评议的方法对班组长进行优化。通过优化，把一批有激情、有思想、有悟性、有目标、有责任、有追求，擅长应用新方法、新工具的骨干选配到班组长岗位。据统计，该厂在竞聘中有 26 名班组长被淘汰，新增符合任职条件资格的班组长 10 人。优化后具有大专以上学历的班组长由 49 人增加到 67 人，占班组长总人数的 45%；党员班组长 80 人，占班组长总人数的 54%。此外，车身厂还通过内部培训和外派学习交流等渠道共组织 8 批、102 名班组长分别到长春一汽、天津汽车和广州本田、花都等地取经，以开阔班组长工作视野。

(3) 打造“五大五小”活动品牌，增强班组影响力

车身厂打造班组建设“五大五小”活动品牌，主要体现为“三个结合”：即将班组五大内容、五小活动与班组 GK 诊断相结合，与班组员工绩效评价相结合，与群众性经济技术创新相结合。

在与班组 GK 诊断相结合方面，车身厂在班组管理上增加了方针管理、标准作业、技能培训、作业编成、品质保证、自主保全、现场改善等内容。据统计，2007 年，车身厂示范班组 GK 诊断值达到 4.0 分，完成工厂年度必达目标；一般性班组 GK 诊断值达到 3.13 分，完成工厂年度挑战目标。在与班组员工绩效评价相结合方面，车身厂把推行现代化管理方法，与“消除浪费、创造价值、持续改进”为核心的标准量化管理相结合，将各类指标层层分解，落实到人，通过日检查、周点评、月互评，层层传递指标压力，积极营造有利于出精品、出人才、出效益的环境。在与群众性经济技术创新相结合方面，工厂坚持每季度开展一次群众性经济技术创新活动成果发表会，组织厂级课题发表、评优和推广，积极营造鼓励创新的环境，促使班组获得了《提高驾驶室储存器具通用性，降低工位器具费用》《消除滚床“掉车”故障，降低面漆线故障强度率》和《建立快速出货供给机制，提升与生产同期化能力》等一批创新成果奖。

(4) 开展技能竞赛，培育班组竞争力

在优化班组生产作业环境方面，车身厂注重硬件投入，给全厂148个班组配备统一的文件柜。其中，给48个班组配备了台式电脑和投影仪，给20个班组配备了会议桌、长条椅，并对少数班组环境进行了重新装修与粉刷。同时，还制定了《班组基础设施配备使用标准》，督促班组建立“学习园地”“图书角”和“阅报栏”，组织举办“创建学习型组织、争当知识型员工”征文活动和“班组建设小故事”征文等活动，为班组营造了良好的学习、生活、工作环境。

为了提高员工的技术技能，车身厂积极开展技能竞赛。结合落实《车身厂创建学习型组织纲要》和《车身厂文化建设纲要》，制定《车身厂员工岗位技能评价办法》，明确了“学习型组织”选树标准、“知识型员工”选树标准、员工“精一会二学三”评价标准、车身厂各类人才评价标准和车身厂计算机操作评价标准。通过在各生产车间建立员工技能训练阵地，把持续20多年的技能竞赛作为工厂群众性的技术“奥运会”。通过竞赛，涌现出了全国劳动模范匡开勋、青年学者型领导方勇、中国机械工业部“有突出贡献技师”李秀虎、工人研究生黄玉玲和公司级电工女状元杨玲等先进典型，为员工成才搭建了提升技能的平台。

(5) 提供强有力的服务和保障，增强班组凝聚力

车身厂始终坚持把促进工厂发展放在第一位，紧紧围绕生产经营中心工作，充分发挥组织优势，优化团队建设，推进“素质工程”，以扎实有效的工作，为工厂较好实现年度经营目标提供了强有力的服务和保障。

2007年，车身厂克服资金不足的难题，投入14.5万元改造单身过渡房，改善员工的居住环境；投入资金进行老油库移址及其原址改建停车场，既从根本上解除油库重点防火部位不便封闭管理的难题，又一定程度地缓解了部分员工停车难的问题；为缓解物价上涨压力，工厂全年增加32万元对员工伙食进行补贴，确保职工食堂饭菜不涨价。此外，工厂不断改善幼儿园办学环境和做好员工社区医疗服务等一系列后勤保障工作，有力地支持了工厂的生产经营工作。

为了保持员工队伍的整体稳定，车身厂通过做好有效的宣传、解释工作和及时的沟通，预防和化解生产经营中的各种矛盾，保持了员工队伍的稳定。此外，还通过开展中层管理人员作风建设活动，进一步密切了干群联系；积极落实好“困难员工帮扶、救济制度”“员工疗（休）养制度”“员工带薪休假制度”和“工间休息”四项制度，把人文关怀落到实处，扎实地推进和谐工厂建设。2007年，车身厂组织3批次、30名员工享受疗、休养；“爱心救助基金”为12名特困员工解了燃眉之急；一般员工带薪休假落实率达到100%；工厂在资金比较紧张的情况下投入130万元，组织全员体检；坚持开展送温暖活动，全年补助困难员工、慰问病号721人次，支出资金达23万元。

车身厂提升班组五种能力的做法，实际效果明显，使班组管理逐步实现标准化、规范化、现代化，班组员工的安全素质不断提高，预防各类事故的能力得到增强，促进了企业的安全生产工作。（李维新）

33. 大陆机械公司开展创建和谐班组活动加强企业基础管理的做法

山东兖矿集团大陆机械有限公司前身是兖州煤矿机械厂，系直属于煤炭工业部的大型二档企业，为中国煤机十六家骨干企业之一，主导产品是带式输送机，已连续六年取得中国煤机市场占有率第一。1997年并入兖矿集团，2002年整体改制成立兖矿集团大陆机械有限公司，现有职工 2 120 名，下设 11 个生产车间，196 个班组。

近几年来，兖矿集团大陆机械公司积极贯彻执行“安全第一，预防为主、综合治理”的方针，牢固树立“以人为本”的思想，加强安全防范措施，注重班组建设，大力开展创建和谐班组活动，企业基础管理工作得到加强，企业生产经营与职工精神面貌发生了显著变化。

大陆机械公司开展创建和谐班组活动加强企业基础管理工作的做法主要是：

(1) 对班组长提出“五心”“三先”的要求

班组长是最基层的管理者，起着承上启下的作用。如果班组长素质不高、工作方法不当、不能发挥表率作用，就很难赢得职工的理解和支持，也很难正常开展班组工作。为此，公司对班组长提出了“五心”“三先”的要求，并通过教育培训和监督考评，逐步转化成他们抓好班组工作的行动指南。班组长在实际工作中，自觉以“五心”“三先”作为行动的尺码，赢得了职工更多的信任和支持，营造了班组工作相互沟通、相互尊重、相互帮助的和谐气氛。

“五心”：①对待工作有热心。不能见到荣誉就动心、遇到挫折就灰心、碰到表扬就欢心、受到批评就离心。②思想工作有耐心。不能简单粗暴，知难而退，以权压人，生搬硬套。③对待职工有诚心。应该做到：组员有困难就诚心帮助，有矛盾就诚心调解，有缺点就诚心批评，有进步就诚心鼓励。④改正错误有决心。要善于听取正反两方面意见，用于改正工作中的错误，不能阳奉阴违，产生消极抵触情绪或产生报复心理。⑤处理问题有公心。班组长公平不公平，组员心里有杆秤。在奖金分配任务安排、经济处罚方面要坚持“公平、公正、公开”的原则，不能被亲情、友情、感情所取代，做到制度面前人人平等。

“三先”：①比组员先想到。对班组可能出现的不安全因素、产品质量、思想动态等问题要超前考虑，定出对策。②比组员先看到。

平时耳听六路，眼观八方，及时发现问题，把问题处理在萌芽状态。③比组员先做到。身先士卒，严于律己，做到完成任务干在前，关心他人跑在前，危险时刻冲在前，执行制度走在前，思想工作做在前。

(2) 建立健全规章制度，用制度规范和约束员工行为

制度是和谐的前提，原则是处事的准则，和谐是在原则的指导和制度的约束下人与人之间的一种平等关系。在创建和谐班组的工作中，公司依据上级的指示精神，结合本单位的实际情况，先后修订和完善了《争创和谐班组规划》《五好职工考核标准》《劳动纪律管理规定》《安全文明生产管理制度》《质量管理制度》《班前会制度》《思想状况分析制度》《走访慰问职工制度》等多项管理制度，并在制度的修订和运作中充分注重了制定制度的实用性，运用制度的持久性，克服了执行制度的随意性，显示了对人对事的公正性。

以此为基础，公司将制度的检查考核始终贯穿于全年的整体工作中。做到了“以制度规范人，以制度约束人，以制度考核人，以制度奖惩人”。同时，要求班组长必须做到“三管”“二监督”“三到位”，即敢管、严管、会管；注重自我监督、相互监督；做到事前警示到位、违规处罚到位、事后帮促到位。各项制度的落实，使职工遵章守纪的自觉性更高了，气更顺了，班组的和谐气氛更浓了，为全面完成生产任务提供了强有力的保证。

(3) 突出重点形成凝聚力

在安全管理中，公司采取严格管理、严格规范的措施，在规章制度执行上落实一个“严”字，在安全检查中重点突出一个“细”字，在隐患处理上认真落实一个“快”字。为真正把安全管理工作落到实处，打造了“分工负责、相互配合、级级相保”的框架，对班组长实行了“三定一保”的考核办法，即定责任、定人员、定区域，确保分管区域无违章，无重大人身机械事故发生。

● 把安全生产作为班组和谐的落脚点。公司始终把安全当做

“天”字号大事来抓，做到了安全第一，生产第二，不安全不生产。在安全教育中公司坚持形式和效果相统一，面上教育和个别教育相结合的原则，采取了“专人辅导集中学，化整为零分散学，座谈讨论交流学，参观访问启发学，寓教于乐变通学”的方法，牢牢抓住四个教育重点：对新入厂学员重点教育，对违章职工重点教育，对思想不稳定职工重点教育，节前节后对职工重点教育。

● 把思想政治工作作为班组和谐的润滑剂。公司找准思想政治工作和生产经营的结合点，既注意做好八小时之内的思想工作，又注意做好八小时之外的思想工作；既注意做好在岗职工的思想工作，又注意做好职工家属的思想工作；既注意做好“事后”的思想工作，又注意做好事前可以预料到的思想工作。同时做到了把解决思想问题与解决实际问题相结合，温暖了职工的心，稳定了职工队伍。

● 把民主管理作为班组和谐的助推器。在制度执行中，让职工参与监督，以求最大的公正性。同时认真做到了“三同”“四公开”，即同工同酬、同奖同罚、同事同论；职工考勤公开、职工收入公开、职工完成工时公开、职工奖罚公开。通过上述措施，让多得者问心无愧，让少得者心理平衡，让受罚者心服口服，给职工一个明白，还领导一个清白。消除了疑惑，化解了矛盾，增进了团结，鼓舞了干劲。（杨振山）

34. 东联机械制造公司以班组建设为着力点提升班组管理水平的做法

中平能化集团东联机械制造有限公司始建于 1956 年，其前身是平煤集团东联机械制造公司，系原平顶山煤业集团机电装备公司和原平顶山煤业集团煤矿机械厂于 2002 年重组合并而成。主要经营矿山设备设计、制造、安装、维修及服务，现有职工 2 600 多人，下设 24 个基层分厂（单位），共有 204 个班组，其中生产班组 117 个。公司曾先后获得“河南省科技企业”“河南省高新技术企业”“河南省文明单位”等荣誉称号。

近年来，东联制造公司按照集团公司关于学习白国周，加强班组建设的工作部署，围绕生产经营中心工作，以加强班组建设为着力点，抓创建提素质，培育和谐团队，不断提升班组管理水平，努力培育一支迎难而上、能打硬仗的职工队伍，为实现生产任务上台阶奠定了基础。在班组建设工作中，明确目标，围绕重心，营造氛围，狠抓落实，班组建设工作取得了新的成效。

东联机械制造公司以班组建设为着力点提升班组管理水平的做法主要是：

(1) 成立班组建设活动领导小组，对班组建设提出全面要求

中平能化集团《关于加强班组建设的指导意见》下发后，东联公司高度重视，召开专题会议部署公司班组建设工作，采取了有针对性的措施。首先成立了公司班组建设活动领导小组，由公司党政主要领导担任组长，并指定一名常务副经理专门主抓此项工作。组织召开了公司班组建设推进会，对班组建设提出了全面详细的要求，为扎实开展班组建设工作指出了明确的方向。

东联公司为了积极推进班组建设，还建立了“班组建设指导站”。班组建设工作指导站以专题会议，举办班组建设讲座，举办班组长培训班，开展班组建设交流和推广先进经验，组织优秀班组长巡回宣讲等活动方式，从工作机制、工作动态、普及知识、总结理论、完善方法等方面，全面指导和推动公司班组建设工作上水平、上台阶。2009 年以来，班组建设指导站先后指导武装保卫部等 4 个单位进行了公开竞聘班组长，指导带式输送机厂、液压支架制造厂等 5 个单位制定了分厂班组建设考核办法。同时，还根据各单位班组硬件和软件的不同，公司班组建设指导站认真唱好“指导”和“服务”两部曲，到各试点班组了解进展情况，查看活动效果，有针对性进行指导。

为实现班组建设工作“大格局”，加强对各基层生产单位班组建设工作的管理和监督，全面落实领导责任和管理责任，确保公司班组建设工作目标任务顺利完成，公司还对班组建设工作实行了“部室包干督导制”，由公司机关各部室（七部一室和工会）对各基层生产单位班组建设工作实行包干督导，每个部室包干督导1～2个单位。要求机关各部室每月对所包干督导单位的班组建设工作情况进行检查、督促和指导，了解和掌握所包干督导单位班组建设工作的好做法、好经验，并及时汇报，针对存在的问题提出意见和建议，并及时向公司班组建设领导小组反映所包干督导单位班组建设工作进展情况。

东联公司还按照集团公司《班组建设指导意见》的要求，制定下发了《班组建设实施细则》，指导所属各基层单位成立了以本单位党政工领导及有关人员组成的班组建设领导小组，制定了班组建设实施方案，明确目标、内容、措施。按照集团工会要求，推荐两名优秀班组长为集团公司班组长协会会员，成立公司班组长协会和班组建设研究会，并且召开了公司班组长协会和班组建设研究会成立大会。同时，积极探索班组建设的好方法好经验，召开了班组建设经验交流会，推广各单位班组建设经验。

东联公司通过加强班组建设的组织领导，建立保障措施，形成了党委领导、行政主体、工会协调、部门联动、职工参与的齐抓共管的组织领导体制，为班组建设工作奠定了坚实的基础。

(2) 坚持三个原则，实现班组建设稳步前进

东联公司在推进班组安全建设上，坚持三个原则：一是鼓励创新原则，不给班组定框框，要求各班组积极探索，大胆创新，勇于实践，体现本班组特色。二是坚持实效原则，把班组建设的重点放在全员自主管理、成员自我超越、班组指标提升，学习创新力增强等方面，体现学习型班组本质要求。三是坚持主动服务原则，公司在班组建设过程中主动征求各班组意见，积极帮助班组解决遇到的问题，解疑释惑，耐心指导，搞好服务，实现班组建设稳步前进。为了使班组建设活动顺利开展，公司还采取了三项措施。

● 建立班组建设奖励基金制度。公司行政每年拿出 20 万元专项资金作为班组建设奖励基金，建立班组当班考核、分厂月度考核、公司季度考核三级绩效考核体系。公司每季度对分厂申报的“优秀班组”和“优秀班组长”进行一次考核，评选出“优秀班组”和“优秀班组长”，并用班组建设奖励基金进行奖励，优秀班组长奖励 500 元，优秀班组职工每人奖励 100 元。

● 公司及各分厂加大对班组建设硬件设备的投入。通过硬件投入，公司大部分生产班组有了自己的活动场地。机械厂和液压支架制造厂为各班组配备了空调，液压支架修理厂等单位对班组活动阵地进行了修整美化，为班组配备了桌椅等。通过这些工作，班组活动阵地建设得到加强，为班组建设工作奠定了物质基础。

● 公司建立班组建设工作情况研究通报制度。公司每月第一个星期二上午的综合会上，把班组建设作为一个专门议题，由各分厂领导向公司领导进行汇报。为提高班组长的工作积极性，公司把安全质量抵押金扩大到班组长，并由原来的 1 240 元提高到 1 440 元。在落实 2009 年职工培训计划中，专门制订了班组长业务培训计划，目前已经举办了两期班组长培训班。一系列的措施，引起各级领导对班组建设进一步的重视，并使班组长的工作积极性得到空前提高。

(3) 积极发挥协调作用，营造良好氛围

在班组建设活动中，东联公司工会积极发挥协调作用，从营造良好氛围、培育凝聚力着手，强化理念宣传，搭建创新平台，培育和谐团队，激发职工参与班组建设的积极性，切实推进班组建设的健康发展。

公司工会先后起草下发公司班组建设的有关文件，积极组织协调召开有关会议，建立起规范的各项工作制度，制定了班组建设考核办法。统一印制了班组《工作日志》和班组《活动记录》，发放到各分厂班组。对全公司班组长待遇落实情况进行了调查，严格执行文件规定的班组长待遇。

公司工会认真组织开展向白国周同志学习活动，及时下发了《白国周班组管理法》等学习资料，在全公司班组推广白国周班组管理法，统一制作了白国周班组管理法宣传牌板。积极组织动员广大职工参与班组建设，把“树百名明星职工”活动，“精一门、通二门、懂三门”学习竞赛活动，“职工职业技能大赛”活动以及女职工工作融入班组建设中，激发职工学习技术、强化素质的积极性。

公司工会每月向公司党政汇报一次班组建设开展情况。在每月召开的基层工会主席会议上，专题汇报研究班组建设工作。同时还采取“走出去、请进来”的办法，组织到兄弟单位走访，学习先进经验，请有关单位的领导和专家来公司授课，不断提高班组建设工作水平。

围绕集团班组建设的终极目标，东联公司把超额完成全年任务作为现阶段班组建设的主要目标，把“工期、安全、质量、成本、和谐”作为具体指标，努力把班组建设成果转化为生产力。

电力机械企业强化班组安全建设做法与经验评述

电力行业的安全生产事关国家安全和社会稳定大局，安全可靠的电力供应，对于保持社会稳定和促进经济发展具有十分重要的意义。机械制造行业是各种工业的基础，涉及范围广泛，从业人员数量庞大。据不完全统计，我国有 150 万～200 万名劳动者从事机械制造产业，其中包括铸造、锻造、热处理、机械加工和装配等工艺，这些工艺操作中存在着各种职业病危害因素，同时也存在着各种机械设备的危害。因此，做好安全生产工作，保障人员、设备设施、企业运行的安全十分重要。

(1) 电力安全生产的重要性与事故预防

新中国成立以来，特别是改革开放以来，我国电力工业快速发展，全国发电装机容量从 1996 年年底开始一直稳居世界第 2 位。2007 年全国发电量达到 32 559 亿千瓦时，全社会用电量达到 32 458 亿千瓦时，基本满足了国民经济和社会发展对电力的需求。在电网建设方面，随着500千伏电压等级主干网架的形成，已基本实现全国联网格局，西电东送、南北互济初具规模，电能资源配置得到优化。

1）电力安全生产的重要性

电力安全生产指的是为使电力生产过程在符合安全的物质条件和秩序下进行，以防止人身伤亡、设备损坏和电网事故以及各种灾害的发生，保障职工的安全健康和设备、电网的安全以及“发、送、变、配、用”电各个环节的正常进行而采取的各项措施和活动。电力安全生产的范围主要包括电力生产安全、电力基本建设安全、电力多种经营安全三大部分。对发电厂而言，电力安全生产主要指电力生产安全。电力生产安全按照电力生产的环节可分为发电安全、送电安全、变电安全、配电安全、用电安全和电网安全。

电力安全生产的内容主要包括：贯彻落实安全生产法规和“安全第一、预防为主”的方针，加强安全生产管理，健全和执行安全生产规章制度；坚持安全检查，排除安全隐患；坚持对领导、职工和特种作业人员进行安全教育，提高安全技术素质；采取各种安全技术措施和反事故技术措施，消除不安全因素；不断改善安全装备和劳动条件，减轻劳动强度，保证劳逸结合；对职工伤亡及生产过程中的各类事故进行调查、处理和统计报告，等等。

2）电力事故的预防

电力安全生产是电力生产的劳动环境特点的必然要求。电力生产的劳动环境具有几个明显的特点：一是电气设备（包括高压和低压）多；二是易燃、易爆和有毒物品多（如充油电气设备等）；三是高速旋转机械多（如发电机、风机、电动机等）；四是特种作业多（如高处作业、焊接作业、起重作业等）。这些特点表明，电力生产的劳动条件和环境相当复杂，本身就潜伏着许多不安全因素，极具潜在的危险性，对职工的人身安全构成威胁。因此，安全工作稍有疏忽，潜伏的不安全因素随时会转变为不安全的事实，潜在危险性随时会转变为现实的人身伤害事故。这就要求企业必须从保障电力职工的人身安全和身体健康的高度，进一步认识电力安全生产的重要意义。

(2) 机械设备存在危险因素与事故原因分析

机械设备在规定的使用条件下执行其功能的过程中，以及在运输、安装、调整、维修、拆卸和处理时，无论处于哪个阶段，处于哪种状态，都存在危险与有害因素，有可能对操作人员造成伤害。

1）机械设备存在的危险

● 正常工作状态存在的危险。机械设备在完成预定功能的正常工作状态下，存在不可避免的但却是执行预定功能所必须具备的运动要素，并可能产生危害后果。如零部件的相对运动、刀具的旋转、机械运转的噪声和振动等，使机械设备在正常工作状态下存在碰撞、切割、作业环境恶化等对操作人员安全不利的危险因素。

● 非正常工作状态存在的危险。在机械设备运转过程中，由于各种原因引起的意外状态，包括故障状态和维修保养状态。设备的故障不仅可能造成局部或整机的停转，还可能对操作人员构成危险，如运转中的砂轮片破损会导致砂轮飞出造成物体打击事故；电气开关故障会产生机械设备不能停机的危险。机械设备的维修保养一般都是在停机状态下进行，由于检修的需要往往迫使检修人员采用一些特殊的做法，如攀高、进入狭小或几乎密闭的空间、将安全装置拆除等，使维护和修理过程容易出现正常操作不存在的危险。

2）机械设备的主要危害

由危害因素导致的危害主要包括两大类，一类是机械性危害，一类是非机械性危害。

● 机械性危害主要包括挤压、碾压、剪切、切割、碰撞或跌落、缠绕或卷入、戳扎或刺伤、摩擦或磨损、物体打击、高压流体喷射等。

● 非机械性危害主要包括电流、高温、高压、噪声、振动、电磁辐射等产生的危害；因加工、使用各种危险材料和物质（如燃烧爆炸、毒物、腐蚀品、粉尘及微生物、细菌、病毒等）产生的危害；还包括因忽略安全人机学原理而产生的危害等。

3）机械加工设备事故特点

机械加工设备是各行业机械加工的基础设备，主要有金属切削机床、锻压机械、冲剪压机械、起重机械、铸造机械、木工机械等。机械伤害是企业职工在工作中最常见的事故类别，伤害类型多以夹挤、碾压、卷入、剪切等为主。各类机械设备的旋转部件和成切线运动的部件间、对向旋转部件的咬合处、旋转部件和固定部件的咬合处等，都可能成为致人受伤的危险部位。据我国安全生产部门统计，近年来，夹挤、碾压类事故占机械伤害事故的一半左右，注重此类工伤事故的特点和预防，是一项不容忽视的重要工作。

4）机械伤害事故的原因

造成机械伤害事故的原因主要有：

● 违章操作。在我国大量的机械设备属于传统的机械化、半机械化控制的人机系统，没有在本质安全上做到尽善尽美，因此，需要在定位、固定、隔离等控制环节上进行弥补，通过设置醒目的警示标志和严格的安全操作规程加以完善。但不少机械类企业工人有章不循、违章作业问题仍非常突出，违章造成的夹挤、碾压类伤害时有发生，成为企业必须下大气力着重解决的安全问题。

● 体力与脑力疲劳造成辨识错误。长期持久的体力与脑力劳动、单调乏味的工作、嘈杂的工作环境、凌乱的工作布局、不良的精神因素等，都容易使操作者产生疲劳、厌烦的感觉，此时，辨识错误就会出现，带来误操作、误动作，造成伤害事故。

● 机械化代替手工作业。机械化代替手工劳动是生产力进步的标志。但是，这一时期，操作者由于要熟悉新的工作环境和新的机械操作方法，思想往往比较紧张，心理上承受的工作压力明显大于以前手工熟悉状态下的工作压力，不免操之过急，却由于注意力过分集中，产生焦虑和烦躁情绪，极易使手、脑配合出现不协调，导致伤害事故发生。

● 安装、调试设备。机械设备往往要经历安装调试期、正常生产期和老化磨损期。相对来说，正常生产期的设备故障率较低，而安装调试期与老化磨损期的设备故障率相对较高。因为这时机械设备的安全装置处于暂时的“失效”状态，甚至“失效安全装置”也不会起作用，由于调试的需要，还不能断电断气断水，用于防止接触机器危险部件的固定安全装置已被打开，起不到保护作用，稍有不慎，维修人员就会被“咬”。另外，维修调试时往往是两人以上互相配合，极易出现配合失误，如误合闸、误开机、误动作等，造成伤害事故。

(3) 企业强化班组建设实用做法参考

近几年来，许多企业在加强安全生产的过程中，注重加强班组的安全管理工作，有的企业形成了由党政领导挂帅、各方齐抓共管的组织领导机构；有的企业制定了班组安全评价、定期统计报告制度以及考核验收标准，实行“听（听班组长汇报）、看（查看有关资料）、问（询问职工）、查（检查现场）、做（对验收班组的优点和需要整改的问题做小结）”的班组安全检查方式；有的企业在班组安全建设中建立健全规章制度，以各项规章制度为依据，以细化措施为手段，以消除隐患为目的，抓住关键管理环节，做到了按标准化作业、按标准化考核、按标准化管理、按标准化落实的安全生产责任制，同时把班组安全建设与职工个人行为规范、经济利益挂钩，做到赏罚分明，奖优罚劣。

我们来看几个结合本企业实际情况开展班组建设的事例。

● 徐州电业局开展劳动安全互保活动的做法

徐州电业局自1996年7月起，在全局范围内开展了班组成员劳动安全互保活动。活动中，紧密结合供电企业安全生产工作的实际，积极探索并推行“现场作业互保卡”制度，深入扎实、卓有成效地开展和加强群众性劳动保护工作，把安全生产责任制真正落到了生产第一线，为企业安全生产筑起又一道坚实的屏障。

在活动初期，电业局规定开展互保的形式是“1＋1”结对互保。所谓“1＋1”，就是让班组成员依据各自不同的工作能力、技术水平，通过签订《互保合同书》的形式，结成互保对子，以老带新，以强带弱，从树立安全思想，明确工作任务，落实安全措施，正确使用安全工器具和劳动保护用品，严格遵守和执行规章制度、杜绝“三违”确保实现“三不伤害”，完成工作任务，共同提高业务技术素质八个方面，让班组成员通过互保建立起一种相对稳定的传帮带关系，并在劳动生产过程中，开展相互学习帮助和监督提醒，增强班组民主学习和团结协作的气氛，提高职工的安全意识。安全生产有了保证，生产任务完成得快了，工作质量也高了。电业局还把互保作为加强安全生产的有力措施，纳入了企业管理内容。

通过一段时间的实践，总结班组成员结对互保中的经验和问题，结对互保虽然有利于班组开展日常性的安全思想教育，有利于促进职工业务技术素质的提高，便于考核，但也有与生产实际衔接不紧的弊端。于是电业局领导在虚心听取群众意见的基础上，对结对互保实施细则作了修订和完善，进一步规范了结对互保的形式和内容，提出在开展结对互保的同时，实施“现场作业互保卡”，打破以往单纯在同一班组和两个固定结对成员之间的界限，把结对互保延伸到生产作业现场，具体到每一项生产工作任务，细致到每一项安全措施的落实，不走形式，切实解决好重点人员的安全思想麻痹、反习惯性违章缺乏力度、职工间相互提醒监督不能及时和到位等突出问题，努力把各种不安全因素消除在萌芽状态，从根本上遏止了各种不安全苗头，并取得了很好的效果。

● 中平能化集团四矿更新厂创新竞赛的做法

中平能化集团四矿更新厂主要负责开掘系统工程设备的检修任务，并担负着全矿修旧利废、回收复用、特殊设备零部件的加工制作，以及矿上临时性安排等任务，现有职工 99 人，有 6 个车间（班组）。近年来，更新厂结合实际，着重抓好班组建设，以班组为单位，开展班组创新竞赛，取得了良好的效果。

为了激发广大员工的干事创业积极性，更新厂推行一级抓一级，一级对一级负责的管理理念，将经营权、管理权、分配权及各项经济指标下放到班组，让班组长有职有权，自主经营、自负盈亏。制定了《班组经济分配公开制度》，并与企业文化 OPM 考核有机结合起来，实行了分头管理、分级负责，将安全、生产、效益各项指标分解下达到各班组，班组分解到个人，提出奋斗目标，每月召开一次经济活动分析会，在会上将各班组当月任务完成情况进行现场综合评比打分，评比出优秀班组长及优秀员工，并分别给予 200 元的嘉奖，并对其班组长另外加发 70 元的奖励。而对完不成任务及安全指标的班组，则同比例扣减其班组长津贴及班组的效益奖，并在曝光台进行公示。这个激励政策出台后，极大地鼓舞了班组员工的士气，大家奋勇争先，争当安全生产的排头兵。更新厂还在学习白国周班组管理法过程中，结合实情，开展班组“三创新一公开”工作，不仅提升了班组管理水平，提高了班组效益，带动了队伍团结力，还全面提高了班组的创新意识和创新能力。

● 株洲电力机车所公司开展班前安全讲话活动的做法

近年来，南车株洲电力机车研究所有限公司（以下简称株洲所）持之以恒地开展“班前安全讲话”活动，不断提高班前会的质量，力求在内容上突出重点，在形式上创新，在方法上积极引导，提高班组安全管理的水平，从而有力地促进了安全生产稳步发展。

株洲所“班前讲话”工作考评标准，主要有以下几方面的内容：讲话前的准备工作情况；班组长语言表达能力；安全讲话内容是否符合要求；讲话内容不仅讲安全注意事项，还包含了班组管理的各方面，如质量、技术、生产现场管理等；班组成员是否存在“三违”现象；班组成员自我学习与成长情况；班组创新、创意等方面。通过标准的建立，更有利于日常监督检查及考核评比工作的开展，同时也为班组整体管理工作的改进与提升搭建了良好的平台。

株洲所推行半军事化管理，始终强调以“管好人、教化人、激励人、塑造人”为指导思想，以提升素质，强化意识，提高能力为根本目的，要求各单位在推行半军事化管理的工作中，一定要做到以人为本，以提高员工综合素质、夯实安全生产管理基础为工作中心。正因为如此，才保证了班前安全讲话得以顺利推进，员工在很短时间内就实现从不理解到理解、从抵触到接受、从应付到认真，从被动到主动的根本转变。

为及时推广成功经验，株洲所采取了很多有效措施，一是组织班前会演练观摩活动，使班前安全讲话的整体水平得到迅速提高；二是组织召开班组长经验交流会，各班组的经验得到共享，班组长的能力得到快速提高；三是组织全所性的练武评比活动，在全所范围内开展以标杆班组为样板，向标杆班组看齐的学习活动，形成了你追我赶的热潮。几年来，株洲所通过开展“班前安全讲话活动”，取得了一定成效，强化了班组的组织纪律，规范了员工的行为，提升了班前安全讲话风纪风貌，使安全生产管理从形式到内容实现了质的飞跃，为促进本质安全提供了强有力的保障。

（五）其他企业强化班组安全建设的做法与经验

35. 珠江啤酒集团公司深入持久开展班组安全工作“三到位”的做法

广州珠江啤酒集团有限公司于 1985 年建成投产，是一家以啤酒业为主体、以啤酒配套和相关产业为辅助的大型现代化企业，生产规模达 180 万吨，珠江啤酒是全国三大啤酒品牌之一。公司先后获得“全国五一劳动奖状”“全国文明单位”“国家环境友好企业”等荣誉。

近年来，珠江啤酒公司深刻认识到，班组是企业最基层的组织，企业要完成各项生产经营目标任务，要不断发展壮大，都必须靠第一线的班组来落实，各项规章制度也要靠班组的活动去落实，从这种意义上说，班组就是企业一切工作的落脚点。另外，如果班组安全管理基础差，未能按规定开展安全管理活动，则极容易发生安全事故。因此，公司经过研究分析，在班组中开展安全工作“三到位”活动，加强班组安全管理规范化，提高员工安全素质，提高预防事故的能力。

珠江啤酒集团公司深入持久开展班组安全工作“三到位”的做法主要是：

(1)“三到位”概念与内容

班组安全工作“三到位”是指教育到位、检查到位、考核到位。之所以提出“三到位”，主要是针对班组安全管理上存在薄弱环节，主要表现在安全教育不到位，班组长知识和技能欠缺，未能有效地指导、检查和督促所在班组职工遵守安全规章制度和操作规程。珠江啤酒集团公司为此开展了以“创建安全先进班组，争当安全生产标兵”为主题的“百日安全竞赛”活动，把加强班组安全管理规范化、标准化工作作为一项重要内容，并积极推进“三到位”工作。

教育到位、检查到位、考核到位的主要内容是：

● 教育到位。职工安全意识和工作责任心的强弱、技能的高低，直接影响生产的安全，只有通过加强安全生产教育培训，提高职工的安全意识，增强安全素质和技能，使其重视安全、懂得安全，才能确保安全生产。因此，除了对新工人进行三级安全教育外，在班组日常工作中，还必须通过各种方式对员工进行培训和教育，教育包括事前的预防性教育和事后的总结与分析教育。

● 检查到位。班组安全检查是发现事故隐患的重要手段之一。除了公司规定的定期检查外，要求班组根据本班组作业特点和岗位实际进行自查，职工在每天上岗前对设备安全装置进行检查。工作过程中，也要留意设备及周围环境有否异常情况，班组长、安全员要对班组成员安全操作规程执行情况、落实安全措施及穿戴劳动保护用品情况等进行认真的监督检查，及时消除班组成员在作业中的不安全行为，发现隐患苗头及时整改，落实责任到人，从源头消除事故隐患，让班组每一个职工都能确保“三不伤害”，确保班组整体安全。

● 考核到位。为了提高班组成员的工作积极性，增强责任心，班组有必要建立相应的奖惩制度，对能严格遵守安全规章制度和操作规程的员工给予适当的奖励，以肯定其所做出的努力；对不积极学习，经常违章作业、不断制造险情，或不及时整改事故隐患的加以处罚，促使其增强责任感。考核要有目标，要遵循“严、细、实”原则和标准，确保真正起到激励作用。

(2)“三到位”的落实措施

珠江啤酒集团公司认识到，要使“三到位”真正落实下去，不能总停留在读文件、读规定等老套的内容和呆板的形式上，更不能随便开个会，签个名了事。需要根据企业的实际情况，根据班组的实际要求，采取切实有效的措施。

● 落实教育到位主要措施。重点要做好事前的预防性教育和培训，要使职工掌握本岗位所需要的知识和技能，了解所在岗位及周围有哪些危险因素及防范措施，应该使用哪些个体防护用品，如何正确使用等。特别是使用新技术、新工艺、新设备时，企业在事前编制操作规程的基础上，更应及时对班组职工进行相应的操作技能教育培训，使其了解设备原理，熟悉设备和工具的性能，懂得正确的操作和维护保养方法，对生产、作业过程中出现的异常现象有一定的分析、判断和处理能力。班组长在布置具体工作的同时，应结合施工内容及作业点、人员精神状态等情况，分析存在的危险因素，强调安全注意事项。或者通过组织危险源辨识和事故预想活动、反事故演练等形式，使职工能预测可能出现的后果，及时有效地消除不安全因素，以及万一发生事故时的应急处理方法。

● 落实检查到位的主要措施。要充分发动职工，检查自己或身边其他人有否存在习惯性违章行为，组织深入分析存在习惯性违章行为的成因，包括职工的心理状态和组织管理方面的原因，从提高职工自觉反违章意识入手，采取切实可行的措施纠正习惯性违章行为。设置班组安全检查表格，其内容主要是根据本班组工艺与设备的事故预防控制要点制定，以便在检查中及时记录查出的隐患，不致出现大的遗漏，也利于监督整改及信息反馈，使检查能到位、到点。

● 落实考核到位的主要措施。通过组织有效的检查、考核、教育，形成“三到位”的闭环管理。通过教育使职工具备相应的知识和技能；通过检查了解教育及执行效果，为考核和继续教育提供依据；通过考核体现检查的结果，督促职工自觉接受教育，同时，对先进的表彰和对违章违纪者的惩处，特别是对事故责任者的严肃处理，则可使班组成员受到教育和启发，提高遵章守纪的积极性。

(3) 实施班组长的“三到位”的基础和措施

珠江啤酒集团公司充分认识到班组安全管理标准化、规范化的重要性，提出实施要求，主持建立班组安全管理网络，明确各岗位安全职责，并组织建立、修订、完善班组安全管理规章制度，制定出班组安全管理的目标和要求，并对其进行必要的指导和有效的考核。

班组长是基层管理者，作为“兵头将尾”，对控制事故发生起着非常重要的作用，如果班组长安全管理水平不高，管理不善，或责任心不强，不及时制止违章行为，甚至带头违章，班组发生事故的概率将大大增加。因此，通过多种形式提高班组长的安全素质对确保班组整体安全至关重要，要确保班组长个人素质也能达到“三到位”，即意识到位、责任到位、能力到位。意识到位是指：班组长要增强安全生产意识，真正贯彻“安全第一，预防为主”的方针，意识到自己的工作安排和布置关系到每一位职工的利益，甚至生命安危。能力到位是指：班组长必须具备必要的安全理论知识，应熟悉安全生产规章制度，熟练掌握本班组、本岗位的安全操作技能，能解决影响班组安全生产的难题，即知识到位；能针对不安全因素，适时采取有效控制措施，以及必要的组织和协调安全工作的能力。责任到位是指：班组长应增强责任心，积极履行班组安全责任人职责，更要掌握本班组的安全生产目标，把班组成员的安危作为头等大事来抓，使班组安全工作责任到人、措施得力、落实到位。

为实现班组长的“三个到位”，公司经常组织班组长参加安全知识培训教育活动，内容包括法律、法规要求、安全管理技巧等，也可组织到开展班组安全活动成效较显著的单位学习、取经，从而不断提高班组长的安全生产意识和管理水平，增强其工作责任心，为班组开展标准化、规范化的安全管理奠定基础。还可以通过竞争上岗等形式，挑选具有较强的安全生产意识和高度责任感，并具备相应的安全生产技术素质和应变能力，善于管理的职工担任班组长。

通过深入持久开展班组安全工作“三到位”活动，珠江啤酒集团公司的安全生产工作取得了明显成效，班组的安全管理逐渐规范，班组员工的思想认识有了很大的提高，同时增强了班组员工的危机感和责任感，促进了安全责任制度的落实，增强了员工遵章守法、注重安全的自觉性。

36. 正海电子网板公司规范班组安全建设充分发挥班组作用的做法

正海集团公司是山东省重点企业，创建于 1990 年，经过 20 多年的发展，已经逐步形成以稀土永磁、电子信息、汽车内饰、生物医用材料、建筑节能保温材料等多元化产业格局。烟台正海电子网板股份有限公司是集团公司所属主要企业，是世界彩管荫罩的主要生产基地，拥有国内生产规模最大、技术水平最高的荫罩生产线。

多年来，正海电子网板公司在安全管理上，牢固树立“以人为本”的思想，建立健全相关安全生产责任制度，加强安全防范措施，不断提高员工对安全生产工作重要性的认识，增强员工的安全意识和责任感。特别是在班组安全建设上，建立班组安全生产责任制度，制定班组考核办法，根据企业实际情况，在搞好班组安全建设方面，规范班组安全建设活动，充分发挥班组在安全管理中的作用，取得了很好的效果。

正海电子网板公司规范班组安全建设充分发挥班组作用的做法主要是：

(1) 确定班组安全建设为公司安全管理工作的重点，紧抓不放

班组是正海电子公司安全“三级”管理的基本环节，公司各项安全生产的文件、规定、规章制度、技术措施等的贯彻和落实最终靠班组来完成，通过班组开展经常性的安全教育，可以使职工的安全意识和自我防护意识逐渐潜移默化；通过班组日常的安全检查，可以直接、及时地发现生产过程中存在的隐患，将事故消灭在萌芽状态；通过开展班组日常安全管理工作还可以及时掌握职工的思想动态，及时消灭人的不安全因素。总结公司往年安全管理经验，要有效地开展公司安全工作，抓好班组安全建设活动是极为重要一环，因此，在工作中，正海电子公司将搞好班组安全建设活动确定为公司安全管理工作的重点，紧抓不放。

(2) 规范班组安全建设活动，发挥班组在安全管理中的作用

为使班组安全建设开展好，公司结合实际情况，编制了《班组安全建设活动指导书》，对班组安全建设活动开展的内容和形式给予了规范，使班组明确如何开展班组安全工作，即知道应该怎样做、做到什么程度。

● 活动内容。班组安全建设活动的具体内容包括班组安全教育、班组安全检查、班组安全例会制度、班组日常安全管理四个方面，每一方面如何开展，在《班组安全建设活动指导书》中都做了详细说明，增强了可操作性和实用性。

● 活动方式。在班组安全建设活动中，班组可根据实际情况适时组织开展内容多样的活动：开展隐患的“自查自改”活动、生产现场的“清理与整顿”活动、班组安全建设“十个一”活动、班组“专项安全检查”活动、交接班“五不走”活动等。这些活动都紧密结合班组安全生产的实际情况，富有特色，具有职工容易接受、方便实施等特点。通过开展这些活动，极大地提高了职工积极参与安全生产管理的主动性和自觉性，对及时发现和消灭事故隐患，减少违章现象，避免事故发生起到了积极作用。

（3）采取有效措施，保障班组安全建设活动的有效开展

● 召开月度安全例会。公司安全职能部门坚持每月按时召开全公司班组长安全例会，及时总结上月工作开展情况，布置下月工作，做到每月都有新内容、新重点，对布置的工作，月中加强监督、检查、落实和考核，不搞形式主义，对检查出的问题在例会上及时通报批评，并对表现突出的班组提出表扬。

● 加强监督检查。首先，将每月公司班组长安全例会纪要发至公司各部门，让各部门了解会议精神，并监督检查所属班组开展好例会布置工作；其次，安全职能部门日常加强监督、检查和考核，如：检查班组是否每周定期召开班组安全例会，开会的效果如何，是否留下班组安全建设活动记录，是否开展班组安全检查，是否认真落实公司月度安全例会精神等。通过有效的监控，保证了班组安全建设活动的有效开展。

总之，班组是企业安全工作的落脚点，搞好班组安全建设是企业加强基层安全管理的一个重要方面，班组安全建设的好坏，在一定程度上决定了企业的安全生产状况，因此，在实际工作中，必须充分发挥班组安全建设在生产中的作用，实现企业安全生产。

37. 济南铁路局实施班组自控运行机制推动班组安全建设的做法

济南铁路局地处华东，东临沿海，西依中南，是中国东部经济发展和外贸运输的重要通道。有营业里程 3 150 公里，管辖 295 个车站，其中特等站 4 个，一等站 10 个，二等站 40 个，三等站 53 个，四等及以下车站188个。全局职工12.88万人。

济南铁路局在运营中，针对铁路运输生产点多线长、时速高、设备复杂、人员分散的难题，建立了符合新体制、新布局、新时速、新设备“四新”要求的班组自控运行机制，通过新机制的实施，推动了班组安全建设，促进了员工技术技能的提高，同时也提高了班组独立作战的能力，推动了企业的安全生产水平。

济南铁路局实施班组自控运行机制推动班组安全建设的做法主要是：

(1) 以提升班组自控能力为目标，构筑班组自控管理机制

构筑班组自控管理机制是提升班组自我管理、自我控制以及独立作战能力的更高要求，是从依靠外部约束机制到激发班组内动力自主进行班组管理转变的内在要求。

● 明确管理内涵及目标。构筑班组自控机制的内涵就是要紧紧围绕增强班组自我管理、自我控制、自我完善、自我发展能力，建立和整合适应铁路运输企业生产特点的班组安全考核、约束、激励、竞争机制，构造质量管理控制链条，发挥机制管理作用，使班组管理工作形成良性循环，实现班组安全质量整体优化，促进铁路局运输生产经营稳定发展。

● 构筑班组自控机制的目标。强化安全自控，实现安全高可靠；强化质量自控，实现质量高标准；强化作业自控，实现作业高效率；强化队伍自控，实现队伍高素质。

● 制定自控管理切入点。班组自控机制的管理与考核标准必须要以运输生产控制作业过程、提高职工素质、加强班组管理为切入点，将危及运输安全的事故及隐患、违章违纪行为、路风不良反应以及支撑运输安全的作业标准规范、成本费用控制、职工业务素质、班组基础管理等均纳入考核，对班组质量形成了较强的可控性。

● 班组自控必须达到的标准。实现班组自控必须达到以下标准：

一是核心有力。以班组长为核心，由安全管理员、质量监督员、经济核算员等主要岗位人员参与的班组管理领导有力；班组长敢抓善管，有较高的班组管理水平和政治业务素质。

二是管理规范。组织健全，制度完善，分工明确，责任落实，执行认真，考核严格。生产现场纪律严明、设备完好、物流有序、信息准确、生产有序。班组内部环境整洁、文化氛围浓厚、宣传阵地主题鲜明。

三是安全可控。安全意识牢固，预防措施到位，现场控制措施实施到位，关键环节得到有效控制，无任何责任事故因素，无严重“三违”现象，实现安全生产。

四是质量达标。工作质量、设备质量、服务质量达到规定要求。工作质量严格执行作业标准，设备质量保持运行良好，服务质量达到服务对象满意、无投诉。

五是业务过硬。职工业务过硬，熟悉本岗位的各项管理制度和作业标准，应知应会考试全部合格，能够处理安全生产过程中的各种突发事件。

六是任务完成。完成上级下达的各项任务指标，成本支出处于受控状态。

(2) 严格机制运作程序

在创建自控型班组活动中，必须坚持“导向在路局，指导在系统，领导在站段，管理在车间，落实在班组”的原则，充分发挥各级创建自控型班组机制的主动性、积极性，制定规划，完善标准，明确职责，积极推进。

● 明确管理职责。明确规定班组是自控机制的管理主体，负责“自控型”班组管理标准的细化落实，负责日常检查、抽查、月度考核讲评等；站段是规划实施主体，负责标准的制定、考核验收办法、推进措施等；路局负责组织各主管业务部门加强专业指导，对站段申报的自控型班组进行检查、验收，发现和纠正工作中存在的问题，总结推广班组自控管理的先进经验。

● 建立班组建设领导小组。通过建立路局抓指导、站段抓实施、班组抓创建、自下而上抓评定、自上而下抓考核的工作格局，层层分解责任，确保“自控型”班组管理机制的有序运作。为此成立路局“自控型”班组建设领导小组，领导小组下设办公室，在企法处设专职人员负责。在此基础上，建立分系统的班组管理机制。

● 明确考核程序。班组管理考核采取班组自评、车间预评申报、站段组织考评、路局专业部门复审认定的程序，统一标准、统一考核、统一运用考核结果，并将考核结果作为班组各类评先、工班长奖惩、职工工资浮动的主要依据，切实发挥考核对班组工作的规范、约束和促进作用。

● 强化激励措施。采取优中选优的原则按比例评选表彰自控型标杆班组。对自控型标杆班组实行季度奖励、动态管理。凡在考核期内发生否决情况或在季度考核中达不到规定分数的，撤销自控型标杆班组荣誉称号并停止奖励。

(3) 突出创建重点，构筑长效机制

在创建自控型班组活动中，特别注重突出创建重点，构筑长效机制，使创建自控型班组活动能够持之以恒，长久深入，取得成效。

● 科学设置班组。充分考虑现有技术装备水平和资源分布状况，以铁道部、路局对班组设置的原则和标准为基本依据，按照“作业集中、规模适度、专业相近、流程合理”的原则，科学设置班组，合理划分生产单元。

● 规范班组基础建设。建立有效的管理制度，设置必要的台账资料，是建设自控型班组的基本内容和必要形式。必须按照“一站（段）一制”和“必须、可行、管用”的原则，规范班组管理制度和基础台账资料。

● 加强班组长队伍建设。班组长的素质和能力，是自控型班组建设能否取得实效的先决因素。必须加强班组长的培训和教育，在坚持对班组长“每两年轮训一遍”的基础上，结合自身实际，定期对班组长进行管理知识、规章制度和业务知识培训。探索建立班组长任职资格制度，明确班组长任职条件和班组长选拔任用程序。落实班组长权限，适当赋予班组长一定权力。努力提高班组长待遇，根据班组设置现状和所承担的任务，明确班组长配备标准、津贴和相关待遇。注重做好后备班组长的培养和选拔工作。

● 提高生产经营质量。建立完善班组生产经营质量负责制，严把质量关，加强质量监督和质量控制，落实责任追究制度。机务、工务、电务、车辆系统站段加强设备质量管理、控制和考核，督促职工严格按标准进行养护维修，确保设备始终处于良好状态。各车务段、客运段、直属站要加强服务质量管理，认真落实路风“红线”管理办法，大力开展优质服务、诚信服务活动，以满足旅客和货主需求为出发点，细化服务标准，提高服务水平。

● 建立现场控制机制。根据班组实际，建立岗位自控、邻岗互控、作业联控的控制系统、责任系统和考核系统。切实加强对“四个关键”（关键地点、关键时间、关键人员、关键作业环节）的控制，消灭控制盲区。对关键行车班组建立包保制度，明确包保目标，确定包保内容、包保人员和包保责任。对后进班组要建立转化制度，落实整改措施，做好后进班组的转化工作。

● 大力提高职工队伍素质。以新技术、新装备、新规章、新运行图以及既有设备提速后的新变化为重点内容，重新确定有关岗位的“应知必会”内容。强化职工学技练功激励机制建设，全面实施职工培训、考核、使用、待遇一体化的运行机制，调动职工立足岗位学技术、练硬功的积极性。积极探索并建立岗位等级制管理方式，推行“首席职工”制度，把岗位技术、业务素质作为基本要素纳入考核，激励职工岗位成才。

● 加强班组信息化建设。要充分发挥办公网络优势，建立班组网络管理系统，及时反馈班组管理信息，逐步实现全局班组管理的信息化和网络化。积极开发研制全局班组管理统计信息系统，建立

班组长、班组信息源点数据库，提高班组管理科学化、信息化水平。（罗和平）

38. 郑州铁路局月山工务段细化和强化自控型班组建设机制的做法

郑州铁路局月山工务段管辖线路多数地处太行山区，所管辖的太焦线、侯月线更是承担着晋煤外运的重要任务，受山区地理条件限制，线路基础薄弱，车流密度大，列车重载，给线路养护工作造成了很大的压力。在这样的困难条件下，该段干部职工扎根山区不言苦，投入不足汗水补，发挥聪明才智，用实际行动交出了一份满意的答卷，先后涌现出安全功臣张建宝、张喜学、河南省“五一劳动奖章”获得者闫宏伟等一大批先进人物。

近年来，月山工务段面对铁路改革发展的新形势，按照铁路局提出的“重心下移强基础，全力做好自控型班组建设”的要求，深入调研，认真总结，紧贴班组实际，细化自控型班组建设机制，重点在“三个强化”上推进创建工作，从而取得了良好的效果，促进了工务段的整体安全管理工作。

郑州铁路局月山工务段细化和强化自控型班组建设机制的做法主要是：

(1) 强化管理，为创建“自控型班组”夯实基础

在自控型班组建设上，月山工务段强化管理，为创建“自控型班组”夯实基础，采取了积极的落实措施。

● 完善班组管理制度。工务段从精细管理出发，健全完善了段、车间、班组三级管理机制，制定了《自控型班组三年创建方案》《自控型班组、自控岗位自我评价标准》《班组安全生产奖惩办法》等制度。工务段制定了 126 项管理标准，车间制定了 41 项管理制度、99 条考核标准，班组制定了 44 项管理制度、65 条考核标准。建立了由主管领导、各部门负责人、段及车间、班组管理人员为核心的强化“自控型班组”建设管理机制，创建了“段决策规划、车间负责实施、班组具体落实”的协调有力、条块结合、渗透各层次、辐射各班组的自控型班组建设网络。明确了各职能科室、车间、班组的主要职责，把班组管理工作融汇到各业务部门的日常管理之中，真正发挥系统管理的整体效果。

● 整合班组内部管理。本着“三对接”（与上级标准对接、与作业现场对接、与安全控制对接）和“精简、必要、实用”的原则，工务段对班组台账、资料进行清理、整顿，大力压缩非生产性台账，对必需的台账统一规范，共设立了8个卷宗38项内容的班组管理台账，规范了班组台账、报表、卡片等原始资料的填写标准，研发了车间、班组电子台账管理系统，有20项班组管理台账、资料、报表实行电子台账管理，班组台账管理逐步走上“无纸化”轨道。

● 健全考核激励制度。工务段坚持“职工自控岗位日写实、班组自控月评价、车间日常监督考核、段季度抽查考核”的管理模式，对自控型班组的考核包括安全评估、业务素质抽考、成本核算和安全、质量、工班长等级明星考核项目。采取“分项检查、集中考核”的办法，每季度对“自控型班组”创建情况进行评比，对标杆班组、自控班组、达标班组分别奖励人均130元、100元、80元。

(2) 强化队伍建设，为创建“自控型班组”注入动力

月山工务段通过细化自控型班组建设机制，采取积极措施，不断强化队伍建设，为创建“自控型班组”注入动力。

● 优化管理力量。在全段范围内实行班组长竞争上岗制度，把政治素质好、业务技术精、群众威信高、综合管理能力强的同志选拔到班组长和后备班组长岗位上来，实现班组长队伍的优化组合。同时，采取“将选兵”的办法，让班组长挑兵选将，让有进取心、有责任心、作风正派、业务娴熟的同志担任班组“五大员”（安全员、宣传员、材料员、小教员、考勤员），明确职责，落实待遇，健全以班组长为核心的班委会。

● 明确管理职责。明确了班组长在安全管理、生产组织、基础管理、成本管理中的四项职责，授予班组长岗位调整、制止违章、奖励考核、奖金分配四项权力，并充实和细化了具体的考核内容，强化了班组长在班组管理和现场指挥作业的核心地位，充分调动了班组长的工作积极性，有力地保证了班组各项工作的顺利开展。

● 提高班组长待遇。根据各班组的劳动强度、作业过程繁简程度、安全生产难易程度、管理上的复杂程度等，分别制定出260～400 元的工长津贴标准，在等级考核中达到明星工长的可达 600 元。此外，在日常工作中，工务段还从政治上关心班组长，在入党、评先、聘技师等方面优先考虑，在工作上支持他们，注重工班长权力的运用和落实；在学习上帮助班组长，优先选派班组长参加各种培训，使他们在政治、文化、业务素质等方面都有了很大提高，从而带动了自控型班组创建工作的全面提升。

(3) 强化情感投入，为创建“自控型班组”营造和谐氛围

创建“自控型班组”，不仅需要制度的保障，还需要营造和谐氛围，在和谐的氛围中持续推进，不断深入，从而取得成效。

● 提升安全文化。不断提炼安全文化精髓，用安全文化统领职工的思想和行为，使职工对段有“三感”，即自豪感、归属感和安全感。一是突出安全文化建设。在全段征集安全示语、安全警句，编写《安全文化守则》，应用段歌、段徽、段服，举办“安全生产论坛”、职工文化艺术节等，精心打造具有月山工务段特色的文化品牌，以“艰苦不怕吃苦，安全即是奉献”的孔庄精神为主线，大力构建“团结和谐、安全高效”的月山工务段，提高职工的自豪感。二是突出环境文化建设。工务段对全段班组的工作和生产环境逐步改善，更新生产和生活设施。目前，已建成精品班组 17 个、标准化活动室 7 个、标准化食堂 7 个、标准化浴室 6 个，环境的改善，强化了职工的归属感。三是突出生活文化建设。工务段还认真落实“三不让”承诺，增加职工收入，提高职工福利，加大对困难职工的帮携，增强职工的安全感。

●营造亲情文化。工务段在“情感投入转化为情感责任”上做文章，把过去完全靠制度强制行为转化为职工的自控行为，实现靠制度的刚性强制与靠情感的以人为本相互作用，有机结合。一是自我教育。在职工中广泛征集安全共同愿景和安全座右铭，用以规范、激励、警示职工的自控行为。二是亲情教育。征集亲情寄语，反映职工亲人的安全嘱托、期盼和关怀，凸显亲情文化和人文关怀。三是班组教育。工务段在班组建起了以职工安全座右铭、安全愿景、亲情寄语、光荣榜为主要内容的安全文化墙和安全文化园，建立了职工相互启迪、互相教育的平台。

●培养选树典型。注重培养和选树典型，发挥示范引路的作用。每季度对“自控型班组”创建活动进行总结，不断积累经验。例如，工务段对活动基础扎实、成效突出的长治北线路车间的做法进行大张旗鼓的宣传，并召开现场会，推广经验，交流体会，以典型作用带动创建活动的整体发展。工务段还选树“标杆班组”和“明星工班长”，将安全生产中涌现出来的先进个人及各类先进典型连同家属一起请上台，为他们披红戴花，请功授奖，营造争先创优的良好氛围。

月山工务段通过自控型班组创建活动，有力促进了全段安全稳定。现场控制能力得到加强，段、车间、班组逐级考核，分层考核，联挂考核，形成了一个闭环的管理模式；职工精神面貌明显转变，职工的主人翁责任意识明显增强，提高了全段安全生产的可靠性。

39. 帘子布公司积极探索班组建设管理新模式创建优秀班组的做法

中平能化集团帘子布公司是中国首家引进日本成套设备与技术建成的生产尼龙 66 浸胶帘子布与工业丝的现代化企业，目前公司的尼龙 66 帘子布及工业丝规模已跃居世界第一。公司拥有总资产 40 亿元，年产帘子布及工业丝 10 万吨，共有 237 个班组，5 700 余名员工。

帘子布公司历任领导都高度重视班组建设，特别是2005年以来，公司更是把强化班组建设作为企业“健身工程”的重要工作内容来抓，着力打造“技能型、管理型、效益型、创新型、和谐型”班组，逐步探索出一套“党委主导、行政负责、工会协调、部门联动”的班组建设管理模式并取得明显成效。近年来，先后有多个班组获得国家、省、市“质量信得过班组”“优秀班组”“巾帼文明岗”“三八红旗集体”“青年文明号”等荣誉称号。

帘子布公司积极探索班组建设管理新模式创建优秀班组的做法主要是：

(1) 明确职责，完善机制，推进班组建设

2005年年初，帘子布公司就把加强班组建设，打牢生产经营根基作为企业管理的基础性工作来抓，确定当年为“强化班组建设年”。成立了以公司总经理为组长的公司班组建设工作领导小组，并明确企管处为公司班组建设管理负责组织部门。各生产厂成立了以各单位行政正职为主管的班组建设领导小组，设立班组建设管理员，并上报企管处等相关部门统一备案管理。明确各单位行政一把手（厂长、处长、主任）为班组建设第一责任人，把班组建设工作作为评定各单位领导班子年度业绩的重要因素进行考核评价。制定下发了《神马实业班组建设管理办法》《神马实业班组建设实施细则及考评标准》《“强化班组建设”活动的安排意见》等，涉及生产管理、质量管理、工艺技术管理、设备管理、安全环境管理、成本管理、人力资源管理及绩效考核、现场管理、精神文明建设等方面，涵盖了企业管理的全部内容，使班组建设各项工作更加系统化、规范化。

(2) 量化考核，强化激励，提高班组管理的积极性

按照班组建设管理体系，公司各职能处室定期到工段班组对班组建设开展情况进行检查、指导，帮助基层找出班组建设中存在的薄弱环节，力求做到“有重点突破，从本质上提高”。每季度由企管处牵头组织技术处、设备处、安环处、政工处、人事处、工会等7

个职能处室的相关业务人员，在全公司近237个班组中按一定比例随机抽取10～20个班组进行检查，检查的内容包括生产管理、安全管理、质量管理、工艺管理、设备管理、消耗定额管理、现场管理、员工管理、绩效考核、综合管理共十个方面，这部分的评定打分占80％的权重；同时对各分厂班组建设、组织管理、检查考核的落实情况进行全面检查，这部分占20％的权重，以上两项的合并得分作为对各厂班组建设工作的考核得分。公司设立专项奖励基金，每季度对考核前三名的单位给予一定的奖励，对得分低、管理落后的单位给予经济处罚，单位领导按一定比例连带奖罚。公司对各单位班组建设的考核占本单位奖金总数的5％，每季度考核得分在奖金考核中连续兑现三个月。

公司完善的考核制度与激励机制，极大地提高了各单位班组管理的积极性和能动性，使班组建设在科学有序、扎实稳健的氛围中不断提高。同时，公司每年年底结合全年考核情况，在二百多个班组中评出“十佳班组”“优秀班组”。注重物质激励和精神激励，给先进班组长提供了更多的学习机会和更大的发展空间，先后选送优秀班长、全国劳动模范王永红、叶芳等到中国传媒大学等高校深造。

(3) 突出重点，加强培训，推动班组基础管理工作

近几年，公司始终把班组长的培训工作作为班组建设工作的重中之重。首先，班组长的上岗必须经过“如何当好班组长”及有关先进管理知识的系统化培训，取得资格证方能上岗。其次，重视班组长知识更新、能力的提高。在岗班组长每三年要经过《杰出班组长提升篇》的培训及相关工艺生产知识、质量、安全环保知识的轮训。为班组配备了班组建设专业书籍，包括《如何当好班组长》《杰出班组长提升篇》《如何进行5S管理》《优秀班组长工作手册》《现代企业班组建设与管理》《现代质量管理与六西格玛》等，强化二级培训和学习。公司每年组织两期由各单位主管领导、工段长、班组长及班组建设管理员参加的外培，邀请国内知名的管理专家进行5S

管理知识、统计技术管理知识、精益生产、全员设备管理知识培训等专题理论指导，并进行以提高团队战斗力和管理绩效为主题的拓展训练。组织优秀班组长赴上海大众、上海宝钢、青岛海尔等企业参观，开拓了思维、开阔了眼界。最后，注重发挥班组长自主管理的积极性和创造性，在班组内部各项制度建设、员工分工、员工业绩评价、奖惩等方面给予班组长一定的自主权，使班组长敢于大胆管理。

通过班组自主管理，推动了班组工艺操作、设备操作、记录填写等班组基础管理工作的进一步规范。持续不断的培训与交流活动使班组长们的整体素质得到快速提升，并促进了班组长的个人成长。公司自 1981 年建厂投产以来培养出的众多劳动模范、先进人物，如全国劳动模范王永红、魏红梅，“全国五一劳动奖章”获得者许国红、叶芳，河南省劳动模范刘卫平、刘雷刚等，都是公司历经多年精心培养出来的优秀班组长。

同时，公司注重把职工技术比武、劳动竞赛与班组建设结合起来，把职工操作技能培训与班组建设结合起来。特别是生产一线班组，更是把组员的日常技能培训、测试作为班组基础管理工作的一项重要内容。一年一度的群众性经济技术创新活动是公司发现人才、锻炼人才、培养人才的大好时机，每年都会涌现出一大批各个岗位、各个工种的技术能手。2005 年至今，公司共有 19 人在群众性经济技术创新活动中荣获河南省“技术能手”、平顶山市“鹰城技术能手”“技术标兵”等荣誉称号。

40. 一拖集团物流中心加强班组安全建设做好物流安全管理工作的做法

中国一拖集团有限公司始建于 1959 年，是国家“一五”时期 156 个重点建设项目之一，经过五十多年的发展，目前已经发展成为以农业装备、工程机械、动力机械、汽车和零部件制造为主要业务的大型综合性装备制造企业集团。

物流中心是一拖集团公司的主要企业，承担着生产物资仓储、配送的业务，具有点多、线长、面广，安全管理难度较大的特点。面对不利因素，物流中心认识到班组是企业生产组织的基本单位，是一切安全管理工作的出发点和落脚点，而大多数不安全因素又都存在于生产一线的工作现场。因此，加强班组建设，强化现场管理，是控制和减少各类工伤事故，创建良好的作业环境最为实际和有效的方法，也是实现安全生产的重要途径之一。为此，物流中心从加强班组安全建设入手，坚持以人为本，做好物流中心的安全管理工作。

一拖集团物流中心加强班组安全建设做好物流安全管理工作的做法主要是：

（1）加强班组建设，完善规章制度

加强班组建设涉及方方面面，必须充分调动和激发班组职工的积极性和主动性，才能收到预期的效果。班组应以班组长为第一责任人，将安全职责分解落实到班组的每一位成员。首先要不断提高班组长的管理素质，即思想素质、技术素质、管理素质、文化素质。具体应做到“六严”：严中有己，严中有章，严中有信，严中有爱，严中有恒，严中有度。要使班组长明白，自己就是班组安全生产的第一责任人，有权组织安全生产，有权对班组进行安全教育，有权处理本班组“双违”现象，有权向上级部门提出有关安全方面的合理化建议，有权调整本组人员的工作岗位，有权建议评选安全生产先进人员。同时，经常组织班组成员进行学习，不断提高安全意识和自身素质，明确班组的安全目标，明确每个职工的安全职责，熟练掌握本岗位的安全操作规程，使班组形成一个以班组长为安全生产第一责任人的团结协作的群体。

规章制度是经验的积累，也是从血的教训中得出来的。因而它是一种人们行动应遵守的规则，具有一定的约束力。班组一是要落实上级的各项规章制度；二是要结合实际生产的需要和具体情况，制定出班组长、安全员、职工等岗位负有一定安全责任的落实办法。物流中心《安全生产责任制管理标准》规定了从中心、科、班组到职工个人的安全职责，责任明确。如：对科、班组的安全员，要求每天都要在现场查规章、查隐患、查纪律，做到隐患可知、可控，能够整改到位，防患于未然。再如：物流中心起重设备多，所用吊具、索具多，在安全管理方面从申报、使用、保管和报废，都要求按规定的相应程序进行，查缺补漏、形成记录，使安全流程实现最优化。为进一步落实规章制度，物流中心每年还根据每位职工承担的安全工作责任，缴纳了数额不等的安全风险抵押金，将安全责任与经济考核挂钩，每季度考核一次，半年与年终分两次予以兑现。

(2) 坚持“三查、三想、三改”活动，增强安全意识

安全教育不仅要经常持久，循序渐进，还要寓教于乐，应采取多种形式让职工在轻松愉快的氛围中接受安全教育。为此，物流中心利用每年的“安全百日竞赛”“安全生产月”、每周五的安全学习、每天的班前10分钟等活动，通过组织培训、电化安全教育、安全知识答卷等形式，使职工在丰富多彩、形式多样的安全教育中增强安全意识。在思想上由过去的“要我安全”向“我要安全”转变。物流中心各班组还开展了“三查、三想、三改”活动，即查一查自己的行为是否伤害自己，想一想发生事故对自己和家庭造成的痛苦，改一改自己不安全的行为；查一查自己的行为是否伤害他人，想一想发生事故对他人和家庭造成的痛苦，改一改自己不规范的行为；查一查他人的行为是否伤害自己，想一想发生事故给自己和家庭带来的痛苦，督促他人改一改自己不安全的行为。通过“三查、三想、三改”活动，职工的自我保护意识和群体保护意识得到了显著提高。

(3) 严格操作规程，提高操作技能

制定安全操作规程，是为了更合理规范、有序操作。针对不同的工种、岗位制定的要求、规定、注意事项或警示，都是从血的教训中总结出来的，是预防各类事故发生所必须严格执行的作业规范。

安全操作技术能力则是通过技术培训、学习和在实际工作中逐步积累的经验获得。物流中心根据近年来多次资源整合和生产条件、环境的变化，以及原安全操作规程在执行过程中反映的问题，重新对涉及中心工作的38个工种（岗位）的安全操作规程进行了修订、完善，编印成册，旨在帮助职工更好地学习和掌握安全操作规程。每位职工只有牢记本岗位的安全操作规程，在工作中严格执行安全操作规程，才能杜绝违章作业，确保安全生产。认真学习、严格执行安全操作规程和提高操作技能是相辅相成的，只有不断提高自身的安全操作技能，才能有效地避免事故的发生。

（4）坚持预防为主，规范现场管理

物流中心每周召开安全生产例会，下发安全生产周报，传达上级安全会议精神，安排本周或近期安全工作。各科及时召开会议传达物流中心生产例会精神，布置本科的安全工作。班组每周有安全活动日。同时，班组每天工作前召开班前会，布置工作，首先讲安全，要求职工班前、班中、班后“三检”。日清月结，人人讲安全，天天讲安全，确保安全生产目标的实现。物流中心领导深入班组、生产现场的经常性检查，主要对各科区域（仓库内的安全通道、货物堆放、特种作业区等）、设备设施（机械设备、起重机械、电气焊设备、电动工具、其他设备等）、行为（劳动保护用品、吊具的使用，习惯性违章、情绪变化等）、软件（安全宣传、学习记录、检查记录、合理化建议等）进行辨别、检查、评价，对评价中发现的问题，及时进行整改和总结，需考核的按规定进行考核。

规范现场管理应严格体现在安全操作规程的执行上。明确职工在每一时间该做什么、不该做什么，进一步规范作业行为，克服习惯性违章，使各项工作井然有序。生产现场是一个动态的作业环境，其实际情况每时每刻都发生着变化，随时可能会出现新问题。在现场检查中发现违章现象，应严格按制度予以查处。

(5) 运用科学方法，促进班组建设

为了使班组安全管理的职能得到充分发挥，从而实现班组的安全生产，物流中心注重抓了“三个转变”，即班组安全管理由传统管理逐步向科学管理转变；被动管理向主动预防管理转变；自然管理向标准化管理转变。为此，物流中心先后将“安全检查表”“事故树”“生物节律”“预先危险性分析”等安全现代化管理方法，先后引入班组安全管理，推动了班组安全标准化达标工作的开展。

同时，物流中心的每个班组都建立了班组管理园地。管理园地在安全管理中称为目视管理。通过在园地内张挂各类安全管理制度、班组安全管理目标、安全操作规程、班组安全检查记录及个人执行情况，达到了传播安全知识、激励组员发扬优秀成绩克服薄弱环节、敦促班组完成安全管理目标的目的，实现了组员的自我调节和自我控制。

实践证明，规范现场管理是做好安全管理工作的重点；加强班组建设是实现安全管理的关键所在，是企业生产经营和持续发展永恒的主题。加强班组建设要不断创新提高，有所创新才能适应生产经营的发展。只有扎扎实实地加强班组建设，才是抓住了做好安全管理工作的关键。

其他企业强化班组安全建设做法与经验评述

从企业班组安全建设的情况来看，企业安全管理的重点在班组，难点也在班组。班组虽小，但五脏齐全。企业是大家，班组是个小家，如何管好班组，与管好企业是相辅相成的。班组管理，就是要通过管来理顺工作关系和工作程序，挖掘所有的潜力，把最基层的每个人的积极性和创造性调动起来，使最基层班组人员的能力充分发挥出来；有效地提高工作质量、效率和降低成本，为企业创造更多效益，并且保证企业生产的安全。

(1) 优秀班组长是企业的财富

在任何企业，不论是进行企业管理还是进行班组管理，最关键的还是人的管理，因为人是最主要的，任何事情都要通过人去做，通过人去实现。对于企业、对于班组，要教育员工认清自己的责任，履行自己的职责，提高员工的主人翁意识，最大限度地挖掘蕴藏在员工身上的潜能，人尽其才、物尽其用，保证各项任务的完成。

班组长是企业生产活动中的兵头将尾，是安全管理的最基层指挥官和执行者，班组长的安全工作质量直接影响着企业整体的安全工作状态。因此，在开展班组安全建设活动中，应着重抓好班组长的安全管理工作，加强班组长的安全教育，提高班组长的安全素质，从而起到积极的作用，收到事半功倍的效果。

我们来看两位优秀班组长的先进事迹。这两位班组长通过自己的努力，带动了班组的进步，做出了优异的成绩。

事例之一：胶带厂捻线班班长张兴梅的管理做法与经验

在山东兖矿集团唐村实业公司，提起胶带厂带芯车间捻线班班长张兴梅，人人都伸出大拇指，个个都夸她是好样的。几年来，她靠着一手精湛的业务技术和以身作则、身先士卒的管理作风，把捻线班这个全部由女职工组成的班组管理得有条不紊，生产任务班班创水平、月月破纪录，实现了安全文明生产。由此，张兴梅赢得了姐妹们的信服、领导的信赖。

捻线班现有女职工 15 人，主要担负着带芯编织所需经纬线的合股、复捻工作。自 1997 年 6 月张兴梅担任班长以来，她就给自己订下了一条铁规矩："要生产必先安全，不安全绝不生产。"为提高职工的安全意识，工作中，她练就了一张"婆婆嘴"，利用班前会、班后会、安全活动日和茶余饭后等时间，不厌其烦地对职工进行"安全第一"思想教育。工作中，她还创造性地开展了"班前十分钟"安全教育活动，进行安全教育和安全技术培训。为确保现场安全工作的动态达标，她在全班组织开展了"互查隐患，互揭伤疤，互相学习取经，互提安全建议"的"四互"安全活动。活动中，她针对本班女工有留长发、扎小辫的习惯，提出了"爱美姑娘请自觉留短发”的建议，得到了全班姐妹们的响应和支持。于是，全班女工忍痛割爱，剪掉了长发，留起了小平头，成为全厂一道亮丽的风景线。4 年来，该班杜绝了“三违”现象的发生，消除了轻伤及以上事故，实现了安全生产，被公司评为“三无班组”。

以身作则、身先士卒是张兴梅的又一特点。捻线班是胶带厂带芯车间的生产一线，也是全厂最苦、最累、最危险的班组之一。工作中，张兴梅以身作则，身先士卒，克服全班女工多、体力差等种种困难，在她的带领下，每班保质保量完成规定的捻线任务。在生产中，每箱四五十斤重的棉纱和涤纶丝，全靠人工抱着安装在 1.5 米高的线架上，捻好后，再从线架上取下。几道工序下来，原本 3 吨重的棉纱、涤纶丝一下变成了 12 吨，重量增加了 3 倍。一个班下来，身子发酸、腿发软，回到家里，完全没有了班中的那股虎劲。为了班组的工作，她硬是咬紧牙关坚持了下来。有耕耘就有收获，有付出就有回报。4 年来，捻线班生产任务天天创水平、月月破纪录，多次受到厂、公司的表彰奖励。

事例之二：永泰纸业集团制浆二组组长陈治虎班组管理做法

陈治虎是浙江永泰纸业集团制浆二组组长。在企业，班组长是公司里最小的“芝麻官”，但什么事儿都要管。管得好，你就是合格的班组长，管得不好，你就是不合格的班组长。作为一名班组长，每天都要面临纷繁复杂的各种事情，如何当好班组长？陈治虎的体会是用“三招”抓好班组。

陈治虎班组管理的“三招”：

第一招：以身作则是关键。当好班组长，以身作则是关键。要求职工做到的，班组长必须带头先做到。就说每天上下班：早上上班，班组长要比别人先到厂；下午下班要尽量最后一个离开厂。为什么呢？因为上班早来，能够提前检查设备，做好准备工作，这样既能增加生产产量，又能够避免可能发生的事故。下班晚走，也是为了检查设备，预防有的人员一时马虎，没有关闭设备电源，或者其他一些被忽视的事情。此外，下班晚走一点儿，还能够与一些员工相互学习讨论一些技术问题，有利于技术水平的提高。

第二招：关心职工很重要。一个班组就像一个家庭，大家需要互相关心、互相爱护，这样才能团结一致，做好工作。如果班组里有员工生病，那么在其生病期间，陈治虎除了多问候、多关心外，有时还亲自顶上空缺的岗位，一顶就是一班。班组长与员工天天接触，平时职工工作生活情况，班组长最了解。当班组长更要关心职工的冷暖。班组长不能把自己当成什么特殊人物，而只是班组中的一员，是班组里的兄弟。2008 年四川汶川发生大地震，陈治虎班组里有一名四川籍员工，他的家也在大地震中遭受了损失。陈治虎了解情况后，组织大家一起安慰他，并且一起为他捐款，给予他必要的帮助和支持，让他感到了班组的温暖。一个班组如果没有人情味，没有人与人之间的相互关心爱护，那么员工在这个班组就会待不住。

第三招：抓好质量不能松。陈治虎当班组长，工作上对员工要求很严格，一点儿也不能马虎。打浆是造纸质量好坏的关键一环，如果工作放松了，就会影响产品质量。要知道，质量是企业的生命。永泰纸业主要生产涂布白纸板，需要美废、日废、箱板纸为原料混合打浆。如何控制配比，成了陈治虎每天最关心的事儿，他要求每天必须做到按规定配比，不能为了省事乱配原料，以保证纸浆质量。如果打浆的时候马马虎虎，配比不合要求，会严重影响成品质量，因为已经打成了浆，基础不好，后几道工序再把关、再提高质量也是没有用的。陈治虎认为，在工作上班组长就应该严格要求，不严格要求就是失职。此外，陈治虎对安全生产工作也从不马虎，因为一旦出了安全问题，不但职工本人受损、家庭受损，连带着全班组都不光彩，很长时间大家都会情绪低落、抬不起头来。因此，陈治虎在班组活动和学习时，反复讲安全，强调反复讲安全不是一个人的事情，如果出现违章作业，先想一想家里的亲人，想一想朝夕相处的弟兄，想一想如果发生事故，多少人要受到牵连。反复讲，时间长了，大家形成安全习惯，违章的事情就很少发生了。

(2) 对班组长的选择与要求

在企业，一个班组安全生产状况如何，与班组长的安全管理素质有着十分重要的关系，因为班组长是实现班组安全的领导者和组织者。通常来讲，一个安全管理素质高的优秀班组长，必然带出一个安全的班组，反过来讲，一个安全管理良好的班组之中，必然会有一个安全管理素质高的班组长作核心。故此，企业应注意班组长的选拔，加大对班组长的安全培训，不断提高班组长安全管理素质，发挥班组长的作用，从而促进班组安全建设。

在班组长的选拔上，应选拔那些职工佩服、拥戴、工作责任心强、敢于坚持原则、安全生产技术过硬、有一定管理水平、有组织能力的人担任班组长，并且明确班组长为安全生产第一责任人，以便行使相应职权。具体来讲，班组长应具备的安全管理素质主要包括：

● 要有认真负责的工作态度。安全生产工作是人命关天的大事，同时安全生产管理工作又是一项非常实际的工作，来不得半点马虎和虚假，因此，班组长应有高度的责任心和认真负责的工作态度。时时、事事、处处想到职工的安全和健康，认真执行安全生产方针、政策、规章制度以及本企业、本单位的安全生产工作指令、决定等；对上述内容的基本精神应熟知，同时应根据这些精神，相应地制定本班组的各项安全措施和保障安全的具体项目、内容，这是落实各项安全工作规章制度的前提条件。

● 要有较丰富的实践经验。班组长应熟知本班组的生产工艺，懂得本班组主要设备设施的性能，并能解决生产工作中出现的一般技术问题；应能根据生产任务、劳动环境和本班组人员的技术工作水平、身体状况和思想情绪，具体布置生产任务和生产中应注意的有关安全问题。经常教育和检查本班组人员正确穿戴好劳动防护用品，正确使用机械设备、电气设施、工夹具、原材料，尤其要注意检查安全装置，保证设备设施处于良好状态，保持成品、半成品、材料及废料的合理摆放，道路畅通，场地整洁。随时消除一切可能引起伤亡事故的不安全因素。

● 懂得有关安全技术知识和操作规程。班组长应具备辨别危险，控制事故的能力。对本班组职工能进行安全操作方法的指导并检查其对安全技术操作规程的遵守情况。组织好班组的安全活动，做好新入厂和调换工种的职工以及长休人员、伤愈人员、长期外借人员等的安全知识复工教育。发生伤害事故应立即报告车间、工段、厂领导或专职安全员，并积极组织抢救，除防止事故扩大采取的必要措施外，应保护好现场。事故发生后，应及时组织班组成员按“四不放过”的原则，对伤亡事故进行分析，吸取教训，举一反三，抓好整改，防止类似事故的重复发生。

● 要有一定的科学文化知识。文化知识是掌握一切知识和提高业务能力的基础。安全生产是一门综合性学科，需要多方面的知识，所以要求班组长一定要加强自身文化知识的学习和技术知识的学习，只有具备了一定的科学文化知识，才能适应现代安全生产管理的需要，才能对班组各种安全生产资料、档案卡片，做到制度化、规范化和科学化。

● 会做思想政治工作。任何工作都离不开思想政治工作，它是各项工作能够取得成功的重要保证。搞好班组安全工作要靠群众，人是决定性的因素，做好人的思想工作十分重要。班组长要发挥在安全生产工作中的表率作用，带头穿戴好劳动防护用品，积极带头参加、支持学习安全技术知识；带头遵守安全技术操作规程；带头搞好本岗位的安全文明生产，同时要搞好班组成员的团结互助。安全生产工作从某种程度上讲又是关心人的工作，在生产过程中，要做到相互关心、相互帮助，才能有效地避免事故的发生。对那些性格内向或孤僻的人应主动接近他、关心他、帮助他，以情感人，增强团结，以便让大家以良好的精神状态投入生产。

(3) **加强班组长的教育培训**

夯实企业基础与基础管理、推进企业班组建设的关键人物是班组长，班组长的综合素质与履职能力的高低，决定着企业基础管理与班组建设的质量水平，而班组长的综合素质与履职能力的提升，只有通过培养才能获得，所以，加强对班组长的培训就显得非常重要。

国外优秀企业特别注重对企业基层管理人员的系统培训，认为班组长是在工作现场对作业工人进行指导监督的关键人物，更是上下左右联系的纽带，他们的素质对组织的工作效率及组织的稳定性有很大影响。因此，这些企业在对班组长的培训中，不仅注重进行工作指导方法、工作改进方法等内容，还有工作中人事关系处理等方面的内容。这是比较切合实际的做法。

目前一些企业对班组长培训，主要着眼于班组长的技术能力和相关知识，对班组长所需要的管理能力与学习能力内容还比较少，人际关系方面的处理内容更加缺乏。实际上，班组长除了需要技术能力之外，还需要其他一些方面的知识与能力，否则也不容易管理好班组。

在“白国周班组管理法”中，“三提高”的内容主要是：

● 提高安全意识。引导职工牢固树立“安全第一”理念，通过各种方式教导工友时刻绷紧安全这根弦，时刻把安全放在心上，坚决做到不安全绝不生产。

● 提高岗位技能。经常和工友一起学习、研究掘进各工种的工作原理和操作技术，提高安全操作技能。经常组织工友针对生产和现场管理中出现的问题一起讨论，共同寻找解决问题的办法，着力提高班组每一名工友的综合素质。

● 提高团队凝聚力和战斗力。想方设法调动每一个工友的积极性，不让一名班组成员掉队，争取使大家都学会本事。针对职工中存在的一些不文明现象，要求大家做文明人、行文明事。工友偶犯错误，不乱发脾气，而是因人施教，耐心指出问题根源，大伙儿一起帮助改正。

应该说，“三提高”的内容对许多班组长最为缺乏，特别是那些人员流动大、技术含量低、待遇又比较差的企业。由于人员流动大，你来我往，班组长与班组成员之间缺少感情交流，班组长大多采用简单粗暴的方式交代任务、组织生产，就容易为事故的发生创造条件。故此，在对班组长的教育培训上，不仅需要强化班组长的安全教育，使他们不断提高安全技能，而且还需要进行提高团队凝聚力和战斗力的培训教育，关心人、爱护人，使员工在班组的生产生活中感到温暖，这样的班组长才是称职合格的班组长，这样的班组才能积极完成任务、预防事故，保证安全生产作业。

三、企业强化班组安全建设探讨与问题解答

企业如何强化班组安全建设，如何把班组建设成政治思想好、完成任务好、安全质量好、民主管理好、文明建设好的过得硬的“五好”班组，是人们普遍关心的问题，也是值得深入探讨的问题。总结许多先进班组安全管理的做法与经验，其中的共同特点主要是：“制度保障，依靠员工，加强指导，常抓不懈”。只有健全机制，完善制度，才能为班组建设提供有力的保障；只有突出重点，抓住关键，才能使班组建设更加扎实有效；只有选树典型，示范引导，才能为班组建设指明方向；只有文化引领，自主管理，才能为班组建设添加精神动力；只有常抓不懈、与时俱进，才能使班组建设持续发展、提高。这些都是企业强化班组安全建设的有效途径。

1. 加强班组管理是提高企业安全水平的有效途径

有人曾经有过这样的比喻：企业是大家，班组是个小家，小家平安则大家平安，小家不宁则大家不安。故此，企业领导要管理好企业，则需要管理好班组，通过管好班组进而管好企业。近几年，通过不断总结和摸索班组管理的经验教训，我们认为要达到管理好班组，提高企业安全水平的目的，可从以下几个方面着手：

(1) 以人为本是加强班组建设的根本

班组管理，顾名思义，就是要通过管来理顺工作关系、工作程序，挖掘所有的潜力，把最基层的每个人的积极性和创造性调动起来，把最基层班组人员的能力充分发挥出来；有效地提高工作质量、效率和降低成本，为企业创造更多效益。不论是管理大家还是小家，最关键的是人的管理，因为人是最主要的，任何事情都是要通过人去做，通过人去实现，所以要教育班组员工认清自己的责任，履行自己的职责，提高班组员工的主人翁意识，最大限度地挖掘蕴藏在

员工身上的潜能，人尽其才、物尽其用，保证各项任务的完成。

● 提高班组长的主人翁精神和责任感。通过班组建设，使班组长进一步明确了班组在企业中的地位和作用，认识到企业的生存与发展不仅与企业的领导者有关，与班组同样有关。俗话说，企业管理千条线，班组管理一根针。企业的各项经营技术指标和工作任务都要通过班组的努力才能更顺利地实现。所以，通过班组建设使班组长的管理水平不断提高，就为企业全面完成既定的目标提供了保证。

● 健全民主制度，强化民主管理，搞好班组建设，班组长必须从“单干型”转向“群管型”，充分发挥和调动每个组员的积极性，使全体组员都能来参政、议政。在班组建设中所有先进的单位，都采用二长（班组长和工会组长）、六大员（宣传员、质量员、安全员、福利员、核算员和考勤员）的民主管理体系，通过班务公开管理制度，以人为本，使班组每一名成员成为内部管理的主体，不定期地召开班务会。围绕生产任务、工作质量、规章制度等进行专题讨论，使不同意见和建议达成共识。促使班组成员思想一致。并集体讨论制定出严格班组管理制度，实行定人定项管理，将考核指标量化到个人，建立健全班组管理台账。在长期的实践中，各项制度、措施得到补充、完善，使班组成员看到干多干少、干好干坏就是不一样。通过班务公开，进一步增强了班组分配和奖罚透明度，充分体现了“按劳分配”的原则，激发了班组成员干好本职工作的主动性、积极性，充分体现效益分配的公平、公正、公开性。

● 加强班组的思想理论建设，每个职工个体间存在着意识上、观念上、认识上的差异，应采用“结对子、创文明”人员的搭配，切实有效地开展帮教活动。把班组学习作为思想建设的工作园地，全面宣传企业的精神文明建设，把企业精神融入班组精神之中，培育班组职工树立正确的人生观、价值观，以主人翁的姿态，理直气壮地去搞好班组管理，鼓励人人参与施教，培养职工为集体利益、群众利益去拼搏的精神；并且针对性地进行多重引导，从而使职工从内心拥护企业的方针及决策，当个人利益与班组集体利益有矛盾时，自觉服从集体利益，竭尽全力发挥自己的所能，为企业效劳。班组长应较好地掌握新时期企业思想政治工作的特点、内容和方法，学会用关心职工利益、了解职工疾苦、掌握职工心理等方法，有针对性地开展形式多样的思想政治工作。在班组建设的实践中，要增强班组的凝聚力，就得让组员热爱班组，维护班组。班组骨干要把思想工作做到每个组员的心坎上，使他们感到在班组中，只有没做到家的工作，没有解不开的疙瘩。每个组员的思想问题，都是在生产、生活中产生出来的，说一句关心的话，道一声亲切的问候，解决一个小小的困难，都是最实际的思想工作，都会激发起组员对班组的热爱。

● 要积极培育班组员工的业务素养，开展多种形式的业务培训，安排一定的时间组织班组员工学习业务知识，岗位技能练兵；也可以一边干一边学，在干中体会，在干中实践，在干中创新，进而提高技术能力和管理能力，适应新产品、新设备、新技术的需要，适应新形势、新思路、新机制、新体制的需要，为企业尽心尽职地创造财富。

(2) 班组长是抓好班组管理的关键

加强班组建设的关键是要有一个胜任工作的班组长。班组长在企业中处于“兵头将尾”的特殊地位。他们既是班组一切活动的组织者，又是管理者。班组长工作能力的大小和素质的高低直接关系到班组管理的质量，决定着班组工作效率，大凡管理搞得好的班组，班组长起着至关重要的作用。因此，提高班组长的素质是班组管理的重要任务，不但要提高专业知识素质、还要提高思想素质，不但要提高技术能力，还要提高协调管理能力，更要提高班长的综合能力。

● 班组长应对自身的综合素质有一个正确的估价，要有提高自身综合素质的紧迫感，尽一切努力固强补弱，避免因自身某个方面的素质不够等原因而影响到班组的健康发展。要通过各种方法多学习、多实践，遇到问题虚心求教，在学习和实践中不断充实自己，使自己的弱项变强，强项更强，综合素质不断提高，工作起来能够得心应手，游刃有余。

● 班组长不仅工作能力要强，而且还要有一定的组织能力和协调能力；不仅要有吃苦耐劳的精神，而且还能调动班组人员的积极性。要清楚仅靠一个人的劳心劳力是达不到真正管理好班组的，切忌班组管理变为班长管理。班组长应成为集中班员智慧的吸铁石、团结友爱的纽带、靠得住的主心骨、信得过的知心人，善于用信任换支持，使班组成员明白班组的事是大家的事、大家的事大家办。大家都来参与班组管理，成为班组的主人，创造一个民主、宽松的环境，使大家都感觉到班组大家庭的温暖，使班组充满生机与活力。

● 班组长对班组的各项工作要进行科学合理的安排，应知人善任，要了解班组各成员的长处、短处，在劳动组合中要尽可能地扬长避短，实现最佳组合，使班组成为每个人都有施展自己能力的舞台。

● 班组长应具有敬业爱岗精神，有高度的事业心和责任感。班组长的工作是一项既辛苦又细致的工作，既要管人，又要管事；既要抓生产，又要抓管理；既要求质量，又要讲进度，这就决定了班组长应该视岗位想责任，不断增强全心全意为班组服务的理念，才能推动班组不断前进，不断创新，出色地完成各项工作任务。

(3) 制度建设是抓好班组管理的保障

俗话说得好，“没有规矩，不成方圆”。同理，班组管理缺少不了相应的标准和规章制度。只有用标准、制度来规范班组的行为，规范工作中的纵向步骤和横向关系，才能使工作程序最佳化，把工作中的不安全因素降到最低，把工作成本降到最低，把各种消耗降到最低，使工作的效益最大化。企业要结合班组工作实际情况，制定和完善《班组管理标准》，并组织班组人员学习、贯彻落实，对各岗位的职责进行明确的规定，对班组各项技术工作和工作流程进行科学分层、分类，制定工作流程作业卡，对班组的台账、原始记录和技术资料进行分级、分人管理，职责明确，责任到人。

(4) 齐心协力是抓好班组管理的力量

要搞好班组管理工作，只靠班组长自己单干是不行的，要有班组骨干和全班员工的支持才能成功。因此，班组管理也要有团队精神，要实行班长负责制和民主管理相结合的机制，紧紧围绕班组管理坚持“人人有事做，事事有人管”的原则，使全班员工牢固树立起与企业同呼吸，共命运，共同做好班组的管理工作。

● 坚持召开班组民主生活会，通过职工的广泛参与，提出对班组管理的看法和建议，交流思想，消除误解。一般情况下，要决定一件事最好先摆到桌面上，听取全班人员的建议，充分讨论，然后班委进行研究决定，再通过民主生活会的形式予以公布。只有把大多数人的意愿集中起来，精心营造大家一起工作、心情舒畅的氛围，才会充分调动和发挥班组员工的积极性和创造性，主动为班组挑担子、负责任，为班组、企业发展贡献力量。

● 合理分工，人尽其才。班组管理工作很多，通过合理分工，形成人人参与，大家来做的局面。这样，不仅可以改变少数人忙不过来的状况，还可以培养大家都来关心班组管理，使得人尽其才，民主分工管理收到良好的效果。

(5) 激励机制是抓好班组建设的动力

企业对班组长应合理授权，积极支持，为班组长的发展提供空间。每年应给班组长一定的业务、技术和管理方面培训时间等措施激励班组长工作积极性，以增强班组长的才干和适应技术发展的需求，充分发挥自己的才能，从而带动全班搞好班组工作。制定班组工作的激励办法，把班组的所有工作列入激励范围，多劳多得，少劳少得，干好干坏不一样，要使班组人员尝到多干活、干好活的甜头，克服那种只扣不奖的考核办法，及时表扬先进，鞭策落后，在班内形成赶、帮、超的良好氛围，促进班组管理向上突破。班组成员综合素质的提高是一项长期、艰巨的系统工作，需要所有成员齐心协力，心往一处想，劲儿往一处使，互相学习，互相帮助，共同提高，共同进步。对于企业来说，加强企业的班组管理与建设，就是企业发展和创新的真正动力和源泉。（龚厚宽）

2. 创建先进安全班组，提高企业安全管理能力

班组是企业的基层组织，是企业生产经营活动中最重要、最活跃的分子之一，也是企业的安全管理重心所在。一线班组的安全建设是企业安全生产管理工作的基础，决定着企业员工的安全素质。近年来，许多企业通过开展创建先进安全班组等活动，提高了企业安全管理能力，取得较好成绩。

在班组的安全管理上，对班组的作用需要有深刻的认识，需要根据企业实际采取恰当的方式，并要做好这样几个方面的工作。

（1）搞好班组安全文化建设

班组安全文化的方方面面是企业文化的重要组成部分，是企业安全文化的“子工程”，在企业文化建设中具有不可替代的地位。建设优秀的班组安全文化，不仅可以充分调动员工的工作积极性，增强其责任感和荣誉感，还能将每位员工的工作热情和奋斗目标引入班组建设的发展轨道，从而不断提高班组标准化管理水平，达到创建先进安全班组的要求。绝大多数事故是由于“三违”而引起的，也就是说只要做好人的工作，大部分事故是完全可以避免的。同时，班组安全文化建设还可以将先进的思维理念、实践技能，潜移默化地影响每一个员工，从而推进职工队伍素质的整体提高。安全文化源于安全管理，所有创新和发展都必须建立在安全管理基础上，有的班组将管理中权和责有机地统一，将安全业绩考核、相关责任与班组成员的工资绩效和安全奖挂钩，逐项分解纳入班组管理范畴。将安全管理关口前移，重心下移，充分发挥班组的主观能动性，使安全责任真正落实到人，提高安全生产效率。

(2) 选好班组长，开好班组安全会

抓好班组安全基础建设，充分发挥班组作用，除从班组安全文化建设着手外，还应从选好班组长、开好班组安全会、建立健全和落实班组各项规章制度进行。班组长是本班组安全生产第一责任人，对本班组的安全管理负有主要责任的班组长在企业中是“兵头将尾”，在安全生产活动中，既是指挥员，又是战斗员。所以，班组长的个人素质如何，是一个班组有无向心力、凝聚力和战斗力的关键。班组长要具备相应的专业技术知识和实际操作能力，有丰富的实践经验，在班组中能起示范带头作用；班组长要能团结同志，处事公道，平等待人，特别是在危险关头和利益面前，该抢的抢，该让的让，才能让全班组人员不怕苦累，不避艰险；班组长要有原则性，在日常工作中，分清是非，遵章守纪，奖惩分明，不当老好人，不怕得罪人；班组长还应勤奋好学，多动脑筋，遇险冷静，处事果断，不逞一时之勇，不搞个人英雄主义。称职的班组长所具备的管理能力、组织能力、控制能力、思维能力乃至语言表达能力，对带好本班组是至关重要的，可以说是起决定性作用，尤其是在开好班组安全会方面更是如此，这是因为班组安全会的议程安排、内容选择、节奏掌握、现场应变等，更需要班组长在会议开始前做大量的准备工作。

(3) 搞好班组规章制度的落实

安全规章制度是企业搞好安全管理的重要依据，是根据国家有关法律、法规、方针、政策和企业的实际情况制定出来的。如何把企业制定的一系列有关安全管理规章制度，如《安全操作规程》《安全检查制度》《事故报告规定》《职工劳动保护用品管理规定》《安全生产职责》等落实到现场、落实到基层，才能规范有关安全生产行为，才能有效防范事故发生。不同的企业需要根据生产实际情况，把落实安全管理规章制度同评选先进安全班组有机地结合起来，评选安全班组通过考核量化标准把落实规章制度的内容一一细化。凡不落实规章制度或违章指挥、违章作业、违反劳动纪律的行为根据标准要求分别给予扣分，凡发生事故的一律取消其评选先进安全班组的资格，对年度评选先进安全班组的给予重奖，且该班组成员在评选单位先进工作者时给予优先考虑。

评选先进安全班组的一系列举措，对促进企业搞好安全生产管理起到了以点带面的作用，在企业内形成一个人人讲安全、人人比安全的新局面，确保企业安全、职工平安，进而为企业的长远发展奠定良好的基础。

3. 企业对生产班组安全管理的必要性与主要措施

班组是企业生产的最基本的劳动组合，是企业一切安全工作的落脚点。企业要实现“安、稳、长、满、优”生产，必须从班组安全管理抓起，通过提高班组成员的安全知识水平和安全操作技能，增强他们的安全生产责任感和遵章守纪的自觉性，实现人的本质安全化，以达到企业的本质安全化。

（1）搞好班组安全管理的必要性

● 在市场竞争中，安全生产将成为企业竞争的重要手段。要搞好企业的安全生产，必须从本质安全管理抓起不可，把各类事故苗头消灭在班组，遏制在生产第一线，从下而上地建立起一套安全保证体系。

● 按照国家安全生产管理体制，企业安全生产必须由企业法人负责，要求企业领导在安全管理上重点关注班组安全管理，创造更多的“三无”班组、安全生产优秀班组，以实现班组事故为零的目标。加强班组科学化管理、标准化管理，落实班组安全生产责任制，这是体现安全管理最有效的基础。

● 企业的安全管理工作必须从最基层抓起，落实班组的安全基础。实践证明，由于班组安全管理得到重视，不断加强，产生了积极的效果，对保证企业周期长安全生产的稳定发展，发挥了显著作用。

● 班组作业现场是人、机、环境组成的系统，其中人起主导作用，机起保证作用，环境起促进作用。在一定的环境条件下，如果出现人机关系不协调，系统失去控制，就会打乱或干扰工作的正常进行，就会发生事故。因此，用班组安全管理来规范人的行为，遏制人的不安全状态，辨认班组的危险点（源），保证机器设备正常运行，创造一个良好的安全生产环境，事故就可以控制在班组。

（2）班组安全管理的基本标准

● 要有明确的指导思想和目标。要认真贯彻“安全第一，预防为主”的方针，主要目标是不发生各种事故，特别是杜绝重大事故的发生。班组的经济责任制中必须要有安全要求，并有具体措施。

● 要坚持安全责任与经济责任相统一的原则，建立健全以安全责任制为中心的各种安全规章制度。

● 认真执行“班组十项制度”，并结合生产实际制定各项标准，逐步实现标准化操作。

● 认真开展班组安全教育，定期组织职工学习国家有关安全生产的法律法规和企业安全生产规章制度，结合技术练兵，组织岗位安全操作技能的训练，使每一位职工都具有处理各种故障和突发事故的能力。

● 推广现代安全管理方法，逐步用系统安全检查表、事故因果分析法和安全性评价等现代科学管理方法，开展群众性的事故预想活动，制定预防措施。

● 生产中发现危及职工生命安全的紧急情况，要组织职工撤离危险现场，并及时向上级部门报告。

（3）加强班组安全管理的主要措施

● 提高班组长的素质。班组安全管理是在班组长领导下开展的一项重要工作。班组长的素质直接影响企业及班组的科学管理和经济效益，班组成员的素质也与班组长有关。培养造就一批思想好、爱本行、技术硬、善管理的班组长，以适应新形势发展的需要，是职工培训中的系统工程。班组长要年轻化、知识化、专业化。利用办专题讲座、研讨会、经验交流会、成果发布会等形式，提出新问题，介绍先进事迹，促进班组长提高管理水平。

● 强化班组的安全教育。主要包括：一是抓好新工人和换岗职工的上岗前的安全教育。这是三级安全教育的最后一关，抓好这一关则能使新工人上岗前养成良好的安全操作习惯。教育内容应包括班组安全生产概况、工作性质和职责范围，岗位工种的工作任务，机械设备的安全操作方法，各种安全防护设施的性能和作用，工作地点的环境卫生和危险点，个人防护用品的使用方法，事故的紧急处理措施，本岗位以往发生的事故情况和防范措施等。二是抓好班组安全活动日。这是班组集体教育的有效举措，因此，要做到时间有保障、人员有考勤、内容有安排、学习有记录、记录有检查、整改有反馈。领导、管理干部应下班组参加活动，进行有力的监督、检查、考核，对不符合要求的均应按规定处罚。三是加大对职工安全技能的培训。班组要系统安排岗位技术讲座，要有针对性地上技术课，经常开展岗位技术练兵和事故预案的演练，不断提高职工的岗位安全操作技术水平；要定期召开事故反思会，不断总结经验，切实吸取事故教训，杜绝重复性事故发生。四是因人而异地进行个别教育。对素质差或事故频发者，要先听取意见，弄清原因，再尽心尽力帮助和劝告。如仅仅千篇一律地训斥，效果甚微，甚至适得其反。五是坚持班组安全教育形式多样化。要不断摸索班组职工喜闻乐见的教育形式。无论是安全知识教育，还是安全意识教育，都必须注意增强吸引力、感染力、说服力。

● 加强班组安全管理，创建安全生产“三无”班组、优秀班组。为此，必须制定班组安全管理标准以及班组安全生产责任制、班组安全奖罚制度等一系列制度，目的是明确班组成员各自的安全职责和工作任务，形成安全责任网络，使班组成员从不同角度来保证班组的安全生产。另外，一旦发生事故，也便于查找原因，追究责任，使班组成员有章可循。

● 班组应实行以事故为零的安全目标管理。通过各种手段，如开展“三不伤害”活动、“三无”班组竞赛活动等，来落实岗位安全生产责任制，增强职工安全意识，进行有针对性的安全教育、安全生产自查等来实现这个目标。从班组做起，保证车间、全厂的安全目标实现。

● 加强班组生产现场的管理。生产现场是事故直接发生的地方，因此，班组首先应着手辨识危险源、危险部位，从各个工艺环节及其结合部位找出危险源，在全面评价的基础上进行分类管理和系统控制，将工艺系统中人的不安全行为、物的不安全因素、环境的不安全状态控制在最低限度内。

● 建立安全文明保证体系，清除松散、脏、乱、差状态。加强设备维护保养，做到运转正常，不出故障，使用可靠，消灭跑、冒、滴、漏现象。完善原始记录填报制，保证现场各种信息记录全面、准确、及时。

● 按“四不放过”原则进行事故管理。由于班组成员的素质不同，生产作业环境条件不同，所以发生了事故必须按“四不放过”原则处理。同时，要建立事故登记、报告、调查、分析程序，班组要进行事故原因分析，查清事故的直接原因和间接原因，吸取事故教训，采取相应的措施。班组还应结合自己的特点，逐步运用系统安全检查表、事故因果分析法和班组自我安全评价等现代安全管理方法作为事故预测的手段。

总之，班组安全管理是企业安全管理的基础，要提高企业安全管理水平和经济效益，就必须抓好班组的安全管理。（余桃林）

4. 加强班组现场安全管理的有效方法

班组作为企业的前沿阵地，是执行和落实规章制度的主体，也是安全生产的主体，只有班组安全生产搞好了，才能保障企业安全稳定，才能提高企业经济效益。多工种、立体交叉作业及生产的变化性，决定了生产现场的复杂性和危险性。因而生产现场是事故最容易发生的地方，也是企业安全管理工作难度最大的地方。企业安全管理水平的高低，从某种意义上来说，关键在基层，重点在班组。作为企业的细胞——班组，则需要夯实安全基础，落实责任制，在现场管理上狠下工夫。

(1) 加强班组安全管理，建立有效运行机制

班组是安全生产的基础，加强班组建设是强化安全管理的关键，也是预防和减少各类事故最有效的措施。

● 不断完善规章制度。要搞好班组现场安全生产，监督检查与考核办法需要根据新情况及时修改以便切实可行。各单位要根据《安全生产法》修订本单位的各项安全生产规章制度。

● 做好职工的思想教育工作。抓安全管理工作必须严格，并要认真坚持做好，管理得严格与否直接影响到职工的安全意识。要增强职工的安全意识，仅靠灌输式的安全教育是不够的，必须要营造一种“警钟长鸣”式的氛围。首先在车间建立严密的安全网络，确定班组安全第一责任人，执行安全风险抵押金制度，人人都交安全风险抵押金；其次车间与班组、班组与个人层层签订安全责任状，各司其职。管理严格了，职工思想上才有种紧迫感、压力感，特别对安全意识不强的职工，其约束效果特别好。如果管理松懈了，职工就会产生松口气的想法，安全意识就会随之减弱，所以在管事的同时管人，而在管人时必须先管人的思想。只有做好职工的思想教育工作，才能使职工保持工作热情，才能统一思想、行动一致，才能工作时心情舒畅，消除人的不安全因素，从而提高工作效率。

● 造就企业安全生产的骨干队伍。要想造就一支骨干队伍，首先要重视班组长的培养和选拔，还需要重视生产班组专兼职安全员网络队伍的培养和形成。要善于发现，大胆选拔有事业心和责任感以及威信高的安全骨干，培养他们处理问题和协调关系的能力，提高他们的技术业务水平。通过岗位培训、集中培训、工作研讨会、参观学习等办法提高班组长和安全员的素质。企业造就这两支生产现场的骨干队伍，在现场起保证执行系统运行的作用，构筑起安全生产的第一道防线。

● 定期开展班组安全活动。班组安全活动是提高职工安全意识的重要手段，安全活动的内容一般包括以下几个方面：学习上级有关安全生产的文件；针对近期的工作重点学习操作规程的相关部分；对各班组一周的安全情况进行总结。要保证安全活动的有效开展，首先必须从管理入手，必须监督检查到位，严格要求。在安全活动的开展上，要求班组长周密组织有关活动，全面了解该班工作存在的不安全因素并加以总结，使职工通过学习了解安全生产形势、掌握安全生产知识，清楚地知道哪些该做、哪些不能做，从而提高自身的安全意识。

● 开好班前、班后会。“开好两个会”，即开好班前、班后会。在班前会上，各班要根据当日的工作任务提出安全注意事项；在班后会上，应对当日班组管理的安全情况做出小结。坚持天天召开“两个会”，坚持天天敲打安全警钟。落实“三不伤害”措施，即不伤害自己、不伤害别人、不被他人伤害的措施。要求班组长在施工操作的准备阶段或者分配生产任务时，必须检查工器具是否完好，安全组织措施、技术措施是否齐全完整，作业人员身体素质、精神状态是否能胜任工作。

● 加强班组安全文化建设。安全文化建设是班组建设的重要内容，坚持以人为本，开展多种内容的教育培训，使每一个班组成员深刻认识安全文化的内涵，并加以实践。班组文明建设是企业文明建设的基础，要坚持严、细、实的工作作风，班组成员要互相关心、互相帮助、团结一致。安全工作是一项比较复杂的系统工程，要做好这项工作，必须提高班组成员的整体素质，加强学习，不断提高自我保护意识，在制止习惯性违章方面下大力气。

(2) 严格安全考核，抓住安全管理的关键

● 加强考核手段。以“宁听骂声，不听哭声”的原则，严厉查处考核违章行为。对于可查处可不查处的坚决予以查处，对于可考核可不考核的坚决予以考核。对有些违章事件还坚持“上挂下联”的原则，上至车间主任，下至班组成员，一视同仁。对违章行为，要加强处罚力度，“宁愿罚得你倾家荡产，不愿看见你家破人亡”，要处罚得违章者心痛。

● 严格执行“违章就下岗”制度。只要违章违规，无论是否造成后果，当事人都要下岗学习，等学习好了，重视安全了，再重新上岗。目的就是向职工敲警钟，促使大家增强安全意识。

(3) 规范班组现场安全管理，提高职工安全素质

班组是企业的细胞，是企业最基层的生产组织和管理组织。大量事故案例分析表明，90%以上的事故发生在班组，因此，规范班组现场管理十分必要。

● 班组安全教育做到“三坚持”。即坚持安全教育责任制。明确班组长为班组安全生产第一负责人，首先负责班组安全教育工作。坚持安全教育科学化。班组安全教育要结合班组的实际，采取科学的方法，注重“三个结合”，即学习内容与典型事故案例相结合；日常学习与阶段性教育相结合；规章制度学习与班组创优达标相结合。坚持安全教育经常化、现场化，要时时、事事地进行，边干活边进行。

● 做好班组安全检查。要重视检查，不能敷衍了事。只有对安全检查重视了，才能认真地去发现问题、分析问题，才能让安全检查真正发挥应有的作用。要做好检查前的准备工作，制定检查计划和检查细则，明确先检查哪些后检查哪些，做到检查时没有盲点没有疏漏，起到安全检查应有的效果。

● 注重文明生产，做好现场管理标准化。包括对生产现场的设备、产品、原材料、工器具实行定置管理。生产原料、配件必须按生产流程堆码整齐，做到物流有序，生产场地整洁，确保安全通道畅通。这是实现班组安全生产的重要前提。制定严格的岗位生产纪律，要求班组成员一要按时上班，工作期间不脱岗、不串岗、不干与生产无关的事；二要服从命令听指挥；三要精心操作控制工艺参数；四要针对生产中出现的异常现象及时汇报，正确处理。

加强班组现场安全管理，是企业安全生产工作的重中之重，摒弃“安全工作讲起来重要，做起来次要，忙起来不要”的错误做法。只有坚持长期不懈地抓好班组现场安全管理工作，才能为企业安全生产奠定坚实的基础。（周建力）

5. 抓好班组安全建设的主要途径和办法

班组是企业的最基本的生产单位，是保障安全生产、预防事故的前沿阵地，是各项管理工作的落脚点，因此，加强班组安全建设是企业安全生产管理的关键，是减少伤亡和各类事故的最切实、最有效的办法。

(1) 领导重视是抓好班组安全建设的关键

一个企业安全管理工作的好坏，直接影响企业的经济效益。安全管理工作抓好、抓实、抓到位，企业的经济效益就能正增长，否则企业的经济效益会出现负增长，而抓好企业安全管理工作的关键是要抓好企业班组安全建设。如何抓？关键在领导重视，其一，领导重视了，国家的安全生产方针、政策法律、法规、上级有关安全生产指示和工厂安全生产各项管理制度就能贯彻执行；其二，领导重视了，就会安排那些职工佩服、拥戴、工作责任心强、敢于坚持原则、安全生产技术过硬、有一定管理水平、有组织能力的人担任班组长，并且明确班组长为安全生产第一责任人，以便行使相应职权；其三，领导重视了，就能以身作则，敢抓敢管，同时教育广大职工自觉执行各项规章制度，坚决整治不按规章制度办事、劳动纪律松弛和冒险蛮干的现象，严肃处理违章指挥、违章作业、违反劳动纪律、管理失职的行为。作为企业领导，本着高度负责的精神，务必要防止任何麻痹和松懈的行为，始终保持警钟长鸣，扎实做好安全生产工作。

（2）加大班组长安全培训力度

一个班组安全生产状况如何，与班组长的安全管理素质有着十分重要的关系，因为班组长是实现班组安全控制、安全改进、安全保障的领导者和组织者，是一组之长。加大班组长安全培训，不断提高班组长安全管理素质，发挥班组长的作用，促进班组安全建设，抓好班组的安全生产，对确保企业安全生产目标的实现有着重要的意义。

加大班组长安全培训工作需要从以下几个方面入手：

● 加大对班组长的法制教育。对班组长进行法制教育，有助于提高班组长对安全生产重要性的认识，进一步端正班组长抓好安全生产的态度，明确安全与生产、安全与效益的关系，使之牢固树立“安全第一，预防为主”和“责任重于泰山”的思想，以身作则，率先垂范，以理服人，平等相处，坚持原则，运用科学方法组织、指挥安全生产，确保班组安全生产目标的实现。

● 加大对班组长的业务知识教育。作为班组长，只有抓好安全生产的愿望还不够，必须具备丰富的安全生产知识和较高的安全操作技能。因为班组长是前沿阵地的指挥者，如果对本班组的生产工艺、设备设施状况、安全操作技能等不了如指掌、熟练掌握，对各危险源（点）监控和各类事故不能识别及采取防范措施，那么就会降低其在职工中的威信和生产指挥的权威，就难以保证班组安全生产目标的实现。加大班组长的安全知识、安全操作技能等教育，能够提高班组长自身业务素质，对抓好班组安全生产具有十分重要的作用。

● 加大班组长安全管理素质教育。班组处于生产第一线，企业各项安全生产规章制度最终都要在班组具体贯彻落实，在班组见效。班组的安全管理如何，各项规章制度能否具体实施，与班组管理的好坏和班组长的安全管理素质有着密切关系。加大班组长安全管理素质教育，是提高班组长抓好班组建设的重要手段之一。由于人在班组，思想活动在班组，设备设施在班组，绝大部分事故发生也在班组，如果把班组安全管理抓好，保证每个班组都不发生事故，那么企业的安全生产目标就能实现。为此，就需要班组长具备较高的安全管理素质，以充分调动班组职工的积极性，发挥群体智慧和力量，确保安全生产顺利进行。

(3) 抓好班组安全教育

通过严格的、系统的安全生产教育，使全体员工具有基本的安全技术和职业卫生知识，懂得令行禁止的道理，熟练掌握安全操作技能或安全生产管理能力，树立正确的安全态度，自觉执行安全生产的各项制度。班组的安全教育必须从以下几个方面进行：

● 注重安全操作示范。班组安全教育应注重安全操作示范，讲述正确使用劳动防护用品，讲解岗位生产工艺、设备设施性能、安全技术操作规程、安全生产基本知识、危险因素、危险区域及预防事故的方法以及应急措施等。对新工人应进行安全知识、安全操作规程、工艺的考试，取得合格证，方可上岗操作。在实际工作中还要不断地提高新工人的安全意识和素质、安全操作技能和对突发事件的应变能力，从而避免各类事故的发生。

● 开展“班组安全标准化达标”活动。“班组安全标准化达标”活动是控制事故的一项重要措施，是提高班组安全管理水平的一种手段，是规范人的不安全行为和物的不安全状态的举措。因此，“班组安全标准化达标”是抓好班组现场安全管理的关键。班组安全标准化包括生产操作标准化、作业环境和定置管理标准化、设备维修保养标准化、劳动防护用品穿戴标准化、作业信息标准化、安全标志标准化。

(4) 认真开展安全生产检查，加大隐患整改力度

班组的安全生产检查应做到：

● 勤查。勤查是发现事故隐患的主要手段，是通过对生产现场的检查，能及时了解职工安全操作、设备运行、工艺执行、劳动防护用品穿戴等情况，对出现的问题进行及时纠正。

● 多问。在检查中要主动与职工进行交谈，了解设备、工艺、环境等方面对职工操作的影响，并认真听取职工的意见，落实解决措施。

● 反馈。班组自己查出的隐患或问题，班组无力解决的应及时反馈到车间及有关部门，使隐患在短时间内得到整改，防止隐患长期存在所带来的各种连锁反应。

● 整改。对检查出的隐患或问题要定人、定时间、定责任，做到条条有着落、件件有交代，对一时不能解决的隐患或问题应采取有效防护措施。

● 监督检查。积极发动本班组职工开展监督检查活动，做到全员无“三违”现象，严格执行工厂各项安全管理制度、安全操作规程，同时在班组内形成安全生产、文明生产自我约束的氛围，促进班组安全管理水平的提高，控制事故隐患的滋生。

综上所述，只有搞好班组安全管理工作，抓好班组的安全建设，才能实现个人无违章、岗位无隐患、班组无事故，达到文明生产的要求，确保企业安全生产目标的实现。（赵春麟）

6. 班组安全建设在煤矿安全生产中的作用

班组是企业最基本的组成部分。在煤矿企业安全生产中，班组建设显得尤为重要。通过事故统计分析可以看出，煤矿生产中的诸多事故，均是由于现场出现的事故隐患没有及时地得到消除而发生的。而事故隐患则多数滋生于班组生产的每一道工序之中。因此，只有加强班组建设，抓好班组安全管理，实现个人无违章、岗位无隐患、班组无事故，才能真正确保矿井安全生产。

（1）建立科学、规范的班组长选拔和培训考核机制，充分发挥班组长在班组管理中的核心作用

班组长作为兵头将尾，是煤矿企业生产现场最重要的管理者·

发挥着带领班组完成安全生产任务的重要作用。可以说，班组长素质的高低决定了煤矿企业安全生产和经济效益的好坏。但是，当前有些煤矿企业只重视拥有大、中专文凭的技术人员，而忽视了对班组长的培养；有的煤矿企业缺乏对班组长的激励机制，而且班组长的安全压力又比较大，导致一些青年员工对班组长岗位产生畏难情绪；有的班组长岗位缺乏发展空间，使得部分青年员工对班组长岗位“不感兴趣”，认为班组长当再久也没有什么出息，还不如干点轻松的工作。因此，我们一定要高度重视对班组长的培养，充分发挥其在班组中的重要作用。

● 充分认识班组长在煤矿企业中的重要作用。当前，煤炭企业快速发展，大力提升矿井技术装备水平和规模效益，不仅需要一大批懂经营、会管理的企业经营人才，更需要一大批熟练掌握矿井安全生产先进技术、具有较高实际操作技能的班组长。

● 加强对班组长班组管理知识的培训。一方面要对班组长进行思想政治教育和技术业务培训，另一方面还要对班组长进行班组管理基础知识特训，并严格进行考核，使班组长不仅具有较高的思想水平和技术业务水平，同时具有较高的班组管理能力，能够独立解决日常生产中的技术和管理问题。

● 对班组长实现竞聘上岗。对那些思想觉悟高、业务素质较强，又具有一定管理水平的青年员工，可以通过竞争选拔到班组长岗位上来。同时，要给那些德才兼备、工作出色的班组长创造发展空间，在评先、晋级、转正等方面给予优先考虑，进一步调动其工作积极性。

(2) 加强安全教育和培训，提高班组成员的业务技术素质，实现班组达标

班组及其成员作为各项安全生产规章制度的执行者，现场各项施工工序的具体操作者，要想提高执行力和操作水平，就必须充分利用班前会、安全学习日等时间，采用集中学习、脱产或不脱产培训等方式，加大对其的安全教育和培训力度。

安全教育和培训是消灭人的不安全行为的最基本措施。因此，必须加强对班组成员的安全教育和培训，对不知者进行安全知识教育，对知而不能者进行安全技能教育，对既知又能而不为者进行安全态度教育。通过安全教育和培训，实现班组成员都能够自觉遵守安全法规，养成正确的作业习惯和规范的作业行为，掌握在异常情况下处理意外事件的能力，减少事故的发生，保证施工质量，消除事故隐患。

在“矿井—区队—班组”三级达标体系中，班组达标是基础，是控制生产全过程的具体表现。只有进一步加强现场管理，强化职工安全教育和培训，规范班组每一个成员的作业行为，上标准岗、干标准活，牢固树立上一道工序为下一道工序服务的思想，才能把事故消灭在萌芽状态，真正实现班组达标。

(3) 加强班组内部管理，对班组成员进行正确引导，变“要我安全”为“我要安全”

要强化班组内部管理，建立健全班组内部各项规章制度，并认真贯彻执行；分配上要做到公开、公平、公正，工作任务安排上要做到合理，优化劳动组合，量化工艺流程，充分利用工时，实现正规循环；奖惩要做到有奖有罚，奖罚分明；要进一步加强现场环境治理，给职工创造一个安全、舒适的工作环境；要充分调动班组成员的安全生产积极性，把每一个成员的兴趣、爱好和注意力都引导到有利于安全生产上来，变“要我安全”为“我要安全”。同时，还要认真抓好班组成员之间的自保互保工作，做到“三不伤害”，实现班组安全生产无事故。

综上所述，班组安全管理是煤矿企业安全管理的基础，班组的安全生产是实现企业安全生产的关键。因此，班组建设在煤矿安全生产中起着极为重要的作用，它对煤矿企业实现安全生产、提高经济效益，乃至实现矿区和谐、稳定、发展，均起着重要的推动作用。

（张玉美）

7. 班组安全管理是实现石化企业安全生产的关键

石化企业具有高温高压、易燃易爆、有毒有害、长周期生产的特点。在生产装置内从事技改施工、日常维修、现场抢修时，装置经常处于运行或局部停车状态，在这样的环境下进行用火、登高、进入容器、电器操作等高危险的作业，当生产不正常或现场条件发生突然变化时，原有的作业条件遭到破坏，容易发生火灾、爆炸等事故。

班组作为企业的前沿阵地，是执行和落实规章制度的主体，也是安全生产的主体，只有班组安全生产搞好了，才能保障企业安全稳定，才能提高企业经济效益。因此，企业安全管理水平的好坏，从某种意义上来说，关键在于班组的安全管理。为促使企业班组安全建设上水平，确保企业的持续、稳定、健康发展，必须在认真总结以往班组安全建设经验的基础上，紧紧抓住以人为本这个关键，努力建设高标准的安全合格班组，才能实现安全生产，推动企业的发展。企业要从以下几个方面做好工作。

(1) 班组长是班组安全的决定因素

班组安全是企业安全的基础，为防止班组职工的不安全行为，消除设备的不安全状态，首先必须从班组抓起，尤其是要落实好班组长和安全员的安全责任。那么，如何落实好班组长安全责任，选拔好班组长是关键，班组长要把班组的安全放在第一位，自己既不违章指挥，也不让职工违章作业。

班组是企业安全生产最基本的组成单位，班组的安全生产工作是企业安全生产的基础，班组建设将直接影响企业的安全生产。班组长，是班组安全第一责任人，作为一个企业的兵头将尾，在安全生产过程中往往起着承上启下、至关重要的作用。因此，怎样当好一名合格的班组长，如何安全、规范地组织好本班组的日常检修、操作、施工，是一个值得认真思考的问题。所以，强化班组长的安全控制力，增强班组长驾驭班组、处理复杂安全问题的能力，对于实现安全生产具有十分重要的意义。

班组长要通过学习安全规程、文件、事故通报，不断提高安全管理的能力，提高发现事故隐患的能力。班组长抓安全管理，要身到、心到、说到、做到。班组长在工作中能不能见微知著，及时发现存在的问题，是对班组长水平高低的实际检验。一些单位之所以一边出经验，一边出事故，根本原因在于发现事故隐患的能力不够。

安全不安全班组才是关键，班组安全工作搞得好不好，班组长的作用至关重要；班组长的职能作用发挥得如何，直接关系和影响着班组的各项工作。班组长现场把关的作用是落实措施、完成生产任务最重要的一环，必须让班组长正确认识安全与生产的关系。施工一线的班组长在生产中不能为了追求速度和效益，放松安全管理，必须杜绝重生产、轻安全的错误思想。

（2）强化班组安全知识的学习，提高员工的安全意识

班组安全学习是提高职工安全意识、强化职工安全观念的有效途径和重要方法。班前会是班组安全管理中的一项重要内容，它是一种加强班组危险预知的教育训练活动，也是将事故制止在萌芽之中的一项举措。班前“生产会”制度，以“站班会记录卡”的形式可以有效规范班前会的内容，提高现场工作过程的可控、在控水平。目前个别班组在安全学习方面存在着许多问题，主要表现在以下几方面：

● 对安全学习重视程度不高，不认真对待。个别班组八小时安全教育不落实，得过且过，见机行事，上级部门要求得严了，就组织学习；要求得不严，就放松了学习。

● 采取“一人念，众人听”的老方法。即使是学习，也只是念念安全方面的文件、材料而已，根本不讨论。

● 走过场，流于形式。对安全学习作假记录，应付检查，敷衍了事，达不到教育员工的目的。

(3) 班组日常安全隐患检查、整改，及时消除安全隐患

在班组安全检查工作中常常存在这样一种现象，班组长或安全员辛辛苦苦地跑遍了班组辖区范围的角角落落，表面看是面面俱到，但很难发现隐患及安全措施方面存在的各种问题。究其原因是安检人员对检查内容缺乏针对性。班组长要组织大家对安全检查出的问题进行认真分析，举一反三，找出本岗位还存在的类似或其他安全隐患以及应采取的预防措施，并结合事故案例进行深入分析，从人的不安全行为、物的不安全状态到管理缺陷分别找出原因，班组长要坚持“以人为本”的管理理念，认真落实“安全第一，预防为主”的安全生产方针，深入开展“强三基，反三违，除隐患，严达标”的安全活动，组织员工认真学习有关法律法规，学习企业安全生产规章制度，从两个因素识别入手，逐个岗位、逐台设备、逐台车辆地对影响安全生产的危害因素和环境因素进行系统的识别，进一步提高员工的安全意识和操作规范，实现安全生产无事故。

(4) 搞好班组安全活动，提高整个班组处理复杂问题的能力

班组安全活动能有效地引导安全生产，形成良好的安全氛围。安全活动是班组安全管理工作的重点环节，它不仅是对上级安全文件的学习过程，也是职工提高安全意识、自觉培养自我保护意识，交流和总结安全工作经验、列举危险点、提高职工安全警惕性的好途径。班组要结合企业安全生产的工作部署，分阶段进行多种形式的安全活动，一是组织员工进行应急预案演练，二是结合“强三基，反三违，除隐患，严达标”的要求，组织各岗位进行“三违的危害”分析会，讲自己身边的人和事。三是组织员工进行 HSE 体系文件的知识学习。四是组织每个岗位工人对自己岗位上的危害因素进行识别活动，使员工明确认识到危害时刻在自己身边，只有提高自己的安全意识，规范操作规程，认清自己身边的危害因素，熟练地进行应急预案演练，才是对自己人身安全的最大保障。

(5) 深入开展事故案例分析，使安全生产警钟长鸣

班组长要组织员工认真开展事故案例分析，通过分析事故发生的原因，提高员工的安全意识。违章是发生事故的根源，事故往往是习惯性违章的结果。而习惯性的违章是指职工在长期工作中逐渐养成的一种不容易改变的违章行为，也是职工在现场作业中不注意、不留心而发生在自己身边的违章行为，其性质十分严重，后果不堪设想。“违章就是事故，违章就是杀人，违章就是自杀。”这是血的教训，也是众所周知的真谛。然而，在现场作业中，有些职工却淡忘了这条真谛，忽视了安全，放松了安全管理，使习惯性的违章作业屡见不鲜，屡禁不止，其形式多种多样，五花八门。如：进入生产现场不戴安全帽或戴安全帽不系扣子；高空作业不系安全带；使用砂轮机不戴防护镜以及使用不合格的工器具，等等；此外，在办理工作票时，工作票填写不规范、不认真以及在工作地点不挂警告牌等。

对于违章行为，要求班组长要在日常的生产组织中把安全教育放在首位，工作前带领员工切实落实安全措施，在工作中不断规范员工的操作使其符合安全要求，要深入开展事故案例分析，使安全生产警钟长鸣。

在企业里，班组不仅是企业生产的基础，也是企业安全文化建设的前沿阵地，企业的一切工作最终都要落实到班组，通过班组的活动去实现，只有班组这个“细胞”具有旺盛的生命力和勃勃生机，才能使企业的“肌体”充满活力。(张国旺)